Theory and Policy of Distribution

第**3**版
基礎から学ぶ
流通の理論と政策

BAMBA Hiroyuki
番場 博之
編著

KIM Doyon
金 度渕

OHNO Tetsuaki
大野 哲明

FUKUDA Atsushi
福田 敦

KAWANO Satoshi
川野 訓志

KAWADA Kenichi
河田 賢一

NAKANISHI Daisuke
中西 大輔

DOUNOSAKI Mamoru
堂野崎 衛

八千代出版

執筆者一覧（掲載順）

金　　度渕（大阪商業大学総合経営学部准教授）

　　第 1 章・第 10 章・第 11 章・コラム③

大野　哲明（駒澤大学経済学部教授）

　　第 2 章・第 15 章・コラム④

福田　　敦（関東学院大学経営学部教授）

　　第 3 章・第 14 章・第 26 章・第 27 章

番場　博之（駒澤大学経済学部教授）

　　第 4 章・第 12 章・第 13 章・第 21 章・第 22 章・第 23 章

川野　訓志（専修大学商学部教授）

　　第 5 章・第 24 章・第 25 章・第 28 章

河田　賢一（常葉大学経営学部教授）

　　第 6 章・第 7 章・第 8 章・第 9 章

中西　大輔（駒澤大学経済学部准教授）

　　第 16 章・コラム②・コラム⑤

堂野崎　衛（拓殖大学商学部教授）

　　第 17 章・第 18 章・第 19 章・第 20 章

秋葉　祐輔（株式会社エスピーアイ会長）

　　コラム①・コラム⑥

斎藤　雄一郎（栃木県総合教育センター指導主事）

　　コラム⑦

は し が き

　流通は私たちの最も身近にある経済活動です。そのため、その流通を研究対象とする流通論は私たちの生活に直結する研究分野なのです。

　私たちが日常的に購入するモノである商品、近所のコンビニエンスストアや商店街で買い物をすること、その買い物先の商店のこと、これらはすべて流通論で取り扱う研究対象です。そして、商品の流れにかかわる企業の一連の活動もまた広い意味で流通論の研究対象なのです。

　私たち消費者は必ずしも常に一般的にいわれる合理性に基づいた行動をするとは限りません。例えば、価格が安くても買わない時もあれば、価格が高くとも買う時もあります。また、普段は節約生活を送っていても何かの記念日には奮発することもあるでしょう。なぜ、そのような行動を取るのでしょうか、何を基準に私たちは商品の購入を決めているのでしょうか、これら消費にかかわることも流通論の研究対象の1つなのです。

　そのような流通論の研究対象である流通という経済活動は、私たちの暮らし方や考え方、そしてその暮らす国や地域の地理的条件あるいは文化や風土から大きく影響を受けて、そのあり方も多様です。日々の食材を毎日のように買い物に行く国や地域では自宅近隣にたくさんの商店があることが便利ですが、日常的な移動手段が自動車であるような国や地域ではそれに対応した大型駐車場を完備する大型店だけでこと足りるということもありえます。

　このように、流通のあり方には共通する絶対的なあるべき姿が存在するわけではないのです。流通のあり方は、その国や地域あるいは時代によって異なるものなのです。違っていることが生活の豊かさであるともいえるでしょう。もちろん、消費のあり方は個人によっても異なります。また、人々にとって望ましい流通のあり方を実現する流通政策も国や地域、そして時代によって多様です。このような多様な流通という経済活動を整理し、共通点や違いあるいは根底にある何らかの法則性を明示していく作業が流通を研究するということであるといえるでしょう。

ただ、流通が私たち消費者の生活に密着した存在であるからといって、必ずしもそれが理解しやすいものであるとは限りません。むしろ、生活に密着した存在であるがために見落としがちなこともあるでしょう。ですから、流通論を学ぶ第一歩は、まず身近なモノの流れや消費者の行動を観察することから始まるのです。そのうえで、基礎的な学習を進めることが流通を理解するためには大変重要なのです。

＊　　＊　　＊

　大学生をはじめとして流通論をこれから学ぶ人たちを主たる読者に想定して、入門に至る前の「流通論の基礎の基礎」について楽しく学ぶことができるように本書は企画されました。

　執筆者の多くは大学で「流通論基礎」や「商学概論」などといった流通論の導入的な科目を実際に担当してきた教員です。その経験から、本書では事例は内容に直接密接に関連するものに限定し、内容やその解説もポイントだけにあえて絞ってあります。その意味では、ややもの足りないという感じを抱く人もいるでしょう。しかし、本書は流通論の「まずはここから」あるいは「まずはここだけ」を目指しています。

　どの大学のどのような受講者であっても、流通論やマーケティング論のココだけは最低限知っておいて欲しい項目だけに絞った内容になっているので、実際に講義等で本書が使用される場合には、受講者の関心や対象学年等に応じて必要な統計資料や事例を担当教員が追加して使用することが当初から想定されています。

＊　　＊　　＊

　本書は7つの部の28章から構成されています。それぞれの部で学ぶ内容は各部のトビラの部分にも記載されていますので、各部の内容を読み始める前に目を通すと学習の目安となるでしょう。

　第1部〔流通の基礎知識〕と第2部〔商業の基礎知識〕で流通論の根幹にかかわる流通と商業の基礎的な内容をまず理解してもらいたいと思っていま

す。そこでの内容を踏まえて、第3部〔小売業のかたち〕と第4部〔小売業の展開〕で、私たち消費者が直接商品を購入する商業のかたちである小売業について学びます。

その後、第5部〔マーケティング〕では、企業の対市場対応としてのマーケティング戦略について学びます。そのなかでは、流通論のテキストであることを考慮して、商品の流れにかかわるチャネル戦略について紙面を多めに割いて解説しています。

第6部〔流通政策の体系〕と第7部〔流通政策とまちづくり〕では、流通政策について解説しています。流通政策を体系的に理解できるように、まずその枠組みと競争全般にかかわるルールについて学びます。そのうえで、現在の流通政策の中心となるまちづくり政策と今後の政策の課題について理解を深めていけるような構成になっています。

文中にはそれをキーワードにして学習が進められるように、その章の内容で特にポイントとなる用語あるいはフレーズをゴシック体で記載してあります。また、その章で学んだ内容を具体的にイメージできるようにと、それぞれの章の最後に「課題」を設定してありますので挑戦してみて下さい。加えて、本書で学んだ後に、さらに進んで学習を深めていきたい人のために、本書で取り扱っていない範囲も含めて、流通政策やマーケティングなどを含めた流通論に関する比較的最近出版された手に入りやすい参考文献を分野別に分けて巻末に掲載してありますので、それらを参考に学習をさらに進めていってもらいたいと思っています。

各部の終わりのコラムでは第一線の実務家等にも参加してもらい、最新の流通にかかわるトピックやよく聞くけれど意外に知らない事柄などの解説をしています。大学の高学年でのより専門性の高い科目の内容に関心をもってもらうことの一助にもなればと思っています。

* * *

基本的に本書の執筆者は大学で流通論にかかわる講義を担当している教員ですが、それぞれその研究や教育のスタンスは異なっています。その環境を

乗り越えて、基本的な内容に絞った平易なテキストの作成という方針で執筆者の方々のご協力をいただいて、ここに本書が上梓できたことは大きな喜びです。

本書は初版以来、多くの皆様にご活用いただき、今回第3版となりました。この間に、日本での流通にかかわる統計データのあり方が大きく変わりました。そのため、流通の変化について統計を利用して時系列でみていくことが難しくなったので、今回の改訂ではさまざまな工夫をしました。また、流通活動の傾向を全体像として把握するという趣旨から、コロナ禍の影響を考えて、使用する統計データは基本的に2019年度までのものにしてあります。

今回の改訂は大幅なものとなりました。まずそれぞれの章の内容や文章を精査し、統計データ等を最新のものに入れ替えました。また、全章にわたって用語や内容および形式などの統一感を強めるとともに、クロスリファレンスの機能を高めるための注釈を精査しました。そして、章によってはできるだけ最新の流通動向を反映すべく大幅な内容変更をおこないました。そのうえで、各章末にはアクティブラーニングにも対応できるように「課題」を設定してみました。コラムの多くも新しいテーマのものに入れ替えをしました。

本書の企画立ち上げから今回の改訂までの過程を辛抱強く見守り、細かな作業までもお手伝いいただき支えていただいた八千代出版の森口恵美子社長、編集部の井上貴文氏に心より御礼申し上げます。

引き続き「基礎の基礎」から「基礎」あるいは「入門」へ、そしてそこから「専門」へとつながる流通論の学習のためのまずはじめの一歩として本書が活用されることを願ってやみません。

2021年9月

執筆者を代表して　番場博之

目　　次

第6部　流通政策の体系

第7部　流通政策とまちづくり

第 ① 部

流通の基礎知識

現代の私たちは、日常生活で必要なモノのほとんどを小売の商店で購入して使っている。そして、そのモノは日本のみならず世界中から運ばれてきている。現代社会の私たちの生活は、時間や空間を超えて集められた多数のモノによって支えられているのである。

このような社会を実現するためには、「つくった人と使う人が違う」、「つくった場所と使う場所が違う」、「つくった時間と使う時間が違う」などといった生産と消費の間に生じるさまざまなギャップ（懸隔）を権利の移転、輸送、保管などの方法で克服（架橋）しなくてはならない。そのような経済の諸活動が流通である。そして、そこを流れるモノが商品であり、それを消費する人が消費者である。

第1部では、このような流通にかかわる基本的な概念を解説するとともに、流通がどのように発生したのか、そしてそれにはどのようなかたちがあり、どのような役割や機能を担っているのかを解説していく。そのうえで、現在の日本の流通を取り巻く環境変化を確認する。

第 ① 章

商品と消費者

① 商品とは何か

1) 交換経済と商品

　私たちは普段、いろいろなお店を利用し買い物をして生活をしている。近年では、インターネットを利用した通信販売での買い物が増えており、直接お店に行かなくても購入したモノが家まで届くようにもなった。他方、実店舗での買い物が困難な地域に住む人々の生活を支えるため、小型トラックなどを活用した「移動販売」も増えつつあり、買い物の実態は多様化している。では、ここでいうモノとは何か、また、買ったモノを使うことや食べることとは何か、そして流通は私たちにどのようにかかわっているのか。

　私たちが普段食べている食品や使っているモノには、実に多様な形態がある。現代社会では人間は食品を食べたり、モノを使ったり、衣服を着たりといった**消費**という行動をおこなうことによって生活をしている。消費されるモノは、基本的に個人の主観や経験に基づき必要性が判断され、消費という最終段階に移ることになる。

　ここで消費されるモノが**商品**である。商品とは一般的に「価値」のあるものとして人間にとっての有用性を含んでいる。だいぶ昔の話になるが、1万年以上前の人間は、集団生活をしつつ、自然に働きかけて必要とするものをつくりだしてきた。木に実った果物を食べたり、漁をして魚を捕ったりするなど、人間は自らが生きていく手段を模索し、狩りや稲作による自給自足の生活をしていた。

　ところが、自らが生産したお米や野菜が余ることや足りないことが何度も起こるようになると、生活が不便になり、徐々に集団生活に支障をきたし限

界が生じることになる。そこで、人間が選択した手段は他者との**物々交換**で
あった。相手のもつ生産物と自らが生産した生産物を交換することで、人間
は互いに依存する関係をもつことになったのである。しかし、相手のもつモ
ノが自分の欲しいモノとは限らなかったため、物々交換にも限界が生じた。
そしてこれらの限界を解決するために登場したのが、**貨幣**（お金）であった。
そしてその後、この貨幣を利用した交換が一般化していくこととなる。

　貨幣を利用した交換が普及していくと、単なる物々交換とは異なり、販売
と購買を担当する人がそれぞれ別の人間という社会的な分業が進むことにな
った。つまり最初に商品が貨幣に交換（販売）され、商品を売った人はその
時に得た貨幣をもって欲しい商品を買うこと（購買）ができるようになった
のである。商品の流通は貨幣による交換形態の 1 つとなり、貨幣による交換
が物々交換の限界を解消することとなったのである。

2）商品は交換を目的とした生産物

　では、その商品にはどのような意味が含まれているのか。商品とは交換を
目的とした生産物のことである。したがって、例えば、自らが食べるために
つくった弁当は、交換を目的にしたものではないので、商品とはならない。
一方、コンビニ（コンビニエンスストア）で売っている弁当は、販売を目的に
してつくりだされたモノであるから商品ということになる。人間が交換を目
的にしてつくりだした有用性をもつモノこそが商品なのである。

　ところで商品の「価値」とは何か。商品の「価値」といった場合、2 つの
意味がある。1 つは、価格の面から考えられる数量的な価値であり、もう 1
つは、利用に基づく有用性の面から考えられる質的な価値である。特に後者
の価値のことを**使用価値**とよび、私たちの消費はこの使用価値の消費を意味
している（宮崎昭「消費生活における現代」阿部 1993 p.29）。

　そのため、商品は、いずれ何らかの理由でその有用性を失うと廃棄される
ことになる。物質は、自然界-生産界-流通界-消費界-自然界という順番で循
環するが（松尾秀雄「商品流通」加藤／日本流通学会 2009 p.2）、その廃棄物が自然
界に還元される時、場合によっては自然界とうまく融和しえないケースが生
じ、それが自然破壊となる。商品の使用価値は、「市場を通じた歴史的な営

3

みの中で形成され消滅する運命」（宮崎昭「消費生活における現代」阿部 1993 p.32）をもっていることとなる。

　さて、生産物にはかたちのある有形財としての商品がある一方で、かたちのない無形財、もしくは非物質的生産物としてのサービスがある。一般的に**サービス**は、無形の使用価値であり、「社会のための使用価値として提供されれば価値を有する」（飯盛信男「サービス経済の特質」加藤／日本流通学会 2009 p.130）こととなる。

3) 商品の分類

　商品は、使用用途により、産業用・業務用のための商品と、個人的理由で消費される消費者のための商品とに分けることができる。前者のことを「産業財」とよび、事業活動をおこなう企業等が生産の際に必要な商品のことを指す。また、そこには企業等のなかで使用される機器類なども含まれる。一方、後者は「消費財」とよばれ、最終的に個人消費者が利用するために購買される商品を意味している。

　消費財は、商品の耐用期間の長さや耐久性によって、耐久消費財と非耐久消費財に分類される。耐久消費財は、自動車、家具、楽器などであり、非耐久消費財は、食品、洗剤、化粧品などを指す。

　もう1つ、消費財の分類で最もよく使われるものが、アメリカのM・T・コープランドによって提唱された消費者の購買行動を基準とした分類であり、以下のように**最寄品**、**買回品**、**専門品**の3種に分けられる。

　①　最寄品：　自宅近くの商店で日常的に購入される商品（例：食料品、せっけんなどのトイレタリー商品、新聞、雑誌など）。

　②　買回品：　頻繁に買われるものではなく、時間をかけて比較・検討され、購入される商品（例：パソコン、家具、衣料品、靴など）。

　③　専門品：　趣味嗜好性やブランド性が強く、購入のために時間や費用が惜しまず負担される高価な商品（例：高級腕時計、高級バッグ、自動車など）。

　また商品は、開発や企画を誰が主導的におこなうのかによって、次のよう

に呼称される場合がある（第 16 章参照）。

①　NB（National Brand, ナショナルブランド）商品：　生産者（メーカー）による自社商品のことで、主に全国的に単一ブランドで販売される商品。

②　PB（Private Brand, プライベートブランド、商業者商標）商品：　流通業者が生産者に委託して製造した商品のことで、基本的に当該のグループ企業内で販売される商品。

　PB 商品は主に小売業者が主体となって企画し、生産者に生産を委託したものに独自のブランドをつけて販売する商品である。イオンの「トップバリュ」、セブン＆アイ・ホールディングスの「セブンプレミアム」などがそれであり、一般的に NB 商品と比較して、広告宣伝費や物流費、パッケージ費用を削ることで同様の商品を安く提供できるというメリットがある。そのため現在では、PB 商品は多くの小売業者が取り入れている戦略となっている（第 16 章参照）。PB 商品は小売業者から各メーカーにある程度大量に製造を委託する必要があることから、中小規模のスーパー（スーパーマーケット）単体では取り組みが難しい。そこで、その属するボランタリーチェーン（第 15 章参照）等という単位で製造を委託するケースも多くなっている。

❷　消費者とは何か

1）消費者とは何か

　私たちは生活のなかで衣服や食品、スマートフォンといった生活に必要な商品を購買して消費している。この時、消費をおこなう者のことを**消費者**といい、生産者と対になる概念として位置づけられる。

　消費者は、産業用消費者あるいは業務用使用者と、個人的最終消費者に区分できる。産業用消費者とは、商品やサービスを消費して、生産活動などの事業活動をおこなっている者を指し、企業、病院、学校などがそれに当たる。例えば、製薬会社が病院に薬などを販売する場合、ここでの病院が産業用消費者となる。他方、個人的最終消費者とは、個人や家庭内で商品やサービス

を消費する者を指しており、一般的に「消費者」という場合はこちらを指す。

2）シーズ、ニーズ、ウォンツ

　多種多様な商品があふれている現代では、消費者が雑誌やテレビ、スマートフォンなどから簡単に情報収集をおこない、その情報を比較・検討しながら購入をおこなうことが多くなっている。

　そのようななか、企業は消費者の欲求に見合う商品を生産する努力を続けている。このような生産に携わる企業は、自らのもつ技術を結集してモノづくりをし、誕生した商品が市場に投下され、それを消費者が購買する。その商品開発時の企業のもつ技術のことを**シーズ**という。しかし、企業がつくりだした商品がすべて売り切れてしまうわけではなく、多くが売れ残って過剰な在庫が発生することもある。そのため企業は、消費者に自社の商品を購買してもらうための努力を続け、市場調査や広告宣伝などをおこなっている。

　一方、消費者にとっては、衣服や食料、住居などは生活において不可欠であるが、それらにおいての「充足状況が奪われている」（Kotler 1996 p.5）状態のことを**ニーズ**という。

　企業は、そのような消費者のニーズをもとに、必要な商品はどのようなものなのかを考え、商品づくりに努力を向けることとなる。消費者が何を欲しがっているのかといった具体的な中身としての欲求を**ウォンツ**といい、「ニーズを満たす（特定の）モノが欲しいという欲望」（Kotler 1996 p.5）を意味している。つまり、ニーズをもとにしたウォンツの創造が企業のマーケティング活動では不可欠となるのである（第17章参照）。

3）消費の変化と流通の発展

　私たちの社会では、多くの技術の発明や開発を通じて近代化が進められてきた。例えば、イギリスでの産業革命以降の鉄道網の発達や、アメリカでの電気器具や通信技術の開発などを通じて、社会経済システムの根幹をつくりあげたのである。そのようななかで、経済発展と工業化は進み、企業の巨大化と大規模な工場の誕生、それに伴う大量の労働人口が生み出されていった。

　労働を通じて徐々に所得が増えた消費者は、住宅や家電製品、自動車といった生活に必要な商品やサービスへの消費を拡大させていった。アメリカを

例にすれば、1920 年代以降、大量生産と大量消費による「**高度大衆消費社会**」(Rostow 1974 p.99) が到来したが、そのような大量生産と大量消費とを結ぶために必要となったのが、**大量流通・販売網**の確立であった。

　消費者の買い物行動は多様である。例えば、消費財において、必要な時に必要なものをほぼ毎日買い物をする**当用買**は、アジア諸国で一般的である。その理由は第 1 に、生ものを多く食べる習慣のある日本などでは、商品の鮮度へのこだわりが極端に強いためであり、第 2 に、大量に買った商品をストックしておくだけのスペースが確保できない住宅事情がある。第 3 には、近隣に多数の商店があり、いつでも購入が可能であるためと捉えられる。

　さらに、物的欲求が満たされているのに人々の消費活動が必要以上に拡大していくと、それまでよりも高価で豪華なものへ消費を広げる、いわゆる**消費の高度化**がもたらされ、互いが競いあうようにもなる。特に上述の専門品に関しては、特定のブランド商品を好んで購入することや（ブランド志向）、価値ある古い商品を各種専門店やオークションなどで購入することで他人との違いを追求する（個別志向）など、徐々に個別的傾向の強いものへと変化、多様化している。

　図表 1-1 は、日本における消費支出構成比の変化を示したものである。1963 年は、全支出額に占める食料の支出額の割合が 38％を超えており、生活のなかで食生活が最も大事なファクターとして位置づけられていたと考えられる。その後、食料の支出額の割合は徐々に減少しており、そのほかにも家具・家事用品や被服及び履物への支出額の割合が減少した。他方、「交通（自動車等関係費）・通信」にかける支出額の割合は、1963 年の 3.3％から 2017 年の 14％に増えており、さらに娯楽やレジャーといった余暇活動などへの支出が増えている。

　このことに関連し、近年の個人消費の質的変化については、消費者庁の『消費者白書（令和元年版）』においても確認できる（消費者庁ホームページ）。それによれば日本経済は、1990 年代初頭のバブル経済の崩壊以降、基調として低成長が続き、他の先進主要国と比べても家計消費は低い水準を推移してきた。家計消費の内訳の変化については、特にサービスに関する支出、なか

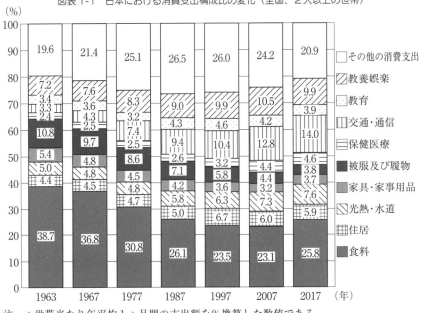

図表 1-1　日本における消費支出構成比の変化（全国、2 人以上の世帯）

注　：世帯当たり年平均 1 ヵ月間の支出額を％換算した数値である。
出所：総務省統計局「家計調査年報」。

でもスマートフォンなどの通信・通話使用料の支出が増加した。また、少子
高齢化社会や経済格差がますます進み、世帯の小規模化や女性の社会進出に
よる共働き世帯の増加が生じたことで、手軽に買い物ができるコンビニやド
ラッグストア等の利用が増えた。そして、家事負担の軽減等のために外食や
調理済み食品を購入するといった**中食**の利用が増えている。それ以外にも、
1990 年以降にインターネットの発展・普及が進み、生活の利便性を高めて
いった一方で、それを利用しない、もしくは活用できない人々との情報格差
が深刻化している。さらに近年では、インターネット通販の利用拡大が顕著
であること、SNS が若者を中心に普及・拡大していること、決済の手段が
多様化し、海外製品の輸入が増加し、訪日外国人の消費額も増加してきたこ
となどが消費にかかわる変化として指摘されている。
　このように、IT 技術が急速に進歩するとともに、私たちの消費生活も変
化しつつある。例えば、通信販売（第 11 章参照）が増えつつあるなかで、ネ

ットオークション、さらにはインターネット上のフリーマーケットを利用する消費者同士の取引も広くおこなわれるようになっている。そして全世界が同時期に同じ商品や話題、広告、CM やアイデアを享受することができるようになり、消費はまさにボーダーレスに進化し続けているといえよう。

　消費は多様な小売業の発展に影響を受けて変化してきた（本書第 3 部参照）。すなわち、百貨店やスーパー、コンビニなど、多様な小売業の展開によって私たちの買い物は支えられてきたのである。一方で小売業も、消費の変化と多様化に影響を受けながら、革新と進化を続けてきた。商品の流通は、私たち消費者にとってなくてはならないものであり、相互に依存関係にある生産と消費をつなぐ懸け橋なのである。

【引用文献】
阿部真也監修（1993）『現代の消費と流通』ミネルヴァ書房
加藤義忠監修／日本流通学会編（2009）『現代流通事典（第 2 版）』白桃書房
Kotler, P.（1991）*Marketing Management: analysis, planning, and control*, 7th ed., Prentice-Hall.（村田昭治監修訳）（1996）『マーケティングマネジメント（第 7 版）』プレジデント社
消費者庁ホームページ（https://www.caa.go.jp/policies/policy/consumer_research/white_paper/, アクセス日：2021.3.23）
Rostow, W. W.（1971）*The Stages of economic growth*, 2nd ed., Cambridge University Press.（木村健康・久保まち子・村上泰亮訳）（1974）『経済成長の諸段階——一つの非共産主義宣言（増補版）』ダイヤモンド社

1）近年の IT 技術の進歩による私たちの買い物行動の変化について、その良い面と悪い面について話しあってみよう。
2）最寄品、買回品、専門品について、それぞれ知っている商品を具体的に 3 つずつ挙げてみよう。

課　題

第 ② 章

経済的懸隔と流通機能

1 架橋としての流通

1）市場経済における生産と消費の分離

　私たちが消費生活を営んでいる**市場経済**という社会には、解消し埋めなければならない懸隔（隔たり）、つまりギャップが存在する。流通の役割は、この懸隔に橋渡しをすることにある。この意味を明らかにし、流通とは何かについて基本理解を深めるのが本章のテーマである。

　市場経済の特徴は、簡単にいえば、私たちが、生活に必要な衣食住にかかわる大半の財を自ら生産するのではなく、市場での財の購入、すなわち「商品」の購買によってまかなう社会である点にある。商品とは、売買＝販売を目的として生産される財にほかならない。商品ないし市場に依存しなければ、私たちは1日たりとも生活を維持してゆくことができない。

　重要なのは、私たちの消費生活が、顔も知らず面識もない他人が生産した膨大な種類の商品に支えられて、はじめて成立可能であるという事実だろう。市場経済において、ある財の生産者とその消費者はまったくの別人であり、財の生産活動と消費活動は基本的に分離している。つまりそこには、**生産と消費の懸隔**が存在しているのである。

2）自給自足経済から市場経済へ

　生産と消費の懸隔は、市場経済に固有の基本問題であるといってよい。例えば、過去における人間の長い経済生活を特徴づけた自給自足の経済において、上述の懸隔は存在する余地がなかった。なぜなら、そこにおいて、人々は、血縁や地縁で結ばれた共同体とよばれる小規模集団の内部で、生活に必要な財の生産（収穫）のほとんどを基本的にまかなうことができたからである。

すなわち、原始的な共同体の経済生活のなかで、生産と消費は分離すること
なく一致していた。

　しかし自給自足経済は、**社会的分業**の進展とともに縮小し、市場経済に主
役の座を譲ることになる。社会的分業とは、生産活動（あるいは職業）の専門
特化や細分化が進み、相互に絡みあい依存しあった生産の体系が、社会のな
かに構築されている状態をいう。社会的分業の進展は、社会全体の経済効率
の向上という観点からみて、きわめて正当かつ合理的な歴史的根拠をもって
いる。社会を構成する人々が、必要な財をすべて自分の手で生産するより、
それぞれが特定の財の生産に専門化した方が、結果として、社会全体の生産
効率が高まるからである。

3）流通とは生産と消費をつなぐ活動である

　社会的分業の進展は、生産と消費を分離させ、商品の購買によってしか自
らの生活を維持できない「消費者」を生み出し、不特定多数の見知らぬ人々
同士が売買関係を通じ広範に結びつく、市場経済社会を誕生させた。市場経
済のもとでは、人々への財（＝商品）の社会配分を効率化・円滑化するため
に、分離した生産と消費をつなぐ仲介ないし調整活動が必要不可欠になる。
すなわち、その役割を社会的に担う経済領域こそ、**流通**にほかならない。流
通とは、生産と消費の懸隔に架橋し、両者のギャップを解消する諸活動の総
称をいう。本書の各章で明らかにされる流通のさまざまな現実世界の根底に
は、上述したような経済発展の歴史が、深く埋め込まれているのである。

❷　生産と消費の懸隔

1）人 的 懸 隔

　ここで、生産と消費の懸隔の具体的な内容について、明らかにしておこう。
市場経済における生産と消費の間には、大まかにいうと、以下の 4 つの懸隔
が存在している。すなわち、①人的懸隔、②空間的懸隔（場所的懸隔という場
合もある）、③時間的懸隔、ならびに④情報懸隔の 4 つのギャップである（図
表 2-1）。

　人的懸隔（人格的ギャップ）とは、前節で述べた、ある財の生産者とその消

図表 2-1　生産と消費の懸隔

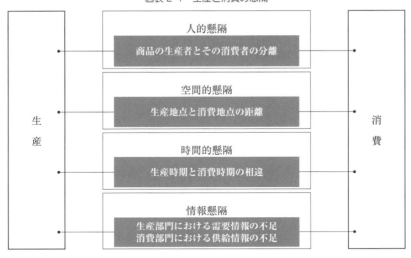

費者が人格的に異なり、分離してしまうことから生じる懸隔である。人的懸隔は、市場経済の本質を示す最も基本的な懸隔といえる。商品の生産者は、自らの消費のためにではなく、販売による利潤追求を目的として生産をおこなう。他方、消費者も、必要な財を自分で生産するのではなく、他の生産者からの商品購買によってまかなう。いわゆる所有権（商品の所有者がその商品を自由に使用し処分できる権利）の存在は、生産と消費の人的懸隔を、決定的なものにしている。

2）空間的懸隔と時間的懸隔

空間的懸隔（空間的ギャップ）は、生産地と消費地が同一の場所ではなく、異なることから生じる懸隔である。消費地がさまざまな地域に広く分散しているのに対し、生産地は、一般に、特定の場所に集中的に立地する傾向がある。原材料の調達、地価、労働力の確保など、生産効率の向上につながるさまざまな条件が、生産の地理的範囲を大きく制約することになるからである。

同様に、**時間的懸隔**（時間的ギャップ）は、商品の生産時期と消費時期との間に隔たりがあることから生まれる懸隔である。例えば、農水産物の多くは、1 年のある特定の時期にまとめて収穫される。また、工場で生産される家電

製品など耐久消費財の多くは、生産の効率性（規模の経済性）を追求する結果、一般に、特定の時期に大量に「見込み生産」される。しかし消費は、時期を問わず、時間の流れのなかで継続的かつ小刻みにおこなわれる。

3）情 報 懸 隔

そして最後に、**情報懸隔**（情報のギャップ）は、生産者が消費需要に関する情報を十分にもたず、また、消費者も供給先の生産・販売情報を十分にもたないことから生まれる懸隔である。生産者は、消費者が何を欲しているのか、また、自社の商品に対する消費欲求がどこにどの程度存在しているのか分からないし、他方、消費者も、どこでどのような商品が生産され、販売されているかについての基本的情報が不十分である。

これら４つの懸隔は、密接にかかわりあい、相互に影響を及ぼしあっている。例えば、生産地と消費地の距離、すなわち空間的懸隔の拡大は、注文から納品までに要する時間をより長期化するという意味で、時間的懸隔の問題と密接に関連している。また、国際的分業の進展ないし市場のグローバル化によって、人々の相互依存関係が世界規模で全面化し、人的懸隔、および空間的、時間的懸隔が拡大すればするほど、情報懸隔もより複雑化し、深刻なものになるといえるだろう。

３　流通の基本機能

1）流通における４つのフロー――商的流通・物的流通・資金流・情報流

それでは、これらの懸隔は、流通過程でどのように架橋されてゆくのだろうか。流通は、基本となる以下の４つのフロー（流れ）から構成されている。その１つが、**商的流通**（商流）である。生産者から消費者への商品の所有権の移動（移転）、つまり売買取引そのものを意味し、生産と消費の人的懸隔の架橋にかかわるフローである。**物的流通**（物流）は、商品それ自体の物理的な移動に関する流通であり、空間的懸隔、および時間的懸隔を調整し解消するフローである。

また**資金流**は、商流や物流に対応して発生する付随的なフローであり、購入した商品の対価として消費者から生産者に流れる資金の移動を指す。さら

に**情報流**は、生産者と消費者の間で双方向に流れる情報のフローである。商流や物流、資金流などの実物フローの背後で、その流れを実際につくりだし制御するという意味で、きわめて重要な流通の基本フローといってよい。商流・物流・資金流と情報流は、メダルの表と裏とでもいうべき、表裏一体の関係にある。

2）流通機関と流通機能

生産と消費の懸隔は、これらの流通フローによって橋渡しされることになるが、もちろん、これらのフローは自動的につくりだされるわけではない。流通フローによる懸隔の架橋は、具体的には、卸売・小売業者をはじめとする専門の事業担当者、すなわち個々の**流通機関**の遂行するさまざまな流通活動を通してはじめて実現される。ある特定の流通活動が本質的にもっている働きないし役割を**流通機能**というが、流通の基本機能は、①所有権移転機能（需給接合機能）、②物的流通機能、③情報伝達機能、ならびに④補助的機能の4つに分けることができる。以下、流通機能の基本類型の整理を通して、流通活動の具体的内容を明らかにしておくことにしよう（図表2-2）。

図表2-2 流通の基本機能

種 類		内 容	主な流通機関
所有権移転機能 （需給接合機能）		商品の所有権を移転するための売買活動。商品の供給先や販売先を開拓し取引条件を交渉する活動。ブランド付与や品揃えなど、取引先に最適商品を提供するための諸活動も含まれる。	卸売／小売業者 メーカー
物的流通機能		商品の物理的な移動にかかわる活動。輸送（配送）や保管にかかわる諸活動から構成される。	輸送・運輸業者 倉庫業者
情報伝達機能		販売先への商品情報の伝達や、供給先への販売情報の伝達など、売買にかかわるさまざまな情報の収集・伝達にかかわる諸活動。	市場調査機関 広告代理店 取引業者
補助的 機能	金融機能	資金の融通によって、流通の円滑な進行を補完する活動。	金融業者 （卸売／小売業者）
	危険負担 機能	商品の保有、および取引先への信用供与から生じるリスクを負担する活動。	保険業者 （卸売／小売業者）
	流通加工 機能	物流効率化のための流通段階での組み立てや、最終消費に適合させるため流通段階でおこなわれる加工活動。	卸売／小売／ 物流業者

出所：田村正紀（2001）『流通原理』千倉書房、p.19、および渡辺達朗・原頼利・遠藤明子・田村晃二（2008）『流通論をつかむ』有斐閣、第1章などから作成。

3）所有権移転機能

　4つのフローのなかの商流に対応する**所有権移転機能**ないし**需給接合機能**は、需要と供給を結びつけ、商品の所有権を移転するための売買活動にかかわる機能である。商品の供給先や販売先を探索・開拓し、価格や数量、納品の時期・場所など、取引条件を交渉する活動からなる。さらに、需要動向を踏まえた、品質や製品仕様、価格水準などの調整、ブランド付与、品揃えの変更といった、取引相手に最適な商品を提供するための諸々の活動もこれに含まれる。卸売・小売業者、メーカーなどによって、主に遂行される機能であり、それはまさにマーケティング活動の中心をなしている。

4）物的流通機能

　物的流通機能は、空間的・時間的懸隔の架橋にかかわる機能である。商品を空間的に移動する輸送・配送活動と、購買時点まで商品を保持し、価値の劣化や損失を防ぐ保管活動が中心となる。これらの活動の前後に生じる積み込みや積み下ろし、積み替えといった荷役作業や、それにかかわる包装業務（荷造りなど）も物的流通機能のなかに含まれる。これらの機能は、輸送・運輸業者や倉庫業者によって、主に遂行される。

5）情報伝達機能

　情報伝達機能は、生産部門と消費部門の情報格差を解消する活動である。販売先への商品情報の伝達や、供給先への販売情報の伝達など、売買にかかわるさまざまな情報の収集・伝達にかかわる諸活動からなる。これらの情報機能の遂行に当たっては、市場調査機関や広告代理店、あるいはPOS（Point of Sales, 販売時点情報管理、第14章参照）やEDI（Electronic Data Interchange, 電子データ交換）といった情報ネットワークの技術管理をおこなう取引システム業者など、専門の流通機関が存在する。しかし本来、情報伝達機能は、売買活動（商流）や物流活動に基本的に付随して遂行される機能であり、卸売・小売業者やメーカーを含むすべての流通機関によって担われる機能といえる。

6）補助的機能

　上述した3つの基本機能の円滑な遂行を支援する補助機能というべき、以下の機能がある。**金融機能**と**危険負担機能**、ならびに**流通加工機能**である。

　金融機能は、資金の融通によって流通の円滑な進行を補完する金融活動を指す。卸売・小売業者と取引先の間で交わされる掛け売りや手形払いといった伝統的手法のほか、金融機関による融資や信用供与がその代表である。これら金融機能の遂行により、需要側における代金の後払いが可能になるだけでなく、他方、供給側にもまとまった設備資金や運転資金が提供され運用可能となり、流通そのものが円滑化されることになる。

　また危険負担機能は、商品の所有権を保有、あるいは取引先に信用を供与することから生じる危険（リスク）を負担する活動である。流通には、市場の変動による価格暴落や売れ残りといった経済的損失や、破損や腐敗による物的損害の発生など商品を保有することから生じるリスク、また取引先への信用供与から生じる貸し倒れリスクなど、諸々の危険が存在する。これらのリスクを負担し軽減する社会制度として、保険制度や先物取引制度が存在する。また、わが国に固有の伝統的な取引慣行に、返品制や委託販売制がある。これらは百貨店など一部の業界に今も根強く残っている制度であり、取引先（納入業者）に売れ残りリスクを転嫁するという基本的特徴をもっている。

　さらに、流通加工機能と一般によばれる、流通過程で施される商品の若干の加工処理業務（組み立てや小分け、詰め合わせ、パンツの裾直しなど）もある。流通加工は、物流全体を効率化するだけでなく、商品の最終的な提供形態を消費者の要望にあわせ調整するという意味で、今日特に重要性を増し、注目を集めている活動である。

❹　市場経済の発展と流通の高度化

　今日の私たちの消費生活は、世界中から調達された食料品や家具あるいは家電製品など、多様な商品であふれかえっている。生活の隅々にまで市場経済が進展し、消費者の欲求も、とどまることのないあくなき欲求として多様化・個性化してくると、生産と消費の懸隔は、さらに拡大し複雑化してゆく。今日の流通の世界においても、このような環境変化への、柔軟かつ高度な対応が不可避の課題となってきている。

　後続する各々の章では、本章の議論からさらに一歩踏み込んで、今日の流

通における架橋の具体的様式が、さまざまな角度から取り上げられることになる。そこにおける 1 つの重要な問題は、さまざまな流通機関の間で流通活動（流通機能）がどのように分担されるかという問題にある。

　自立した独立の卸売・小売業者が流通機能の大半を担っていた伝統的商業の時代から、大規模メーカーによる流通支配、さらに総合スーパーなど大規模小売チェーンの台頭の時代を経て、今日、流通は情報化による大きな変革の時代を迎えている。「製販統合」とよばれる流通機関相互の連携による情報ネットワークシステムの構築や、インターネットの普及を背景とした消費者参加型流通の発展を、今日の流通の主要なトレンドとして整理することができよう。「価格.com」や「@cosme」など、ネット空間における商品評価サイトの誕生は、まさに、流通機能の重要な担当者としての消費者の台頭を暗示しているといえよう。

1) インターネットや SNS の発展とともに、生産と消費の懸隔への架橋という流通課業の内容にどのような変化が生じているか考えてみよう。
2) いろいろな商品をイメージしながら、その流通過程で、流通機能がどのような流通機関（メーカー、卸売・小売業者など）によって具体的に担われ遂行されているか、具体的な企業名を挙げながら友達と話しあってみよう。

━━ 課　題 ━━

第 ③ 章

流通の役割と流通システム

① 生産と消費をつなぐことの意味

　第2章で学んだように、分業の進展は社会の発展にとって有意義なものである。ただし、分業社会では、他者への販売を目的とする生産活動に集中する一方で、私たちは生活に必要なものを他者がつくったものに依存しなければならなくなる。流通は、生産と消費の懸隔を架橋し、社会に効用をもたらす役割を担っている。

　本章では流通の仕組みを概観し、流通機構における商業の役割と商業者の存立意義について、商業者への売買集中、品揃えの形成を中心に学習する。あわせて、地域社会における流通の役割について、依存と競争という機能面および外部性の視点からまちづくりに着目して考える。

② 流通の仕組み

　生産と消費をつなぐ流通の仕組みには、図表3-1のように大きく2種類ある。1つは、Aのように生産者が直接消費者に販売するもので**直接流通**という。例えば、ファーマーズマーケットでの農業生産者による野菜や果物の直売は直接流通である。また、製造機能をもつ小売業であるベーカリーショップや豆腐店などが消費者に直接販売する場合も直接流通である。

　もう1つは、B〜Dのように生産者と消費者の間に第三者が介在して販売するもので**間接流通**という。ここでの第三者のことを**商業者**といい、流通のうちで商業者が担っているものを**商業**という。商業者には、最終的な消費者に商品を再販売する**小売業（者）**と、小売業者や卸売業者や業務用使用者（生産者や飲食業）など最終的な消費者以外に対し商品を再販売する**卸売業（者）**

図表 3-1　直接流通と間接流通

A. 直接流通	生産者	───────────────────────→	消費者
B. 間接流通	生産者	─────────────────→	小売業者	─→	消費者
C. 間接流通	生産者	─→	卸売業者	─────────→	小売業者	─→	消費者
D. 間接流通	生産者	─→	卸売業者	─→	卸売業者	─→	小売業者	─→	消費者

がある。主に卸売業者は生産者等から商品を収集・中継ぎする機能を担い、小売業者はこれを分散する機能を担う。

　間接流通において、介在する商業者は 1 段階（B）の場合もあるが、2 段階（C）や 3 段階（D）など多段階にわたる場合もある。例えば、自動車（新車）はメーカー（生産者）からディーラーとよばれる小売業者を経て消費者に販売される B のタイプである。家電製品はメーカーから販売会社とよばれるメーカー等の専属卸売業者を経由し、系列店である小売業者を経て消費者に販売される C のタイプである。加工食品や日用雑貨はメーカーが各地の有力卸売業者を特約店または代理店として設定し、2 段階以上の卸売業者を通じて小売業者に販売し消費者に再販売する D のタイプである。

❸　流通機構と商業の役割

1）流 通 機 構

　流通の役割を遂行するための社会的仕組みを**流通機構**という。また、その国の社会・文化的背景をもとに、歴史や伝統のなかで構築された流通の仕組みを**流通システム**という。そして、生産者から消費者に至る商品の経路を**流通チャネル**という。

　消費者と生産者以外にも流通機構の構成要素になる主体がある。図表 3-1 で示した通り、間接流通で介在するのは、商業者である卸売業者と小売業者であった。このほかにも、技術革新や高度な情報システムの普及などにより、物流業者、倉庫業者、金融業者、保険業者、広告業者、調査会社などの専門サービスを提供する流通機関がある。このような多数の企業と家計が流通チャネル上で意思決定を繰り返すことにより、流通の社会的仕組みである流通機構が成り立っている。

2）商業の役割

　流通機構における商業者の活動の中心は、仕入・販売活動（再販売活動）であり、商業者の利益の源泉は**売買差益**である。これだけを聞くと、商業者が介在しない直接流通の方が消費者の支払うコストは少なくて済むとさえ考えられる。しかし、どの地域でも商業者は必ず存在するし、直接流通だけでは私たちの生活は成り立たない。当然のことながら、商業者が利益を得る正当性や、そもそも商業者の存在意義は何か、ということが問われてくる。

　例えば、冬場の鍋料理を連想してみよう。その鍋で煮込まれる食材の多くは、それぞれ別の日に別の場所で生産または採取されたものだが、私たちは近くの商店や食品スーパー等の店頭に並んでいるもののなかから手軽に選んで購入する。このような意味ある商品の組み合わせを**アソートメント**（assortment）という。食品スーパーだけでも数千点に及ぶ品揃えがなされている。重要なのは、分業社会においては、単独で消費者の求めるすべてのアソートメントを提供できる事業者はいないということである。

　また、多数の生産者の商品を消費者が自ら直接収集することは、各生産者が近くにでもいない限り、時間的にも労力的にも経済的にも心理的にも不可能である。さらに、消費者のニーズは不変ではなく日々変化している。このように、直接流通は一見すると合理的な取引のようにみえるが、多くの場合、直接流通だけでは私たちの生活が成り立たないことが分かる。

　商業の主要な役割が、供給者から多数の商品を買い集めて、多数の消費者を惹きつける品揃え形成だとすれば、生産者と消費者の間に商業者が介在し、**売買取引を集中**しておこなうことで、消費者の要求にあわせて財を効率的に意味ある集合に組み換えていく活動が意義をもつ。消費者は生活に必要な多種多様な商品を購入するために、個々の生産者を訪問することなく、近くの商業者（小売業者）に行くことで買い物を済ませることができる。一方、生産者は商品を商業者（卸売業者または小売業者）に販売することで、消費者への販売活動を委ねることができる。その結果、消費者への販売にかかる諸費用や過剰な在庫費用等を大幅に削減することができる。こうした流通費用を節約することで、生産者は新商品の開発など競争力を高める活動に資金をより

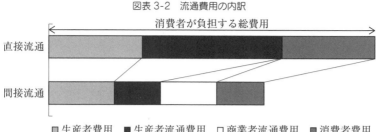

図表 3-2　流通費用の内訳

消費者が負担する総費用

直接流通

間接流通

■生産者費用　■生産者流通費用　□商業者流通費用　■消費者費用

多く投入することができる。このように、商業者への売買集中によって、社会全体にかかる流通費用を節約するメリットを確認することができる（図表3-2）。

④ 商業者の存立意義

ここまで、商業者が生産者と消費者の間に介在し、売買を集中することで、生産者と消費者の双方の費用が軽減され、流通システム全体の費用が節約されることをみてきた。こうした考え方は、商業の需給接合機能の視点から具体的に「取引総数最小化の原理（M・ホールの第1原理）」や「情報縮約・整理の原理」、「集中貯蔵の原理（不確実性プールの原理）」として理論的に整理することができる。

1）取引総数最小化の原理

これは、図表3-3のように説明できる。生産者の数を P、消費者の数を C、商業者の数を M とするならば、生産者と消費者が直接的に取引をする直接流通では、取引総数は $P \times C$ となる。これに対して、多数の生産者の商品を集めて消費者に意味ある商品の組み合わせをおこなう商業者が、両者の中間に介在し、すべての取引がこの商業者を通じておこなわれる間接流通の場合、取引総数は $M(P+C)$ となる。この考え方から、商業者の介在による売買集中は、取引数を削減することによって流通コストの節約に貢献すると考えられる。その効果は、生産者と消費者の数が増えるほど大きくなり、商業者が並行的に介在する数が増えるほど低下する。

図表 3-3　取引総数最小化の原理

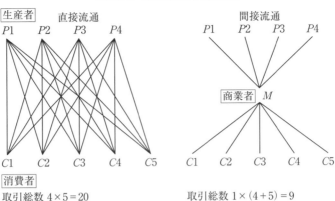

取引総数 $4 \times 5 = 20$　　　　　　　取引総数 $1 \times (4 + 5) = 9$

2) 情報縮約・整理の原理

　商業者は、多くの生産者が生産した商品を取り扱うことから、商業者のもとには各地の生産者や商品の情報が集中・整理され、これらの情報の比較を容易にする。また、商業者は再販売が可能であることを確信したものを自らリスクを払って仕入れるため、商業者の中間品揃えは消費者の需要動向を反映したものになり、その情報が集中・整理されることになる。

　生産者の供給体制と消費者の需要動向が、商業者の品揃え活動に鏡のように正確に反映されるため、これを**ミラー効果**とよぶ。商業者は生産者側と消費者側の情報を自ら整合するので、生産者や消費者の情報収集・分析に関する探索費用が削減され、取引の効率化が図られ、流通費用を節約できる。この節約効果は、縮約・整合されるべき双方の情報量が多いほど大きくなる。

3) 集中貯蔵の原理

　一般的に生産者にとって需要動向の変化は不確実性を伴う。直接流通の場合には、生産者があらかじめ消費者の需要動向を見据えて、在庫をもつ必要もあるかもしれない。これに対して間接流通の場合、商業者が在庫を保有することで、市場全体の流通在庫が節約される。

　また、卸売業が介在しない場合には、小売業は不確実な需要に備えそれぞれ在庫を多めにもつ必要がある。例えば、図表 3-4 の卸売業が介在しない場

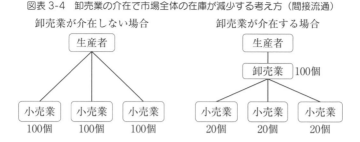

図表 3-4　卸売業の介在で市場全体の在庫が減少する考え方（間接流通）

合には、市場全体では 300 個（＝100×3）の在庫を抱えることになる。一方、卸売業が介在する場合には、不確実な需要の一部を卸売業に対応を任せられるため、市場全体では 160 個（＝100＋20×3）の在庫で済む。このように卸売業（者）が在庫を集中的に保有することで、市場全体の在庫リスクを減らすことができるとする理論が集中貯蔵の原理である。

5　商業の社会性

1）品揃え形成活動

　私たちが日常生活を送るうえで、生活の水準を維持し、充実した生活を維持するために商業者は不可欠な存在である。商業者は生産者と消費者の間に介在し、売買取引を集中的に担うことで、品揃え形成活動に主体的にかかわっている。商業者は商品をただ漠然と店頭に並べているのではなく、時に消費者の需要を創造するような売り方をおこなっている。

　例えば、関連する**補完的商品**（同時に購入する可能性があるもの）を取り揃えたり、競合商品や**代替的商品**（一方の商品を購入すれば他方の商品を購入する必要性がなくなるもの）を取り揃えたりすることで、消費者の購買意欲を喚起し、買い物の際の利便性向上に結びつけている。前者のように補完的商品を買い上げる行動を**関連購買**、後者のように代替的商品を買い上げる行動を**比較購買**という。

2）商業の中立性

　一般に、生産者は得意な技術を生かして少品種を大量に生産したい、商品のこだわりを伝えたい、生産したものは高く売りたい、売り逃しはしたくな

い、できるだけ早く要領よく販売し在庫はもちたくない、といった思惑が働きやすい。一方、消費者はいろいろな生産者がつくった豊富な商品のなかから選びたい、欲しい商品はいつでも揃えておいて欲しい、よい物だけを少量欲しい、なるべく安く買いたい、信頼できるお薦め情報を提案して欲しい、といった思惑をもっている。

　生産者と消費者のそれぞれの思惑を取り持つ商業者は、特定の生産者だけの利益に加担することなく、自ら中立的な意志で生産活動や消費活動を支援することが期待される。商業者は消費者の適切な品揃えを支援するとともに、生産者には適切な情報提供をおこない、効率的な生産計画や魅力的な商品企画に貢献することが求められる。

　商業者の行動基準は自らのリスクで品揃えした商品を多くの消費者に購入してもらうことであり、どの生産者の商品を扱うかは無差別になる。理論的には、商業者の立ち位置はあらゆる生産者に対し中立であるといえる。

　ただし、実際には生産者のマーケティング活動により、商業者は特定メーカーの商品の販売促進策に基づく差別的な扱いを試みることがある。その顕著な例として、メーカー専属の販売会社や専売店になるケースもあり、そのような場合、商業の社会性や中立性は否定されることもある。

❻　地域社会における流通の役割

　小売業は、生活関連産業の一部として私たちの日常生活の充足に深くかかわっており、生活の質を維持するために不可欠な存在である。商品に**商業的サービス**（掛け売り、配達、アフターサービスなど）を付加し、消費者に適時・適量・適価に提供することが小売業の本務になる。

　具体的には、販売する商品と組み合わせ、伝達すべき情報、価格提案、立地と営業時間、快適な施設管理、付帯サービスなどの適切な運用や創意工夫によって、小売業としての魅力が高まるようにそれぞれの商店が工夫を凝らしている。

　一般的に、小売業は卸売業と比べて商圏が狭く、地域に密着した営業活動を展開している。食品や実用衣料、住関連を含む日用雑貨などを扱う中小小

売業では、店舗から 1km（徒歩で約 15 分程度）でお客の約 7 割を占めるなど地域に密着した産業であることが特徴である。小売の商店やその集積としての商店街は地域社会にとって流通の末端機能としてだけでなく、コミュニティ機能もあわせた地域社会の中心的役割の一部を担っている（第 12 章参照）。

　また、商店街は多様な業種や規模の店が相互に**依存と競争**を維持し、**新陳代謝**を促進させることで**商業集積**全体として消費者が満足する品揃えやサービスの質を高めている。すなわち、小売業は自店と他店との間で外部的なかかわりをもつことになる。商業の**外部性**（依存と競争の関係、まちなみの貢献など）を基礎として、自然発生的に形成された商業集積が商店街である。商店街では、お互いに品揃えを補完することができる。商業者が個々に品揃えを追求するには、売場面積の制約や商品の取扱技術の面で限界がある。そこで、専門的な知識をベースに営業している小売業が特定の狭いエリアに集積することにより、全体として広くて深い品揃えの形成が可能になる。一方、消費者にとっては商業集積全体としての品揃えが豊富になると、関連購買や比較購買の機会が増えて買い物がしやすくなる。その結果、多くの消費者が買い物をしていて楽しく感じ、一通りの買い物が 1 ヵ所で済む暮らしやすいまちとして地元に愛着をもつようになる。

　小売業はこうした同業の商業者との外部性を基礎としながら、同時に人々の暮らしや生活の基盤である地域社会で事業を継続して実施することで、地域文化の伝承、治安維持の協力、都市景観の確保、雇用の創出、コミュニティ活動への参加などを通じ、**まちづくり**に大きな役割を果たしている。

1）流通が多段階である業界を 1 つ取り上げ、そのなかのそれぞれの流通業者がどのような機能を分担しているのかを考えてみよう。
2）商店街の活動がまちづくりに大きな役割を果たしている事例を 1 つ取り上げ、具体的な活動内容について調べてみよう。

課　題

第 ④ 章

流通を取り巻く環境変化

① 少子高齢化・人口減少の進行と消費の変化

1) 人口構造の変化と消費の変化

　日本では**少子化**と**高齢化**が急速に進行しており、**人口の減少傾向**も進んできている。日本の人口は 2010 年ごろから長期の減少傾向に入ったと推測されており、国立社会保障・人口問題研究所の推計（2017 年・2019 年）によれば、2053 年には人口は 1 億人を割ると予測されている。そして、そのころには 15 歳から 64 歳の生産年齢の人口減少傾向が進む一方で、65 歳以上の高齢者の割合が 4 割近くになると推計されている。また、1 世帯の平均構成人員は減少を続け、単身世帯とりわけ高齢者の単身世帯が増加するとともに、その一般世帯に占める割合も増加傾向にある。さらに、**人口の多国籍化**も進んできているなど、日本の人口構造は大きく変化しており、今後も変化が続くと考えられる。

　このような人口構造の変化はこれまでの消費のあり方を質・量ともに大きく変化させている。そして、それに対応する小売業のあり方も変化させ、その業態にも新たなかたちを要求していくものと考えられる。

　人口が減少していくということは、単純なモデルでみれば**消費需要が減少**し、**消費市場が縮小**していくことを意味する。もともと、個人・世帯による商品の購入とその消費は零細で個別的なものであるが、このような人口構造の変化とその背景にある人々の働き方や暮らし方の変化は個人消費における零細性や個別性をいっそう強調することとなろう。例えば、店頭では商品 1 つ当たりの量がより少量のものの需要が伸びると予想されるし、それぞれが個別にその都度購入する傾向が今後はさらに強まると考えられるのである。

2) 人口構造の変化と郊外化の問題

　日本ではこれまで、増加する人口、あふれ出た「まち」の中心部の人口の生活を**郊外化**によって支えてきた。しかし、人口減少や高齢化の進行による高齢単身世帯および高齢夫婦世帯の増加のなかでは、郊外で大きな家に住み、自動車の利用を前提とした生活よりも、「まち」の中心部で、維持管理が容易なコンパクトな家に住み、病院へのアクセスや日々の買い物などにおいて効率的な生活をしたいという人が増えてきている。

　バブル崩壊以降の「まち」の中心部の地価下落等もあり、高齢者を中心に一部でこのような変化が現実にみられるようになっている。ただ、実際に「まち」の中心部に戻ろうとしても、中心市街地を形成していた商店街はすでに衰退し、日常的な商品が手に入らないため、戻りたくても戻れないといったケースが少なくないのも事実である。

　一方、少子高齢化と人口減少の進行は、**労働力人口**（就業者と就労を希望している人の合計）の減少を招き、結果として個人からの税収入の減少につながる可能性が高い。また、労働力人口の減少は一般的には消費市場の縮小を招くため、地方自治体にとっては事業者からの税収入の減少が問題となる。さらに、郊外化等による中心市街地の疲弊により、そこでの地価が下落することでの税収入の減少も問題となる。その一方で、高齢化によって医療・福祉等にかかわる行政コストは増大している。また、**スプロール化**（虫食い状に無秩序に都市が郊外に拡大していくこと）した都市に対応すべく必要とされる社会インフラを整備しようとすれば行政コストは増大していく。

　一般的に、職が確保されたうえで人口が増加している時には行政コストの増加は大きな問題とはなりにくい。行政需要の増加をまかなう収入増があるからである。しかし現在、行政需要の増大と税収入の減少という二重の要因によって多くの地方自治体で財政状況の悪化が進行しているのである。

　このような少子高齢化と人口減少の進行およびそれに伴う変化は、日本のこれからの流通・商業を考えるうえでは前提として理解しておかなくてはいけない条件なのである。

② 小売業をめぐる競争環境の変化

1) 川下へのパワーシフト

　少子高齢化や人口減少が進んだことによる消費市場の変化とその縮小傾向、企業の技術革新による商品生産性の向上、また消費そのものの成熟化に伴って、商品の生産量が増大する一方で生産量の増加に応じた消費量の増加が見込めない状況が進行している。そのため、生産量より消費量が少ない状態が進んでいくなかで、「つくれば売れる」状態ではなくなり、メーカーにとって売れる仕組みづくり・売れ続ける仕組みづくりの重要性が増していき、メーカーの対市場対応としてのマーケティング戦略、とりわけ消費者行動分析の重要性が高まっている（第 17〜20 章参照）。

　そのような流れのなかで、企業とりわけメーカーは消費者に選ばれる存在となっていった。そのため、メーカーにとっては消費者のニーズやウォンツ（第 1 章参照）を正確に把握することがその戦略上重要な意味をもつようになっていった。結果として、消費者に近い産業としての商業とりわけ小売業のもつ情報伝達機能（第 7 章参照）の重要性が増した。また、メーカーは商業の販売力に依存する傾向が強まった。川下への**パワーシフト**が進んできているのである。そして、そのなかで、消費者に近い小売業が主導するものづくりが広がってきている。PB 商品（第 16 章参照）の普及やアパレル分野における製造小売の展開などは、その傾向の代表的な事例といえるであろう。

　その一方で、消費市場が拡大しないなかでは小売業も全体的としては厳しい状況にある。また、高齢化の進行・消費の変化・商品消費市場の縮小傾向・**オーバーストア**（当該地域において小売商店数が過剰な状態）といった状況のなかで、これまで郊外化を進めてきた大規模な小売業も郊外の店舗で十分な利益が出せない状況も生まれてきている。そして、この傾向は少子高齢化と人口減少が進む今後はさらに加速すると予想されるのである。そのため、店舗の小型化・「まち」の中心部への出店・長時間営業・ネット販売などさまざまな経営手法を大規模な小売業（事業者）は模索しているのである。そして、情報化（第 14 章参照）を進め、組織化（第 15 章参照）を進め、また国内で

の消費需要の獲得だけではなく海外での店舗展開（第 13 章参照）を進め、生き残りの方法を探っているのである。

2) 小売業界の再編

　1990 年代に入ってからの長期にわたる景気の低迷傾向とオーバーストアという状況のなかで価格競争はいっそう激化し、その後には少子高齢化と人口減少の進行等も重なり消費市場が縮小していき、またインターネット通販が普及するなかで、小売業界では淘汰と再編が進んでいくこととなった。

　それまでも流通グループはあったが、1997 年に独禁法（独占禁止法、「私的独占の禁止及び公正取引の確保に関する法律」）が改正され**持株会社**の制度が解禁されると、その持株会社によってより広範に強固に束ねられた企業グループが小売業界のなかでも出現してくるようになった。そして、その多くは従来のグループの枠を越え、業態間の垣根を越え、淘汰と再編の結果、巨大グループとなっていった。

　傘下企業とその店舗の実際の運営方法は多様だが、イトーヨーカ堂とセブンイレブン・ジャパンのほか百貨店のそごうと西武百貨店を運営するそごう・西武などを傘下にもつセブン＆アイ・ホールディングス、それまではライバル関係にあった百貨店の三越と伊勢丹を運営する三越伊勢丹を傘下にもつ三越伊勢丹ホールディングスのほか、J. フロントリテイリング、エイチ・ツー・オーリテイリングなどさまざまな持株会社が設立され、さらにはその持株会社を含めて産業横断的なグループ化も進行していったのである。地方の百貨店やスーパー（スーパーマーケット）の多くもこのような流れのなかで巨大グループに組み込まれていくこととなった（第 9 章参照）。

　生き残りをかけた小売業界の再編の結果としての巨大グループの登場によって、グループ内での店舗の再編が進むこととなる。百貨店では、大都市の超広域型商店街（第 12 章参照）にあり、かつ確実に利益が取れる店舗だけを残して、店舗の整理がおこなわれ、郊外や地方都市からは撤退が続くこととなった。商店街や都市中心部には長時間営業のミニスーパーを配し、地方都市では巨大な駐車場を用意できる郊外に長時間営業の大型スーパーを展開し、その隙間を埋めるようにコンビニエンスストアを展開していくかたちでのグ

ループ内での業態再配置が進んだのである。

③ 地域をめぐる商業問題の変化

1）地域商業の衰退と商店街の疲弊

　これまで人口や都市機能の郊外化が進んできたことによって、「まち」の中核をなす中心市街地が疲弊し、**地域商業**（本章では主に中小零細な小売業を指す）やその集積としての商店街の衰退が止まらないという状況が各地で起きている（第12章参照）。それはいわば都市内部における過疎化であるが、一方の郊外では移動手段が自家用車に限られることが多いことから、少子高齢化を背景に高齢者が孤立するケースもみられる。

　1980年代以降、日本の小売業の商店数は減少してきたが、その減少の中心は生鮮食料品を取り扱う地域商業であった。また、それまでの日本の**地域をめぐる商業問題**は大型店の新規出店に伴ってその周辺に生じるさまざまな問題としての**大型店問題**が中心であって、その対立の構図は大型店対その出店先の地域商業というものであった。それは、大型店にせよ地域商業にせよ、その出店先が主に中心市街地やその近隣であったことに起因する。人々が買い物をし、仕事をし、交流をし、生活をする「まち」の中心部に商店街が形成され、そこを大型店も出店のターゲットとしたことによって、そこに生じるさまざまな現象が問題とされたのである。

　しかしその後、とりわけ最寄品部門において、「まち」の中心部での大型店の出店は限定的なものとなり、郊外にその出店が進むこととなる。そのため、主に「まち」の中心部にある地域商業の存在は「まち」あるいは都市機能の視点から検討されるものとなった。地域をめぐる商業問題に対する政策課題は「まち」のなかで小売業をどのように位置づけていくのか、**まちづくり**に地域商業がどのように貢献できるのかといった視点で検討される流れにシフトしていったのである。そして、流通政策のなかにまちづくり政策が明確に位置づけられるようになった（第21章・第26章参照）。

　人口や都市機能の郊外化の進行、「まち」の中心部からの大型店の撤退、そして新しい小売業態の展開やそれに伴う長時間営業店の増加、モータリゼー

ションの進展による交通問題、大型店の出店に伴って排出されるごみの問題、そして買い物機会や地域文化の喪失の問題など地域をめぐる商業問題は非常に多様なものとなっていったのである。

2) 大型店撤退問題

　以前の地域をめぐる商業問題は、既述のように大型店の出店にかかわるいわゆる大型店問題が中心であったが、現在では大型店撤退問題もきわめて大きな商業問題となっている。それはおおよそ**大型店の撤退**と**空き店舗・跡地利用**の2つの問題からなっている。

　典型的な問題発現のプロセスはこうである。1980年代を中心に、大型店の出店に対しては多くの地域で反対運動が起きた。その運動の中心を担ったのは、大型店の出店によって売上が減るなどの影響が考えられる主に当該地域の地域商業であった。しかし、大型店問題解決のために準備されていた大店法（大規模小売店舗法、「大規模小売店舗における小売業の事業活動の調整に関する法律」、第25章参照）は大型店の出店そのものを阻止できる法律ではなく、大型店の出店を前提に各種の条件を調整する法律であったため、時間はかかったものの大型店は確実に出店していった。そして、大型店の出店は全体としてみれば少なからず地域商業に負の影響をもたらしたが、大型店の出店による集客効果によって間接的に顧客を増やす地域商業もあった。いずれにしても、大型店出店後の当該地域の地域商業は、その状態に対応せざるをえなく、結果として「大型店のある商業地域」をつくりあげていったのである。

　しかし、その後の各種の郊外化の進行のなかで、大型店は各地の中心市街地等から撤退を始めたのである。そのような大型店の撤退は、大型店の存在を前提に商店街を形成していた地域商業にとっては大きな痛手であったし、またすでに大型店の影響によって地域商業の多くが廃業していた地域では消費者の**買い物機会**が完全に奪われることとなった。そして、大型店撤退後に後継テナント・店舗が決まらない場合には、地域や自治体はその空き店舗あるいは跡地をめぐって早急な対応を迫られることとなったのである。

　このような大型店は、以前は、「まちの顔」ともいえる中心市街地にあることが多かった。そのため、短期間であってもそこに空き店舗や空き地が発

現することはまちの衰退をイメージさせるものとなった。しかし、小売業全体を取り巻く経営環境が厳しくなっているなかで、空き店舗・跡地に後継して入店・出店してくれる店舗やテナントがみつからない状況が各地でみられるようになるのである。

④　環境変化の多面性と今後の流通

1）地域商業をめぐる環境変化の特徴

　大型店や各種の都市機能の郊外化の傾向は、その弊害が指摘されながらも、特に地方では現在も進んでいる。その一方で、高齢者を中心として「まち」の中心部へ移住する傾向も一部で進んできている。また、大手のスーパーによるネットスーパーの広がりやインターネット通販の普及（第14章参照）あるいは生協の個人宅配の拡大（コラム③参照）などは地域商業を衰退させ買い物弱者（第26章・第28章参照）とよばれる人々を増加させる1つの要因ともされるが、同時にそのような人々に**新たな買い物機会**を提供できる方法ともなっている。

　このように、地域商業をめぐっては、相反する変化が同時に進行しているのである。また、現在の地域商業をめぐる環境変化は多面的で重層的で、地域ごとにその事情が大きく異なるという特徴もある。

　政策にもそれに応じて、長期的には**コンパクトシティ**（第27章参照）の実現を目指しながらも、短期的には郊外での買い物弱者への買い物機会を確保する、というような複線的な多様性が要求されている。そして、「活性化」のレベルを超えて「再生」を目指すレベルにある地域が増えており、少子高齢化・人口減少の進展で限られたパイの奪いあいの状況となっている地域もある。「再生」はもとの状態に戻すことではなく、人々の生活の質を維持する方策の検討である。流通政策は、そのための流通・商業のあり方とは何かという視点から検討される段階に入ったといえるであろう。

2）これからの流通・商業とその課題

　これまで商店街や中心市街地の活性化あるいは再生を考える場合には、地域の住民、日本に住む人々を前提に議論されることが多かったが、**インバウ**

ンド客の増加に対応した活性化等も有効な手法として注目されている。また、人口の多国籍化の進行のなかで多文化的な視点からの取り組みもより重要視されるであろう。一方、これまでは地域商業やその集積としての商店街の疲弊が買い物弱者を増加させる主な理由とされてきたが、それらが維持・改善されてもなお日常の買い物に困難を感じる消費者が特に高齢者を中心に増えている。高齢化のいっそうの進行と単身世帯の増加がその原因であり、社会政策的な視点から地域商業を考える重要性もさらに増してくるであろう。

　また忘れてはならないのが**格差拡大**との関係である。進行する所得格差は、これまでの消費のあり方を大きく変えてきている。また、人口構造や地方自治体の財政状況そして政策とその効果における**地域間格差**、消費市場の縮小に伴い地域内で賑わいを維持できる地区とそうでない地区が発生する**地域内格差**も流通・商業のあり方に大きな影響をもたらしている。そして、それらが**買い物機会の格差**の拡大へとつながってきている。

　2020 年初頭からの**新型コロナウィルス**拡大やそれに対応した新しい生活様式の導入は消費や流通分野の各方面に大きな影響をもたらしている。インターネット通販やネットスーパーなどの利用が拡大し、物流の重要性が再確認される一方で、そこで働く人々の労働条件や流通の仕組みなどの課題もみえてきた。また、非正規雇用者の増加や学生・生徒そして外国人の労働なしには成り立たないとりわけ流通現場の状況も、日本の流通・商業を取り巻く環境を考えるうえでは忘れてはならない点である。

【引用文献】
国立社会保障・人口問題研究所「日本の将来推計人口（2017 年推計）」、「日本の世帯数の将来推計（2019 年推計）」国立社会保障・人口問題研究所ホームページ（http://www.ipss.go.jp/, アクセス日：2020.11.30）
第 1 節の一部で、番場博之（2013）「地域の再生とまちづくり」佐々木保幸・番場博之編『地域の再生と流通・まちづくり』白桃書房、の内容の一部を要約し使用している。

1）自宅周辺のお店の変遷について、家族や近隣の方に話を聞いてみよう。
2）人口減少や少子高齢化が進んでいくと、どのようなタイプのお店が必要になっていくか話しあってみよう。

課　題

コラム①　テクノロジーが牽引する広告の市場開放

　今では、多くの分野で市場の開放が進み、私たちは、世界中の商品やサービスに自由にアクセスできる。

　ところが、今でもほぼ国内競争すら制限されている業界がある。それが、メディア業界である。報道の自由や、公共の利益の観点から、テレビ局による電波の使用は、国により管理・運営されている。長年にわたり、新聞社や地上波テレビ局の新規参入や業界再編が起きないのは、そのためである。

　インターネットが普及し、情報は検索して探すのが当たり前の時代になると、メディア業界の様相は変化した。人々は、情報にふれるのに、新聞を経由せず、PCや携帯電話を利用するようになった。その際に、使用する検索エンジンは、Yahooやグーグルなどである。また、テレビのニュースを再配信する重要なツールは、YouTubeやフェイスブックである。そして、日本では、検索に用いるPCや携帯機器の多くがアップルなどの外国製の機器である。新聞社やテレビ局の根本的な形態に変化はないが、このように時代の推移とともに、新聞社やテレビ局は、ビジネスの多くの部分で外国企業との協業を余儀なくされているのである。テクノロジーの進歩による人々の行動の変化が、国内のメディアを外国資本との協業へと導いている。今後も、記事配信でソーシャルメディアを使い、広告収入を検索エンジンとシェアし、販売をアマゾンに頼るなど、最後の保護市場といわれるメディア業界であっても、その市場開放は避けられなくなっていくであろう。

　例えば、2015年に日本経済新聞社が外国の新聞社を買収したように、日本の新聞社やテレビ局が外国資本に買収される時代が来るかもしれない。そしてそれは、日本の独自の文化や、報道や表現の自由の考え方に少なからず影響を与えるだろう。テクノロジーの進歩とそれに伴う市場の変化が、日本のメディア業界を大きく変化させる日は近いと思う。

　内閣府に置かれた規制改革推進会議が、放送通信の分野でも検討を始めている。議論は、まだまだ最初の一歩である。今後時間をかけて、適切な結論を導いていくことに期待したい。ただし、市場の変化は待ったなしで進んでいる。2020年6月に、新潟県内のFMラジオ局が閉局した。理由は、広告収入の減少という経済的な理由だ。そこに至るには、多くの要素があるはずだが、テクノロジーの発展によるメディア間の競争激化や広告単価の下落が大きな要因だと思う。まずは経済的な理由から、メディア業界の変化が始まり、その対策として規制緩和が議論されていく。自由で、活発なメディア業界の発展につながるように、規制緩和の議論に注目していきたい。

第 ② 部

商業の基礎知識

　私たちは日常生活に必要な商品の多くを身近な商店で購入しているが、消費者に商品を販売するこのような商業のかたちを小売業という。その一方で、小売業や生産者あるいは他の卸売業等に商品を販売する、すなわち私たち個人的最終消費者以外に商品を販売する商業のかたちを卸売業という。

　商業は経済の発展に伴い、取り扱う商品の種類や販売地域あるいはその販売方法などに対応して分化していくとともに、卸売業と小売業といったかたちでも分化していった。しかし、技術革新があると、それに応じて統合が進み、さまざまな商品を総合的に取り扱う商業者が登場することもあった。また、生産者や小売業者が流通チャネルを統合化する動きが生じることもあった。

　第2部では、このような商業についての基礎的な概念を解説していく。まず、商業の発生と発展の歴史について解説し、そのうえで商業の具体的なかたちである卸売業と小売業の役割と機能について解説する。また、時間や空間を超えて具体的に商品が移動する物流について解説する。

第 ⑤ 章

商業の発生と発展の歴史

❶ 商業理解の難しさ

　商業とは何なのか。こう問われて、即座に答えられる人は多くはいないのではなかろうか。商業活動は私たちの生活にとって不可欠で身近にあるにもかかわらず、商業を定義づけたり、その意義を説明するのは簡単ではない。その理由の１つは、農業や製造業といった生産活動と比較すれば明らかだが、商業活動は原則として商品に手を加えないことに由来する。「モノ」自体を生み出さないが「モノ」に関連した活動であり、サービスを提供しているが学校やホテルと比べると、その果たしている役割がよく分からないからである。

　社会的に流通している価値のあるモノ（財）を**商品**とよぶが、商業は商品をそのままのかたちで右から左へと転売することで利益を挙げる。したがって商業者の利益分だけ商品価格が上昇する。モノに対して何もしなくとも利益が挙がるのであれば、商業者は何を仕事としているのであろうか。

　消費者からみれば、商業者を排除すれば、その分価格が下がり、その結果需要が増えれば、生産者にとっても消費者にとっても好ましい状況が生まれるから、商業者はむしろいない方が好ましいといった理解さえ生まれる。

　こうした商業に対する見方は正当なものであろうか。もしそうだとすれば、生産者から消費者が商品を購入するという**直接流通**が一般化しないのはなぜだろうか。第３章でみた商業者の役割を念頭に置いたうえで、私たちの回りに多くの商業者が存在している理由を探っていくこととしよう。

② 社会的分業による生産と消費の分離

　経済活動を語る際に大前提となるのは、個人や企業がさまざまな仕事を社会のなかで分担しておこなう**社会的分業**の存在である。逆にいえば、自分でつくった商品を自分で消費する自給自足という状況では経済活動は成立しなくなるということである。社会的に価値のある品物である商品を生産する人とそれを消費する人との分離こそが経済活動を生み出すのである。

　ただこの場合注意しておきたいのは、「消費する人」が生まれるといっても、「消費しかしない人」ということではなく、特定の商品に注目した場合に生産者と消費者とが別人であるというのに過ぎない。特定の商品の生産者は多くの商品の消費者であり、消費者というのは多くの場合それぞれが何らかの商品の生産に携わっている。

　消費のために生産活動は生まれるが、生産者と消費者が別人であることはさまざまな障害をもたらす。消費者は自分の求める商品を誰が生産しているのか分からず、生産者は自分のつくる商品を誰が消費したいと思っているのか分からない。分業が進むことは、A・スミスの『諸国民の富』を引くまでもなく生産力を拡大するテコであるが、交換を困難にする要因でもある。商業は、このように経済活動が始まった初期の段階に、生産者が消費者に商品を供給するための社会的な仕組みとして生まれたものと考えられる。

③ 交換から商取引へ

1）物々交換の難しさ

　先にも述べたように自給自足のもとでは経済活動は存在しないであろう。一定の**物々交換**が生じることが経済活動の第一歩となる。

　初期の交換形態として沈黙交易が考えられている。これはある住民集団の生活圏から離れた特定の場所に自らの生産物、例えば壺を置いておくと、隣接した地域の住民集団がその壺を手に入れ、その代わりに自分たちが生産した穀物を置いてくるという方法である。この交換形態の大きな特徴は、顔をあわせることなく品物の交換がおこなわれることであり、それぞれの集団が

生産する品物を交換することになり、基本的に交換相手が何を求めているか
といった欲求を考慮することなく品物を提供することになる。

　人を介さずおそらく「カミ」との関係として認識される交換が沈黙交易で
あるが、こうした交換は経済活動としては例外的であろう。経済活動として
安定的に生産物の交換がおこなわれるのは人を介した物々交換によってであ
り、物々交換は、例えば穀物と壺といった異なった生産物同士で交換するこ
とになる。こうした物々交換によって生産規模は拡大するが、ただちに円滑
に交換ができるわけではない。物々交換の問題点は、自分の欲しい品物をも
っている人に出会えるかどうか分からず、もし出会えたとしても自分のもっ
ている品物が相手の欲しい品物であるかどうか分からず、両者の欲しい品物
ともっている品物とが一致しても、その交換比率で意見が一致するか分から
ないことである。物々交換には、取引当事者の所有または希望する品物の種
類と数量が一致しないと成立しないという難しさがあるからである。

2) 貨幣の登場

　物々交換の困難を乗り越えるため生まれたのが**貨幣**である。初期の貨幣は
貝や金銀といった特別な品物がその役割を果たしていた。貨幣の登場は品物
の種類という制約を取り除き、貨幣を介して自分の手持ちの品物を何とでも
交換できるようにしたのである。交換比率の問題は価格問題として残るが、
貨幣の登場により交換活動さらに生産活動が飛躍的に拡大し、経済社会の成
立を促したのである。

　貨幣には3つの役割がある。1つめはどのような商品とでも交換できると
いう交換を仲介する役割、2つめに特定の商品はどれくらいの比率で交換で
きるかという価値を計る目安としての役割、3つめには欲しい商品がない場
合でも手持ち商品のままでは腐敗や劣化のおそれがあるため、とりあえず手
持ち商品を交換し貨幣のかたちで保管しておくことで価値を維持しておく役
割である。

　物々交換が貨幣の登場により変化したのは交換仲介の役割によるが、交換
比率の問題は残り続けると先に述べた。だが価値尺度の役割により各品物の
交換比率＝価格水準が形成されると、交換をしようとする人々は交換比率に

関して交渉しなくとも他でおこなわれた交換の比率を参考にすることができる。貨幣という統一的な価値尺度が存在することは交換をより容易にする。

　価値を維持する貨幣の役割によって、特定商品をもっているが、交換によって手に入れたいと思う商品がない人も交換に参加できるようになった。商品は程度の差はあれ、時とともに劣化していく。特定の商品を保有することはそうした劣化の危険を保有することにほかならない。物々交換の時代には、交換によって特定商品の劣化の危険を他の商品の劣化の危険と置き換えるに過ぎず、その意味で本当に自分の求める商品がなければ交換するのに慎重にならざるをえなかった。そのため交換規模は限られたものに過ぎなかった。貨幣の登場により、商品保有者はその商品を求める人がいる限り貨幣との交換に応じることができ、代わりに受け取った貨幣は何か商品が必要な時まで蓄えておけばよい。その結果、商品保有に伴う危険を除去したり軽減することができ、生産・交換の規模拡大をおこなうことができる。

3）商業者の出現

　生産の拡大はただちにおこないうるものではなく、新たな社会的な仕組みづくりが必要であり、その仕組みとは商業の出現であった。生産拡大には、その商品を求める人が多くいなければならず、生産者自らが片手間に販売をおこなうには限界がある。そこで、販売（再販売）をおこなうために生産者から商品を買い入れる事業者＝**商業者**が必要となる。

　商業者は再販売するために商品を買い入れるから、商品取扱技術の制約はあるとはいえ、基本的に販売できると考えられる商品を大量に購入する。商業者の購入によって、生産者は販売活動に関する諸活動から解放されるとともに、商業者から支払われた代金を生産過程に投入できる。

　こうして商業者の出現は生産規模を拡大させる基盤となるのである。

④　商業の分化

1）商業者の限界

　商業者は、商品を消費する目的ではなしに再販売する目的で購入するため、また販売を専門におこなうため、大量購入が可能と前節で述べた。だからと

いって1人の商業者が無限に商品を購入できるわけではない。

　生産規模がさらに拡大するに従って、1人の商業者だけではさばき切れなくなる。それは商業者自身の処理能力、つまり仕入、在庫管理、販売といった諸活動を遂行するに当たって必要な資金力や従業員数に限りがあるため、生産規模の拡大に対応できなくなる局面が生まれるからである。

2）商業の水平分化

　その結果、商品の販売活動は複数の商業者によって担われていくことになるが、販売する地域別や商品の種類別に商業者が分担しあって、消費者に販売することになる。このように同じ流通段階で商業者が役割分担しあうように分かれていくことを商業の**水平分化**とよぶ。

　水平分化がおこなわれるパターンとしては、販売地域による分化以外に、取扱商品の種類や販売方法によるものがある。商品の種類に基づく分け方は、**業種**（営業種目、第7章参照）とよばれる。これは商品の種類によって取扱技術が異なるため、似通った取扱方法の商品をまとめて仕入、在庫管理、販売をした方が効率的であるということから生まれたものと考えられる。

　他方、特に個人の消費者に直接商品を販売する商業である**小売業**の場合、消費者は感情やその場の状況によって買い物行動が大きく変化するため、消費者のどのような買い物状況に対応するかによって同じ商品でも複数の売り方が考えられる。どういった消費者にどのような方法で商品を販売するかという視点から商業を分けるのを、**業態**（営業形態、第7章参照）とよんでおり、小売店舗開発ではきわめて重要なテーマとなっている。

3）商業の垂直分化

　さらに生産規模が拡大してくると、商業は**垂直分化**することになる。これは生産者の生産拡大に伴い商品の販売される地理的範囲（**商圏**）が拡大すると、遠隔地にまで小売業者が品物を運び消費者に販売することは無駄が多く、大量に商品を仕入れ、それを遠隔地にまで運び小売業者に再販売するという商業者が現れる。これが卸売業者である。**卸売業**の誕生は当該商品販売の地理的範囲を大幅に拡大し、それによって大量生産の基盤を整える。

　卸売業者は最初は生産者から遠く離れた地域に生産物を供給するために生

まれたと考えられるが、その後生産者と取引するのはもっぱら卸売業者となり、小売業者は卸売業者を介して生産者と結びつくようになる。これは生産者が商品販売にかける費用や手間を少しでも削減しようとした結果である。生産者は、多くの小売業者と取引するよりも、彼らに再販売をおこなう限られた卸売業者と取引をした方が、直接取引する相手を少なくすることができ、また1回当たりの取引量も大口となり省力化できるからである。

　卸売段階を生み出した垂直分化の力は、生産増大とともに、その後も働き続ける。卸売業者は小売業者の商品取扱能力の限界から生まれたが、卸売業者にも取扱能力の限界があるため、卸売段階の多段階化が起こる。生産者から商品を仕入れる元卸（1次卸売業）、集散地で中継業務をおこなう中間卸（2次卸売業）、小売業者などに再販売する最終卸（3次卸売業）といったかたちで卸売業は多段階構造を形成することがあり、これは小売業にはみられない特徴である。

⑤　商業の統合

1）商業の水平統合

　商業の分化の原動力は、生産量増大によって商品流通に必要な人件費や各種費用が増えることであった。こうした費用の多寡はさまざまな要因によって変化する。生産量が増大しても流通の分化つまり商業の水平分化や垂直分化が常に発生するとは限らない。

　例えば、物流技術や情報伝達技術の進歩は、商品の輸送にかかる時間を短縮し、発注してから納品するまでにかかる時間（リードタイム）を大幅に短縮するだけでなく、その際に発生する誤発注等のトラブルも減少させることができるし、従来の人員数でより多くの取引先との取引を可能にする。そのために商業者を流通段階から減らそうとする圧力がかかることになる。

　あらかじめ個別商品を個包装しておくプリパッケージングのような商品取扱技術の採用は、それまでその商品を扱えなかった商業者にもその商品を扱えるようにする効果がある。その結果、さまざまな商品分野にわたる品揃えの商業者が生まれてくる。総合的な品揃えの卸売業者や小売段階の総合スー

パーなどがこれに相当する。幅広い品揃えの商業者が出現すると、狭い品揃えの商業者は競争上不利となり数を減らすが、これを**水平統合**とよぶ。

　水平分化と水平統合に関してよく知られている現象に**フォード効果**がある。これは、消費者の実所得が増加すると奢侈品を扱う小売商店の店舗密度が上昇し、流通生産性が上昇すると必需品を扱う小売商店の店舗密度が低下するという傾向である。所得上昇により個性的な商品を求める指向が強まれば、趣味性の強い個性的な商品が多く市場に出回るので、そうした商品を扱う専門店の数が増えるという水平分化が起こる。一方、セルフサービス販売といった販売技術が導入されると、食料品や日用雑貨はスーパーマーケットのような大型店などで購入され、従来からの個人経営の特定商品群しか取り扱わない業種店が数を減らす、水平統合が起こるのである。

2) 流通系列化と商業の垂直統合

　垂直統合は生産者、卸売業者、小売業者いずれが基軸となっても起こりうるが、本章では生産者と小売業者による垂直統合の場合を検討しよう。

　1960 年代の高度経済成長期に日本の工業製品（家電品、化粧品、日用雑貨など）の生産者（メーカー）は寡占メーカーとよばれるほどに巨大化し、他のメーカーと競合しつつ自らの独占的市場を確保しようとしていた。その過程で採られたのが**流通系列化**戦略である。自らの商品の販売を商業者に委ねれば、流通にかかる諸費用つまり顧客を探し店舗を構えさまざまな販売促進活動によって顧客を引きつけるのにかかる経費は節約できる。しかし商業者は特定メーカーの商品を特別に取り扱おうとはしないであろう。彼ら商業者にとって重要なのは自分の店に陳列している商品が売れることであり、特定メーカーの商品が売れるかどうかは直接関係のないことだからである。他方、メーカーの側では逆に、当該小売商店に陳列されている商品全般の売れ行きではなく、自分の製造販売している商品の売れ行きのみが問題なのである。メーカーと商業者の思惑の相違が流通系列化を引き起こした。

　卸売段階の系列化では、すでにその特定メーカーと取引のあった多くの卸売業者のなかからそのメーカーと直接取引のできる卸売業者を選別し特約卸とする方法、卸売業者が共同出資してそのメーカーの商品を専門に取り扱う

元卸となる販売会社を設立する方法、メーカー自身が出資して自らの商品を専門に取り扱う販売会社を設立する方法などがあり、こうした過程でそのメーカーの商品を取り扱っていた多くの卸売業者が流通経路から排除された。小売段階まで特定メーカーの製品を特別扱いにする仕組みつまり系列化できたのは、家電や化粧品などの業界に限られ、多くは卸売段階に限られた。

3) 小売業者による垂直統合

　小売業による**垂直統合**は、小売業の大規模化、特に**チェーンストア**の展開が契機となって進んだ。商業の分化、特に小売段階が卸売段階と分離する過程では消費者が分散して生活していることや消費量が小規模であるために小売業者は分散立地、小口販売しなければならず、メーカーで大量に生産される商品を受け入れるには卸売段階においてさまざまな商品を小口化し、それらを組み合わせて品揃えを形成する必要があった。ところが大規模小売業の成立はこうした配慮を不必要としている。大型店ともなれば1店舗でも卸売業者並みの仕入規模があり、そうした大型店が多店舗化すれば、卸売業者をしのぐほどの仕入量となる。しかも物流センターでは商品の小分けや品揃え形成が自動的におこなわれるようになっており、巨大メーカーの倉庫から直接大規模小売業者の物流センターへと配送され、取引もメーカーと大規模小売業者との直接取引という形態へと徐々に移行していく。この場合、卸売業者が小売業者の大規模化によって排除され、垂直統合している。

　こうして流通段階に存在する商業者の数は、商業の分化や統合によって大きく変化している。商業の分化・統合は、流通している商品の量だけでなく、物流や情報伝達・処理技術、消費者の買い物習慣、商品の形態、企業の戦略などさまざまな要因により、絶えず引き起こされているのである。

---

1) 生産者から消費者が商品を直接購入するかたちで、あなたはどのような商品を買っているだろうか。それ以外の商品を買う際、なぜ小売店を使うのか、考えてみよう。
2) 日本の大規模小売業者は海外の小売業者と比べ、卸売業者を使う傾向が強いといわれている。これにはどういう理由があるか、話しあってみよう。

課　題

第 ⑥ 章

- -

卸売業の機能と諸形態

① 卸売業とは何か

　小売業が個人的最終消費者を取引相手とするのに対し、卸売業はそれ以外の事業者を取引相手とする商業のかたちである。

　『経済センサス-活動調査』では、主として次の業務をおこなうものを卸売商店としている。

　①　小売業または他の卸売業に商品を販売する商店。

　②　産業用使用者（建設業、製造業、運輸業、飲食店、宿泊業、病院、学校、官公庁等）に業務用として商品を大量または多額に販売する商店。

　③　主として業務用に使用される商品（事務用機械および家具、病院・美容院・レストラン・ホテルなどの設備、産業用機械〔農業用器具〕など）を販売する商店。

　④　製造業の会社が、別の場所で経営している自己製品の卸売商店（主として管理業務のみをおこなっている商店を除く）。

　例えば、家電メーカーの支店、営業所が自己製品を問屋などに販売している場合、その支店、営業所は卸売商店とする。

　⑤　商品を卸売し、かつ、同種商品の修理をおこなう商店。

　⑥　主として手数料を得て他の事業所のために商品の売買の代理または仲立をおこなう商店（代理商、仲立業）。「代理商、仲立業」には、一般的に、買継商、仲買人、農産物集荷業とよばれている商店が含まれる。

　同調査によると 2016 年時点の卸売業の商店数は 36 万 4814 店、従業者数は 394 万 1646 人、年間商品販売額（2015 年）は約 406 兆 8203 億円であった。

❷　卸売業の機能

卸売業が果たしている流通機能には、おおよそ以下のようなものがある。

1）所有権移転機能

卸売業の所有権移転機能は、生産者から小売業者等へ商品の所有権を移転する機能である。

例えば、卸売業者は複数の生産者から商品を仕入れて、複数の小売業者等に販売することで、生産者の商品を日本全国あるいは世界各国に広める機能を果たしている。これは小売業者に対するアソートメントを提供する機能も同時に果たすことになる。小売業者が多数の生産者の商品を品揃えできるのは卸売業者が存在しているからである。

2）物的流通機能

卸売業の物的流通機能は、小売業者等の他の事業者が必要な時にすぐに配送することができるよう事前に商品を仕入れて保管する機能、そしてその商品を配送する機能である。

3）情報伝達機能

卸売業の情報伝達機能は、小売業者等がもつ販売データを生産者等に提供する機能と、新商品や季節商品に関する情報を小売業者等に紹介する機能である。それ以外にも生産地での生産状況や価格変動に関する情報を小売業者等の他の事業者に伝える機能がある。

4）補助的機能

卸売業の補助的機能には、金融機能、危険負担機能、そして流通加工機能がある。

金融機能は、卸売業者が生産者から商品を仕入れて早期に代金支払いをすることにより生産者の生産活動を支援すること、ならびに小売業者の商品販売代金を掛け売りにすることにより信用を供与して販売活動を支援することで両者の資金融通を円滑にすることである。

危険負担機能は、卸売業者が生産者から商品を仕入れて自己の責任において小売業者に販売することにより生産者と小売業者の在庫リスクの一部を負

担することである。一般的に大規模な生産者は少数の工場で大量生産するのに対し、小売業者は地域の消費者に対し1つ・2つという小さな単位で商品を販売している。そのため、小売業者は特定の生産者の商品を大量に仕入れることができないが、一方で大規模な生産者は大量生産した商品をすぐに出荷し販売代金を得ることで次の生産につなげたいと考える。そこで卸売業者が在庫をもつことで、この両者の商品在庫を少なくする役割を果たすのである。

　流通加工機能は、卸売業者の段階で商品に値札つけや包装といった簡単な加工をおこなう機能である。またお中元・お歳暮などにおいて、いくつかの生産者の商品を詰め合わせて1つのパック商品にして提供するといったことも含まれる。

　卸売業者自らが企画開発した商品を小売業者等に提供することがある。例えば、食品分野卸売業の国分は「K&K」というブランドの食品を開発している。これは自社でPB商品を開発することができない中小小売業者の代わりに、大手小売業者のPB商品に対抗できるようにしたものである。

③　卸売業の分類

　卸売業を分類する際には、その基準により多様な方法がある。例えば、その立地により産地卸売業、集散地卸売業、そして消費地卸売業に分類できる。また流通段階により1次卸売業、2次卸売業等といった分類もできる。

　さらに、遂行する機能により、完全機能卸売業と限定機能卸売業に分類することもできる（菊池宏之「卸売構造」中田・橋本 2006 pp.140-142）。完全機能卸売業とは、既述の卸売業の4つの機能のほとんどを遂行する卸売業のことをいう。それに対してそれら機能のなかの一部のみを遂行する卸売業を限定機能卸売業という。限定機能卸売業には以下のようなものがある。

　①　現金持ち帰り卸売業　　一般的に、卸売業は小売業などに商品を販売する際に、取引ごとに販売代金を回収するのではなく1ヵ月分の取引の代金を翌月以降にまとめて回収している。しかしながら、現金持ち帰り卸売業は小売業が卸売業の事務所や倉庫を訪れて仕入れる商品を選んで、その場で代

金を現金で支払い自分で持ち帰る形態である。代表的な企業として飲食店などに食材を供給しているドイツのメトロがある。

②　製造卸売業　　アパレル分野において典型的にみられる卸売業である。自社で製品企画をおこない、製造設備を備え生産もおこなうが、自社製造比率が50％未満であるため製造業には分類されない。そこで製造卸売業とよばれる。代表的な企業としてオンワード樫山がある。

③　車載販売卸売業　　商品をトラックなどに積んで、小売業者を巡回し、取引先で注文を受け、その場で商品を引き渡し、代金決済までおこなう卸売業である。

④　通信販売卸売業　　小売業や他の卸売業あるいは生産者などの事業者に、カタログ、ダイレクトメール、インターネットなどで商品を紹介して、電話・FAX・郵便・電子メールなどで注文を受ける形態の卸売業である。カタログやダイレクトメールの作成費用や郵送費用は必要であるが、営業専門の担当者や営業所を必要としないため低コストの営業が可能である。インターネットの普及により増加してきている卸売業の形態である。代表的な企業としてオフィス用品を取り扱うアスクルがある。

❹　卸売業の構造変化と再編

　日本の卸売業構造の1つの特徴は、多段階性にあるといわれている。多段階性を知る指標の1つとしてよく使われるものに **W/R比率**（Wholesale/Retail sales ratio）がある。

　日本の卸売商店数は一時的に減少した時期があるものの、1991年に約47万店まで増加した。しかしながらその後は減少している。年間商品販売額は1991年の約573兆円まで一貫して増加していたが、その後は減少傾向にある。従業者数も1991年に約477万人まで増加したが、その後は減少傾向にある。卸売商店数が減少したのは、主な取引先である小売商店数が1982年をピークに減少したことと、バブル経済の崩壊による売上高の減少に耐え切れなくなった卸売商店が廃業したことによるものと考えられる。

　また近年、小売業のチェーン化の進展に伴って卸売業の再編が進んでいる。

それは卸売業の販売先である小売の大型店が流通の効率化を図るため、取引する卸売業を絞り込みたいという意向に対応したことによるものである。また、小売の大型店が全国展開を進めるなかで、新たに出店した地域でもこれまでと同様の卸売業との取引を希望するため、全国に展開する卸売業への再編が進んだこともその理由である。

　ドラッグストア企業の全国への出店拡大が進み、医薬品分野ではメディパルホールディングス（2019 年度の連結売上高は約 3 兆 2531 億円）、アルフレッサホールディングス（同約 2 兆 6985 億円）、スズケン（同約 2 兆 2135 億円）、東邦ホールディングス（同約 1 兆 2637 億円）の 4 社それぞれで 1 兆円を超えるまでに成長した（各社『有価証券報告書』）。2009 年にはメディセオ・パルタックホールディングス（現在のメディパルホールディングス）とアルフレッサホールディングスが経営統合を目指していたが、公正取引委員会の合併審査が長引いた関係で撤回されたことがあった。

　食品分野では、三菱食品（同約 2 兆 6547 億円）、日本アクセス（同約 2 兆 1544 億円）、国分グループ（同約 1 兆 8917 億円）、加藤産業（同約 1 兆 632 億円）の 4 社それぞれで 1 兆円を超えており、この分野でも再編が進んでいる（各社『有価証券報告書』）。

⑤　総合商社の動向

　また、近年では**総合商社**の活動もいっそう多様化し、原油や天然ガスそしてシェールガスなどのエネルギー、鉄鉱石や銅などの資源という川上分野に進出するとともに、後述するように消費者に近い小売業分野にかかわる事業にも力を入れている。

　商社とは、海外との取引すなわち貿易もおこなう卸売業をいう。商社のうち特定の商品分野に活動範囲を限定したものを専門商社とよぶ。日本の商社の特徴としては、「鉛筆から飛行機まで」といわれるように多種多様な商品を取り扱い、広範な機能を遂行する巨大な総合商社が複数ある点が挙げられる。日本を代表する総合商社には三菱商事、伊藤忠商事、三井物産、丸紅、豊田通商、住友商事、双日の 7 社がある。

　2019 年度の売上高に当たる連結収益と連結従業員数は、三菱商事が約 14 兆 7797 億円で約 8 万 6000 人、伊藤忠商事が約 10 兆 9830 億円で約 12 万 8000 人、三井物産が約 6 兆 8850 億円で約 4 万 6000 人、丸紅が約 6 兆 8276 億円で約 4 万 5000 人、豊田通商が約 6 兆 6940 億円で約 6 万 6000 人、住友商事が約 5 兆 2998 億円で約 7 万 2000 人、双日が約 1 兆 7548 億円で約 1 万 8000 人であった（各社『有価証券報告書』）。

　三菱商事はローソンそして成城石井を子会社に、ライフコーポレーションや日本ケンタッキーフライドチキンホールディングスを持分法適用会社としている。伊藤忠商事はファミリーマート、住友商事はサミットやドラッグストアのトモズを子会社としている。三菱商事はイオングループ、三井物産はセブン＆アイ、丸紅はマルエツや東武ストアと提携関係にある。

　また三菱商事は三菱食品、伊藤忠商事は日本アクセスと伊藤忠食品、三井物産は三井食品という食品卸売業を、丸紅は山星屋という菓子卸売業を子会社としている。総合商社は流通の川下である小売業との取引関係を強化することを目的として、それと取引する卸売業を子会社化する戦略を進めている。

❻　卸 売 市 場

　卸売市場は、生鮮食品等の卸売のために開設される市場である。卸売市場には**中央卸売市場**と**地方卸売市場**、それ以外の市場の 3 つがある。

　中央卸売市場は農林水産大臣の認可を受けて開設する市場であり、2019 年度時点で全国に 64 ヵ所ある。農林水産省による「卸売市場データ集」では中央卸売市場を取扱商品分野により青果、水産物、食肉、花卉の大きく 4 つに分けている。また、地方卸売市場は都道府県知事の認可を受けて開設する市場であり、2018 年度時点で全国に 1025 ヵ所ある。

　卸売市場は集荷・分散機能、価格形成機能、代金決済機能、情報発信機能の主に 4 つの機能を果たしている。集荷・分散機能は、全国各地から多種多様な生鮮食品を集荷し、それを消費地のニーズに応じた数量に分散させることである。価格形成機能は、需要量と供給量を反映した公正な価格をつけることである。代金決済機能は卸売市場における販売代金を出荷者に対し迅速・

確実に決済することである。情報発信機能は、需要と供給に関する情報を収集して、流通の川上の生産者と川下の小売業に伝達することである。

　卸売市場の数は、そこを通して生鮮食品を仕入れていた中小規模の小売業者の廃業が増えるのに伴って、中央卸売市場、地方卸売市場ともに減少傾向にある。また卸売市場経由による取引比率も花卉を除くと減少傾向にある。その要因の 1 つとしては大規模な小売業と生産者による相対取引の増加がある。**相対取引**とは卸売市場でのセリを通すことなく生産者と小売業者が直接に取引することである。スーパー（スーパーマーケット）等の大規模な小売業者にとっては、相対取引の導入によって商品を年間の仕入・販売計画に従って安定的に確保できるメリットがある。一方、生産者にとっても買い手を安定的に確保できるメリットがある。他方、相対取引の実際は大規模な小売業が主導する取引であるため、価格交渉が大規模な小売業者側に有利に働く傾向が強くなるというデメリットが生産者側にある。また、相対取引で大規模な小売業者が多くの商品を押さえてしまうと、卸売市場でのセリを通して購入している中小小売業者に時として商品が回らないといった問題も起こりうる。

　花卉の市場経由率が高いのは、スーパーやドラッグストアでの花卉の取扱いが増加してきてはいるものの、今でも、まちの花屋さんが主要な販売チャネルになっていることが要因であると考えられる。また、食肉は青果、水産、花卉と比較すると**市場経由率**が低い（図表6-1）。その理由は、輸入自由化と、大手食肉メーカーによる生産・流通の系列化がおこなわれているからである。青果や水産物そして花卉は小規模すなわち個人経営の農家や漁師による生産が多いが、食肉は日本ハムや伊藤ハムといった大手食肉メーカーが存在しているために卸売市場を経由する流通に依存する必要がないからである。

　2020 年 6 月の卸売市場法改正により、新たに 3 つのビジネスモデルの活用が可能になった。第 1 に生鮮食品を仲卸業者が産地から直接仕入れて輸出することができるようになった。第 2 に生鮮食品を卸売市場に持ち込まなくても小売業に直送できるようになった。これにより現物が卸売市場を経由する必要がなくなり、より鮮度の高い生鮮食品の流通が可能になった。第 3 に

図表 6-1　生鮮食品の卸売市場経由率の推移

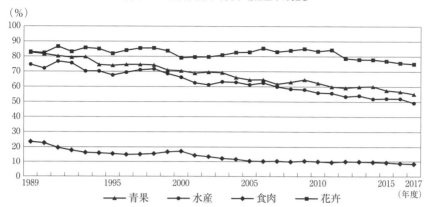

出所：農林水産省（2020）「令和元年度　卸売市場データ集」p.17、農林水産省ホームペー
　　　ジ（https://www.maff.go.jp/j/shokusan/sijyo/info/attach/pdf/index-148.pdf, アク
　　　セス日：2021.3.28）。

卸売市場間で生鮮食品の過不足を迅速かつ柔軟に調整できるようになった。
改正以前は、同一市場内の仲卸業者以外への卸売が原則禁止されていたが、
改正により各卸売市場が仲卸先を自ら決めることができるようになったから
である。

【引用文献】
食品卸売業・総合商社・ドラッグストア各社『有価証券報告書』
中田信哉・橋本雅隆編（2006）『基本流通論』実教出版
農林水産省ホームページ（2020）「令和元年度　卸売市場データ集」

1）4 種類の限定機能卸売業それぞれに該当する具体的な企業とその事業内容を調
　　べてみよう。
2）卸売市場におけるセリの重要性について話しあってみよう。

課　題

第 ⑦ 章

小売業の機能と諸形態

① 小売業とは何か

1）小売業の定義

小売業は消費者（**個人的最終消費者**）を取引対象とする商業である。1つの商店単位でみた場合、消費者に商品を販売するとともに、学校や他の商店などに商品を販売することもある。このような場合、この小売商店は小売業であり卸売業でもあるのだが、統計でこれを把握しようとする場合には、年間商品販売額の50％以上を消費者に販売する商店を小売業としている。逆に、消費者への年間商品販売額が50％未満の商店は前章で説明した卸売業となる。

『経済センサス–活動調査』では、主として次の業務をおこなうものを小売商店としている。

① 個人（個人経営の農林漁家への販売を含む）または家庭用消費のために商品を販売する商店。

② 産業用使用者に少量または少額に商品を販売する商店。

③ 商品を販売し、かつ、同種商品の修理をおこなう商店。

なお、修理料収入額の方が多くても、同種商品を販売している場合は修理業とせず小売商店とする。

④ 製造小売商店（自店で製造した商品をその場所で個人または家庭用消費者に販売する商店）。

例えば、菓子店、パン屋、豆腐屋、調剤薬局など。

なお、商品を製造する商店が店舗をもたず通信販売により小売している場合は、製造業に分類される。

⑤ ガソリンスタンド。

⑥　主として無店舗販売をおこなう商店（販売する場所そのものは無店舗であっても、商品の販売活動をおこなうための拠点となる事務所などがある訪問販売または通信・カタログ・インターネット販売の商店など）で主として個人または家庭用消費者に販売する商店。

⑦　別経営の商店。

官公庁、会社、工場、団体、遊園地などのなかにある売店等で他の事業者によって経営されている場合はそれぞれ独立した商店として小売業に分類する。

同調査によると 2016 年時点の小売業の商店数は 99 万 246 店、従業者数は 765 万 4443 人、年間商品販売額（2015 年）は約 138 兆 156 億円であった。

2）小売業の役割

小売業は生産者と消費者の中間に存在することから、その役割は、消費者に対する役割、生産者・卸売業に対する役割、そして地域社会に対する役割の 3 つの側面から説明されることが多い（鈴木 2010 pp.137-140）。

（1）　消費者に対する役割　　消費者に対する主な役割は購買代理機能にある。小売業が仲介しない場合には、消費者は生産者から直接商品を購入しなければならず、多数の商品を購入する時にそれぞれの生産者とそれぞれ取引する必要があり、買い物費用が多くなる（第 3 章参照）。

小売業は消費者に代わってさまざまな生産者や卸売業から商品を集めてくる購買代理を果たすことで買い物費用を軽減する役割を果たしている。

（2）　生産者・卸売業に対する役割　　生産者・卸売業に対する代表的な役割は、情報伝達機能である。それは消費者の購買情報や消費者からの要望を生産者や卸売業に提供することである。

例えば、POS（Point of Sales, 販売時点情報管理、第 14 章参照）システムなどから得られた購買情報を生産者や卸売業に提供することである。

小売業は生産者や卸売業の代わりに消費者に商品を販売することで、生産者が販売活動にかける時間や費用を軽減させて生産に集中できるようにするとともに、生産者や卸売業の販路の確保や拡大に寄与する役割も果たしているのである（第 3 章・第 5 章参照）。

（3）　地域社会における役割　　地域社会における役割とは、社会全体に対して小売業が担っている役割である。そのなかには地域社会貢献があり、地域独自の商品を取り扱うこと等により伝統産業や伝統文化を支援することなどが含まれる（第 12 章・第 26 章参照）。

　また、小売業は地域の人々に働く場を提供する雇用の創出という役割も果たしている。

❷　小売業の機能

1）所有権移転機能

　小売業における所有権移転機能は、卸売業などから仕入れた商品を消費者に販売することにより、その所有権を移転するものである。

　所有権を移転するために小売業がおこなう活動には、商品の品揃え、小口販売、販売価格の決定の 3 つがある。商品の品揃えは商品の仕入活動に伴っておこなわれる。仕入活動は自店の顧客が購入するであろう商品の種類と品質を吟味して調達することであって、適正な品揃えの形成に寄与している。商品仕入は卸売業者を通しておこなうことが多いが、生産者から直接仕入れることもある。また他の小売業者にはない商品を PB（Private Brand, プライベートブランド）商品として企画・開発する場合もある。

　小口販売とは小売業者が消費者に商品を 1 個・2 個といった単位で販売することである。小売業者は商品を通常 1 ケース単位で仕入れるが、多くの消費者はケース単位で購入することはないため小口に分けて販売するのである。

　販売価格の決定は、競合する小売商店の価格を参考にして自店の販売価格を決定することである。

2）物的流通機能

　小売業における物的流通機能には、商品の空間的移動と時間的移動の 2 つがある。

　商品の空間的移動とは、商品を仕入れる際の配送に小売業者が関与することである。例えば多数の店舗をもつ小売業者が自ら物流センターを設置して、店舗への商品配送を効率化することである。それ以外にも顧客の自宅への商

品の配達も含まれる。

生産と消費の間に時間的懸隔が存在することにより、商品の需要と供給の間にも時間的懸隔が生じる。小売業は消費者よりも先に商品を仕入れて保管することでこの時間的懸隔を架橋している。これが商品の時間的移動である。

3) 情報伝達機能

小売業における情報伝達機能は、POS データなどによって得られた消費者の購買情報を流通の川上に位置する生産者や卸売業に提供することである。他方で川下に位置する消費者に新商品や季節商品を紹介することでもある。

小売業者が保有する POS データは生産者にも伝達されるが、そのデータは卸売業者から小売業者への出荷データでは得られない情報である。多数の店舗を展開するチェーンストアの多くは消費者の購買情報をもとに生産者との共同商品開発をおこなっている。

4) 補助的機能

小売業の補助的機能には、金融機能、危険負担機能、ならびに流通加工機能の 3 つがある（第 2 章参照）。

金融機能は、消費者に対してクレジットカード払いや分割払いによる信用供与をおこなうことで、いわゆる資金融通のことである。また、危険負担機能は、生産者や卸売業者から商品を仕入れて在庫を保有することで、売れ残りリスクを負担することである。そして、流通加工機能とは例えば、生鮮食品を消費者の必要量に応じてカットしてパック詰めしたり、ホームセンターで木材や資材などを消費者の要望に応じて切断したりすることである。衣料品におけるパンツの丈詰めなどもこれに当たる。

③ 小売業の分類

小売業の分類方法はさまざまあるが、以下では代表的なものについて解説する。

1) 店舗の有無による分類

まず小売業は店舗を有しているか否かにより、有店舗小売業と**無店舗小売業**に分類できる。無店舗小売業には、訪問販売業、自動販売機業、そして通

信販売業の 3 つがある（第 11 章参照）。インターネットの普及と発展により、有店舗小売業が通信販売業を兼務することも増えてきている。

　『経済センサス-活動調査』では、2015 年の小売業の年間商品販売額割合は、店頭販売が 86.3％、訪問販売業が 4.3％、自動販売機業が 0.7％、通信販売業が 5.1％、その他が 3.6％であった。その他は新聞や牛乳の月極販売、生協の共同購入などである。

2）業種による分類

　業種（kind of business）とは、その商店の取り扱っている商品による「何を売るか」で分類するものである。酒屋、本屋、八百屋、花屋、薬局などといった分類がこれに当たる。業種により分類される商店は取扱商品の後ろに「屋」をつけて「〇〇屋」ということが多い。また、このような商店を業種店とよぶこともある（第 12 章参照）。

3）業態による分類

　業態（type of operation）とは、「どのような販売形態で売るか」で小売業を分類する方法である。百貨店、スーパー（スーパーマーケット）、コンビニ（コンビニエンスストア）、ドラッグストア、ホームセンターなどといった分類の仕方がこれに当たる（第 9 章・第 10 章参照）。

　大枠での分類では同じ小売業態であっても他の小売商店と差別化するために、違いを際立たせた業態を開発し出店することがある。それを小売フォーマット（format）という。例えば、スーパーのなかでは、成城石井やピーコックストアなどの高級スーパーが 1 つの小売フォーマットということである。コンビニのなかでは、ナチュラルローソンは高品質コンビニ、ローソンストア 100 は 100 円生鮮コンビニという小売フォーマットである。

4）消費者の購買行動による分類

　消費者の購買行動により消費財は、最寄品、買回品、専門品に分類できる（第 1 章参照）。それに対応するかたちで小売業も、最寄品小売業、買回品小売業、専門品小売業に分類できる。最寄品は購買頻度が高い消費財であるため、消費者は自宅等の近くの商店で買い物をする傾向が強くなる。そのため、最寄品小売業の商店数は多くなる。

5）サービス形態による分類

どちらかに明確に区別することは難しいが、おおよそ顧客に対するサービスの形態によりセルフサービス店（第 10 章参照）と対面販売店の 2 つに分類できる。セルフサービス店と対面販売店の区別は、どちらが売場面積の 50％以上を占めるかで判断する。

セルフサービス店は、スーパーやコンビニなどで顧客自らが売場で商品を選択してそれをレジにもっていき精算する形態である。一方、対面販売店は百貨店や高級専門店などで販売員が顧客に接客して販売する形態である。

世界で最初にセルフサービス販売を採用したのは、1916 年のアメリカで C・サンダースのピグリー・ウィグリー・ストアとされる。一方、日本における食料品分野でのセルフサービス販売は 1953 年にスーパーの紀ノ国屋（1910年創業）がショッピングカートとレジを導入したのが始まりとされる。衣料品分野では、1955 年にハトヤ（ニチイ、マイカルを経て現在のイオン）が日本で最初とされる。

6）企業形態による分類

出資方法や出資目的で、個人組織、会社組織、協同組合組織の 3 つに分類される。

個人組織は、小売商店への出資者が 1 人の場合をいう。会社組織は、小売商店への出資者が複数名によるものをいい、株式会社、合同会社、合名会社、合資会社の 4 つがある。また、協同組合組織は組合員の相互扶助を目的とした組織であり、加入・脱退の自由が認められている。協同組合組織には生協（コラム③参照）、農協、漁協などがある。

④　小売業構造の特徴と変化

日本の小売業構造の特徴の 1 つとして小規模な商店の数が多い点が挙げられることが多い。当用買（第 1 章参照）の習慣がある日本では、自宅近くで日常的に頻繁に消費財とりわけ生鮮食料品を購入することが一般的におこなわれてきた。そして、そのような購買習慣に応じるかたちで小規模な業種店が数多く存立してきたのである。

　しかし、スーパーが増えていき、消費者がまとめ買いをすることも増えて
いくと経営が厳しくなる業種店も出てきた（第12章参照）。さらに、自家用車
の普及と冷蔵・冷凍技術の進化、冷蔵庫の大型化等により、郊外のスーパー
で買い物をする習慣がさらに広まると、業種店の経営はいっそう苦しくなっ
ていき廃業する店が増えていくようになった。これにより小規模な小売商店
が減少していき、1980年代には小売業全体の商店数も減少していくのである。
そして、2000年代以降になると、少子高齢化と人口減少が進み消費市場自
体の縮小が進んだことで、規模の大小にかかわらず小売業全体が厳しい状況
に陥っていくことになった。

❺　新しい小売業の誕生とその課題

　小売商店が身近からなくなり、自動車を運転できない消費者、特に高齢者
が自宅の近くで買い物をすることが難しくなる状況が各地で頻発している。
このような状況にある消費者を買い物弱者という（第28章参照）。この問題は
地方だけでなく、大都市中心部でも深刻な社会問題となっている。
　そうした買い物弱者に買い物機会を提供する役割を担っている1つが移動
スーパーやネットスーパーである。近年、それを展開する小売事業者や、利
用する消費者も増えている。
　移動スーパーは小売商店がない地域に出張して販売するため、買い物弱者
を含むその地域の消費者に買い物機会を提供するという大きな役割を果たし
ている。移動スーパーを運営する事業者はすでに店舗を構えていることが多
い。従来はその店舗に自家用車などで買い物に来ていた顧客が来られなくな
った際に、移動スーパーによって買い物機会を提供するというケースもある。
ただ移動スーパーはトラックに積み込むことができる商品の種類が限られる
ことから、品揃えもそうならざるをえない。
　一方、ネットスーパーもそれ単独で事業展開するよりは、従来からスーパー
を展開していた小売業者が取り組むことが多い。ネットスーパーの品揃えは
その小売業者の店舗で取り扱っている商品とすることができるため、移動スー
パーより充実している。また、店舗の商品を配達するため、既述のような消

費市場の縮小のなかでの店舗売上への貢献という意味ももつ。

　ただ、移動スーパーやネットスーパーの課題は多い。1番の課題は経費についてである。移動スーパーの場合には商品を陳列するためのトラックとそれを運転する人が必要であることから、費用がかさむ。また、ネットスーパーの場合も注文のあった商品を従業員が取り揃え、それを冷蔵・冷凍機能の備わったトラックで配達しなければならないことから、やはり費用がかさむ。一方で、高齢化の進行やコロナ禍での外出制限のなかでこれらへの需要はいっそう高まっている。そのため、採算の取れるビジネスモデルの確立が急がれよう。

【引用文献】
鈴木安昭（2010）『新・流通と商業（第5版）』有斐閣

1）卸売業と小売業の違いを整理し箇条書きにしてみよう。
2）コロナ禍でネットスーパーの利用が増えたといわれているが、それを利用することのメリットとデメリットについて話しあってみよう。

課　題

第 ⑧ 章

物流とロジスティクス

❶ 物流とは何か

物的流通（物流）という用語は、1956 年にアメリカへ視察に行った「流通技術専門視察団」が physical distribution という用語を日本に持ち帰り、訳したのが始まりである。

流通は生産と消費の懸隔を埋める役割を果たしている。生産と消費の懸隔には、人的懸隔、空間的懸隔、時間的懸隔などがあるが、**商的流通**（商流）が人的懸隔に対応する商品の所有権移転にかかわる権利の流通であるのに対し、物流は空間的懸隔ならびに時間的懸隔に対応する商品の輸送・保管といったことにかかわるモノの流通である（第 2 章参照）。コロナ禍で宅配飲食やネットスーパーの利用が増えており、また近年のインターネット通販の普及もあり、物流への関心が高まっている。

物流はその担当領域により調達物流、生産物流、販売物流、回収物流、消費者物流の 5 つに大きく分類することができる。

調達物流は、生産者からすると原材料などの購買にかかわる物流である。また小売業からすると生産者や卸売業からどのようにして商品を仕入れるかにかかわる物流である。生産物流は生産者が自社の倉庫や支店などに商品を配送する物流であり、企業内物流ともよばれている。販売物流は、生産者が卸売業や小売業へ納品するための物流である。一方、回収物流は、返品される商品、パレット、包装資材などを小売業から卸売業や生産者に返すための物流である。消費者物流は、宅配便やトランクルームのように消費者を対象にした輸送や保管をおこなう物流である。

このうち調達物流や生産物流そして販売物流は血液の流れに例えて動脈物

流、それに対し回収物流を静脈物流ということもある。

❷　物流の機能

　物流の機能は、輸送、保管、荷役、包装、流通加工、物流情報の大きく6つに分類できる。

1）輸　　送

　輸送は商品を目的地まで届ける機能である。

　商品の輸送は主に自動車、鉄道、船舶、航空機を利用して遂行される。自動車は、日本国内における輸送トン数（図表8-1）の90％以上のシェアを占めている。鉄道のシェアは、1955年度では22.5％であったが1995年度以降は約1％で推移している。内航海運は約7〜9％で、国内航空は0.1％未満である。

　しかしながら輸送トンキロ数（図表8-2）でみるとシェアが異なる。輸送トンキロ数とは、輸送重量（t単位）に輸送距離（km）を乗じた数値である。輸送トンキロ数でも自動車が大きなシェアを占めるようになってきているが、約50％である。輸送トン数で10％以下であった内航海運は輸送トンキロ数では40％以上を占めている。輸送トンキロ数で自動車のシェアが増加してきた理由は、荷主の戸口から受取人の戸口まで一貫輸送できる便利さにある。

　1トンキロ当たりの二酸化炭素排出量は自動車輸送の代表であるトラックが233gに対し、内航海運は39g、鉄道は22gである（国土交通省「令和2年度モーダルシフト等推進事業について」https://www.mlit.go.jp/common/001288624.pdf，アクセス日：2021.3.12）。すなわち長距離輸送の場合はトラックでなく内航海運や鉄道による輸送にすることで地球環境の保護につながる。トラックによる幹線輸送から地球に優しく、大量輸送が可能な船舶輸送または鉄道輸送に転換することを**モーダルシフト**という。

2）保　　管

　生産者が生産した商品は、そのすべてがすぐに出荷されるわけではない。近い将来の消費に備えて生産されることがある。小売業においても消費者が買い物に来た時に品揃えされているように、多くの商品を事前に仕入れている。そのような商品を生産者の倉庫や小売業のバックヤードで品質を保って

図表8-1　輸送機関別国内輸送トン数構成比の推移

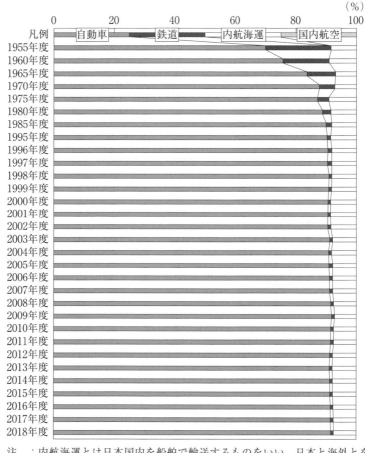

注　：内航海運とは日本国内を船舶で輸送するものをいい、日本と海外とを
　　　船舶で輸送するものを外航海運という。
出所：国土交通省「交通関連統計資料」国土交通省ホームページ（http://
　　　www.mlit.go.jp/k-toukei/, アクセス日：2021.3.6）。図表8-2も同じ。

おくことが保管である。

　冷蔵や冷凍した状態で販売される商品は、それに適した状態で保管される
必要がある。秋に収穫されるお米はそれ以降に食べることができるように適
切な温度や湿度を保った状態で保管されることにより、年間を通じて食する
ことができている。このような機能が保管である。

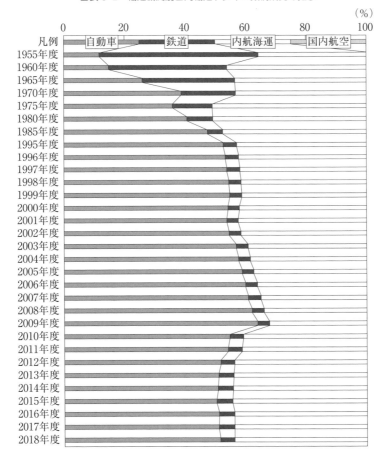

図表 8-2　輸送機関別国内輸送トンキロ数構成比の推移

3）荷　　役

　荷役は輸送と保管を接続する機能を果たしている。商品を倉庫からトラックに積み込む作業、商品をトラックから積み下ろす作業などである。荷役は人手による作業に頼る部分が大きいが、近年は**ユニットロードシステム**により効率化が図られている。

　ユニットロードシステムには、**パレチゼーション**と**コンテナリゼーション**の2つがある。

　パレチゼーションはパレットの上に商品を積載し、パレット単位で輸送・保管・荷役することである。パレットとは、木やプラスチックでつくられた平らな荷台で、その上に商品を積載してフォークリフトなどで運ぶことで荷役の効率化と省力化を図ることができる。平パレットは JIS（Japanese Industrial Standards, 日本産業規格）により T11 型（1100mm×1100mm×144mm）が日本統一規格として定められているが、業界により効率的に積載しやすいパレットが利用されているのが現状である。コンテナリゼーションは鉄道貨物などで利用されるコンテナのなかに商品を入れて、そのまま輸送・保管・荷役することである。

4）包装と流通加工

　包装は商品の保護や荷役の合理化などをおこなう機能である。特に液体や顆粒状のものを輸送・配送しやすく、さらに販売しやすくするものである。最近では他の商品と差別化をするための商業包装に注目が集まっている。

　流通加工は、流通段階でおこなわれる簡単な加工や組み立てなどの機能である。例えば家具や家電の組み立て、衣料品のハンガー掛け、ギフトセットの詰め合わせなどである。流通加工を生産者の出荷段階でおこなうと物流量が多くなるため、流通段階でおこなうことにより物流の効率化を図るものである。

5）物流情報

　物流を効率的におこなえるように支援することが物流情報である。物流情報には、受発注システム、在庫管理システム、輸送管理システム、貨物識別などがある。

③　物流に関連する用語

1）ロジスティクス

　物流と似た用語に**ロジスティクス**（logistics）がある。ロジスティクスは、企業内の部分最適から全体最適へ、そしてより統合させて企業全体の効率化を実現する仕組みである（齊藤実「物流とは何だろう」齊藤ほか 2020 pp.18-21）。

　生産者を例にすると、その物流にかかわる原材料調達部門、生産部門、販

売部門、物流部門のそれぞれが、各部門内の効率化のみを追求すると、他の部門にしわ寄せが及び全体最適化できない。原材料調達部門では原材料を一度に大量調達すると効率的であるが、そうするとそれを保管するための場所と資金が必要となる。生産部門では毎日一定数量をつくり続けることで生産コストを一定に保つことができる。一方、販売部門は月末や年度末に売上実績を上げるための販売活動をおこなうことがあり、それに伴って生産部門の生産計画を変更しなければならない事態が生じることがある。またそれにより、物流部門が月末や年度末に大量の商品を販売先に輸送しなければならないため物流部門の効率化が図れなくなる。すなわち各部門の部分最適が必ずしも 1 企業全体にとって最適であるとは限らない。

そこで全体最適の視点から、企業活動を統合して在庫削減を図るのがロジスティクスである。

2) SCM

ロジスティクスと似た用語に SCM（Supply Chain Management）がある。ロジスティクスは 1 企業内において各部門間を調整して在庫削減を図るものであるが、SCM は企業間の物流活動の最適化、販売・在庫情報の共有化などにより商品供給連鎖の最適化を図るものである。

SCM はその主体を生産者と想定すると、生産者は自社内部の生産部門や倉庫内の在庫管理ばかりでなく、外部の部品供給業者や卸売業そして小売業との間で情報共有することにより、商品供給連鎖の最適化を図ることである。

3) 3PL

3PL（Third Party Logistics）は荷主でも、直接的に物流活動を担う事業者でもない第三者が、両者を仲介する物流活動である。

経済のグローバル化に伴い、商品が国境や地域を越えて行き交うようになると陸上輸送（自動車と鉄道）・船舶輸送・航空輸送をどのように結びつければよいか、また流通加工をどこでおこなうのがよいかということを、第三者が仲介することにより物流コスト削減と物流効率化を図ることを目的にしたのが 3PL である。

3PL 事業者は、荷主からそれまでの物流費より削減できた金額の一部を、

また物流事業者から収益増加分の一部を得ることにより事業運営している。

④ 宅 配 便

宅配便とは、標準宅配便運送約款に基づき小口荷物を荷主の戸口から受取人の戸口まで迅速に届ける輸送サービスである。宅配便はヤマト運輸が1976年に始めたのが最初であり、その後、各運送会社がこの事業に参入した。

宅配便にはそのサービスを提供する運送事業者がそれぞれの名称をつけている。ヤマト運輸は「（クロネコヤマトの）宅急便」、佐川急便は「宅配便・佐川急便（現在の飛脚宅配便）」、西濃運輸は「カンガルー便」、名鉄運輸は「こぐまの名鉄宅配便」、トナミ運輸は「パンサー宅配便」、エスラインギフは「つばめ便」、福山通運は「フクツー宅配便」である。宅配便事業者が動物をシンボルマークに利用することが多かったことから、1980年代には宅配便事業者間の競争が「動物戦争」とよばれたこともあった。

宅配便は、スキー・ゴルフ用品の宅配、代金引換、冷蔵・冷凍食品の宅配、時間指定配達サービスなどにより取扱個数が増加し、1984年度には約3

図表 8-3　宅配便取扱個数の推移

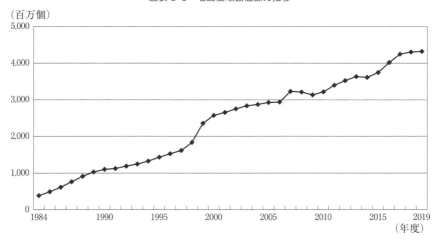

出所：国土交通省（2020）「令和元年度宅配便等取扱個数の調査及び集計方法」国土交通省ホームページ（https://www.mlit.go.jp/report/press/content/001363808.pdf, アクセス日：2021.3.6）。

億8500万個であったが2019年度には約43億2300万個に増加している（図表8-3）。

　さらに最近は、インターネット通販の増加が宅配便の成長を後押ししている。ヤマト運輸は小さな荷物を輸送する需要の増加に対応するために、2015年に「宅急便コンパクト」と「ネコポス」を開始した。「宅急便コンパクト」は、これまでの宅急便の最小サイズ（3辺の合計が60cm）より小さいサイズの荷物を、2種類の専用ボックスで宅急便よりも低価格で輸送するサービスで、より小口のインターネット通販商品の配送に対応するものである。一方、「ネコポス」は厚さ2.5cm以内の荷物を各家庭の郵便受けに配達するサービスで、受取人が不在でも郵便受けに入れ再配達する必要がないことから、配送効率化が図れることにより低価格な輸送サービスを提供するものである。

　最近は宅配便事業者が、インターネット通販企業の商品を物流センター内の複合施設で預り、商品保管から出荷までを一貫して請け負うサービスも展開するようになってきている。これによりインターネット通販企業は商品保管や出荷作業の業務負担を削減することができる一方、宅配便事業者は貨物を確保できるというメリットがある。さらに、宅配便事業者がインターネット通販企業の倉庫まで受取りに行く手間を省くことができることにより、顧客が商品を注文してから届くまでのリードタイムを削減できるというメリットもある。

【引用文献】
齊藤実・矢野裕児・林克彦（2020）『物流論（第2版）』中央経済社

1）ロジスティクスとSCMの違いを整理し箇条書きにしてみよう。
2）宅配便にあったらよいと思うサービスを友達と話しあってみよう。

課　題

コラム②　延期-投機の原理

　せっかく買い物に出かけたのに、お目当ての商品が売り切れで悔しい思いをしたことはないだろうか。しかし、この時、悔しい思いをしているのは、あなただけではない。お店も、もっと仕入れておけば、販売して利益を得ることができたはずの機会（チャンス）を失った（ロスした）のだから、悔しい思いをしている。その商品の生産者も卸売業者も同じ思いだろう。

　そうした思いを避けたければ、生産者は生産量を、商業者は仕入量を増やせばよい。だが、そうすると、別の悔しさに苛まれるかもしれない。せっかく生産したのに、あるいは仕入れたのに、売れ残ってしまったという悔しさである。

　販売機会ロスを防ぐためには、売り逃しのリスクを回避できる安全な水準にまで在庫量を増やす必要がある。しかし、安全在庫といえども売れ残ってしまえば不良在庫であり、その処分のための値下げロスや廃棄ロスが発生してしまう。だからといって、売れ残りのリスクを回避するために在庫量を減らしてしまうと、機会ロスの発生する可能性が高まってしまう。こうした機会ロスと値下げ・廃棄ロス、または売り逃しのリスクと売れ残りのリスクとの狭間で、どのような商品を、いつ、どこで、どのくらい生産し、仕入れればよいのか。その最適水準を説明しようとするのが、「延期-投機の原理」である。

　延期とは、生産と仕入に関する意思決定を先延ばしにすることであり、逆に前倒しすることが投機である。延期の究極は受注生産であるから、延期すればするほど実際の需要に基づいた生産と仕入をおこなうことができ、売れ残りのリスクを回避することができる。しかし、生産と仕入の規模は小さくならざるをえず、コストが高くなるし、機会ロスが発生しやすくなる。逆に、仮需要を見込んでまとまった生産と仕入をおこなう投機の場合、コストを低く抑えることができるし、売り逃しのリスクを回避することもできる。しかし、値下げ・廃棄ロスが発生しやすくなる。つまり、延期と投機はトレードオフの関係にある。

　大量生産・大量流通が実現していたかつては、投機的な生産と仕入が支配的であった。しかし、消費者ニーズの多様化に伴って多品種少量生産が求められる今日では、延期的な生産と仕入が要請されている。したがって、流通の今日的課題は、実需に基づいた多品種少量の生産と仕入を、コストを抑えながら迅速かつ多頻度におこなって、機会ロスを回避することにあるということができる。

　この二律背反の課題を見事なまでに克服しているのがセブンイレブンである。連携する生産者および卸売業者との間で、生産と在庫と販売に関する情報を共有し、売れる商品を売れる分だけ瞬時に受発注できる情報通信システムを構築するとともに、ドミナント出店にあわせて生産拠点と物流拠点を分散させ、多頻度小口配送を共同してまとめておこなうことで、コストを抑えながら発注から納品までのリードタイムを短縮し、売り切れを防ぐことに成功している。

第 3 部

小売業のかたち

　私たち消費者が商品を購入する商業のかたちが小売業である。私たちは、その生活スタイルあるいはさまざまな状況に応じてたくさんのそして多様な小売業を利用している。

　第3部では、その小売業のうちの代表的なかたちである百貨店、スーパーマーケット、コンビニエンスストア、そして特定の商品分野に取扱いを限定した専門量販店および無店舗小売業である訪問販売業、自動販売機業、通信販売業について解説する。

　定義・歴史・類型・現況とおおよそ同じかたちでそれぞれの小売業態を解説することで、各業態を比較しながら学習が進められるように構成されている。

　また、後の章での流通政策やまちづくりの学習につながるように、主として地元の事業者によって営まれている地域密着型の小売業である地域商業とそれらによって構成される商店街についても解説する。

第 ⑨ 章

百貨店・専門量販店

1 百 貨 店

1）定　　義

『経済センサス-活動調査』では、百貨店と総合スーパー（第10章参照）を、「衣・食・他」にわたる幅広い品揃えで商品を小売し、それぞれの各販売額がいずれも当該事業所の販売総額の10％以上70％未満で、従業者が50人以上の店舗（事業所）としている。「他」とは機械器具・家具・医薬品・書籍・スポーツ用品・写真などの商品分野を指している。

　一方、百貨店と総合スーパーの大きな違いは、前者が**対面販売**を主とする売場が大部分を占めているのに対し、後者はセルフサービス方式の売場が大部分を占めている点にある。さらに百貨店が比較的高価格な商品を取り扱っているのに対し、総合スーパーは手頃な価格の商品が多いという点もある。百貨店を英語で department store というが、これは多数の取扱商品を商品部門別に仕入れたり販売管理したりしていることに由来している。

　一般的に、百貨店は特徴のある仕入形態を採用している。小売業の仕入形態は大きく、買取仕入、委託仕入、消化仕入の3つに分類できる。**買取仕入**は、小売業が生産者や卸売業といった納入業者から商品を買い取る仕入形態であり、小売業に商品が納入されると商品所有権も移り、たとえ売れ残っても基本的には返品できない。

　一方、**委託仕入**は、納入業者が小売業に対し商品販売を委託する方式であり、商品が販売された後に納入業者から小売業に対して一定の販売手数料を支払う仕入形態である。**消化仕入**は、商品が売れると同時に商品所有権が納入業者から小売業、そして小売業から消費者へと移転する仕入形態である。

小売業の店頭に陳列されている商品の管理責任は、委託仕入の場合には小売業側にあるが、消化仕入の場合には納入業者側にある点で両者は異なる。消化仕入は、商品が売れた段階で小売業側が商品を仕入れたことになるため売上仕入とよばれることもある。

　百貨店は、買取仕入より委託仕入や消化仕入の割合が高いために、消費者への商品販売にかかわるマーチャンダイジング力が育成されなかったといわれている。なぜなら委託仕入や消化仕入の商品は売れなくても百貨店側は売れ残りリスクを負う必要がないため、納入業者の薦めた商品を無条件で仕入れてしまうことになりやすいからである。また委託仕入や消化仕入での商品の販売は、納入業者からの派遣店員が担当することから、百貨店社員の販売力も向上しなかったためとされる。

2）歴　　史

　世界で最初の百貨店はフランスのボンマルシェ（Le Bon Marché）であるといわれている。そのため、創業者の A・ブシコーがボンマルシェを立ち上げてその共同経営者になった 1852 年が百貨店の始まりとされる。

　ボンマルシェにおいてブシコーが取り入れた近代的商法には、入退店を自由にする、正札・現金販売、オープン陳列、返品保証、カタログによる通信販売、新聞広告・新聞記事の活用、低マージン・高商品回転率モデルの採用、目玉商品やバーゲンセールによる集客といったものがある。そのなかの正札・現金販売は、三越の前身である越後屋が江戸時代の 1673 年に開業した当初から導入していた商法でもある。

　ボンマルシェに続いて、1858 年にアメリカでメーシーズ（Macy's）、1863 年にイギリスでホワイトリー（Whiteley）、1870 年にドイツでヴェルトハイム（Wertheim）が百貨店として誕生した。

　一方、日本で最初の百貨店は 1904 年に改組した三越呉服店（現在の三越）であるとされる。同年 12 月に株式会社三越呉服店が設立され、取引先への挨拶状に「デパートメントストア宣言」が掲載された。その後、いくつかの呉服店も百貨店へ転換していった。

　第 2 次世界大戦直後の百貨店は、GHQ（General Headquarters, 連合国軍総司令

部）による売場の接収、配給統制、戦争による店舗の被災の影響により、戦前と同様のかたちで営業が再開できるようになるまでには時間を要した。しかしながら、売場の接収解除、配給統制の撤廃等が進むと、当時唯一の大規模小売業として成長を遂げていくことになる。

　その後、スーパー（スーパーマーケット）が登場し、1970年代になるとスーパー業界全体の売上高が百貨店業界全体のそれを上回るようになる。スーパー業界1位のダイエーの売上高が百貨店業界1位の三越のそれを上回るようになり、さらに2008年には百貨店業界全体のそれはコンビニエンスストア業界全体の全店舗売上高にも抜かれることになった。

3) 類　　　型

(1) 呉服系百貨店と電鉄系百貨店　　**呉服系百貨店**は、江戸時代に呉服店として創業し、明治時代あるいは大正時代に百貨店へと転換していったものをいう（図表9-1）。

　電鉄系百貨店は、電鉄会社が電車を利用する人たちを主な顧客と想定して開業した百貨店である。最初の電鉄系百貨店は1929年に開業した阪急百貨店である。電鉄系百貨店は企業名の末尾に「百貨店」がつくという特徴がある（図表9-2）。

(2) 都市百貨店と地方百貨店　　日本百貨店協会の分類によれば、**都市百貨店**は札幌市、仙台市、東京23区、横浜市、名古屋市、京都市、大阪

図表9-1　呉服系百貨店の創業と百貨店への転換

百貨店名	創業			百貨店への転換	
	創業年	店名	創業者	転換年	会社名
三越	1673年	越後屋	三井高利	1904年	株式会社三越呉服店
松屋	1869年	鶴屋呉服店	初代　古屋徳兵衛	1907年	古屋合名会社鶴屋呉服店 古屋合名会社松屋呉服店
松坂屋	1611年	いとう呉服店	伊藤祐道	1910年	株式会社いとう呉服店
髙島屋	1831年	たかしまや	初代　飯田新七	1919年	株式会社髙島屋呉服店
そごう	1830年	大和屋	初代　十合伊兵衛	1919年	株式会社十合呉服店
大丸	1717年	大文字屋	下村彦右衛門兼雄	1920年	株式会社大丸呉服店

注　：鶴屋呉服店（現在の松屋）は、1889年に松屋呉服店を買収したため、百貨店に転換した後も1930年まで2つの会社が存在していた。
出所：各社社史。

図表 9-2　電鉄系百貨店の開業

百貨店名	開業年	開業時の百貨店名
阪急百貨店	1929 年	阪急百貨店
東急百貨店	1934 年	東横百貨店
西武百貨店	1940 年	武蔵野デパート
阪神百貨店	1951 年	阪神百貨店
名鉄百貨店	1954 年	名鉄百貨店
東武百貨店	1962 年	東武百貨店
小田急百貨店	1962 年	小田急百貨店
京王百貨店	1964 年	京王百貨店

出所：各社社史。

市、神戸市、広島市、福岡市の 10 都市に出店する百貨店である。

　一方、地方百貨店は都市百貨店が立地する 10 都市以外に出店する百貨店であり、さくら野百貨店（青森県）、スズラン（群馬県）、丸広百貨店（埼玉県）、さいか屋（神奈川県）、岡島百貨店（山梨県）、遠鉄百貨店（静岡県）、大和（石川県）、天満屋（岡山県）、一畑百貨店（島根県）、トキハ（大分県）、鶴屋百貨店（熊本県）、山形屋（鹿児島県）、リウボウ（沖縄県）などがある。

　多くの**地方百貨店**は総合スーパーとの差別化のために品揃えの高級化を図ったが、結果的にはあまり変わらない品揃えとなり、価格競争に巻き込まれ経営の厳しい状況が続いた。そこで地方百貨店は都市百貨店の共同仕入機構グループに入り、総合スーパーとの差別化を図った。共同仕入機構グループには髙島屋を幹事とするハイランドグループなどがある。それでも低価格な商品を求める顧客層の拡大により苦戦を強いられた。そこで都市百貨店の系列店となり生き残りを図るなど模索が続いているが状況は厳しい。そのため、賑わいの象徴ともされた百貨店がない都市も増えてきている。現在、山形県と徳島県には百貨店が 1 店舗もない。

4) 現　　況

　日本の百貨店は戦前からの大規模小売業として、小売業界を引っ張ってきた。戦後も一貫して業界全体の売上高は増加し続けたが、バブル経済崩壊により 1992 年にはじめて売上高が減少し、その後も減少傾向が続いている。バブル経済崩壊後の売上高減少には、百貨店特有の仕入形態が関係している

といわれている。

　売上高の減少に伴い、2000年のそごうグループの民事再生法の申請をは
じめ、その前後には地方百貨店を含め多数の百貨店が店舗閉鎖や実質的な経
営破綻に追い込まれた。また百貨店全体の売上高の減少が続き、さらに他の
小売業態との競争も激しくなるなかで、生き残りをかけた**業界再編**が起きた。

　大丸と松坂屋は2007年に経営統合してJ.フロントリテイリングとなった。
J.フロントリテイリングでは大丸が大丸ピーコック、松坂屋が松坂屋ストア
という食品スーパーを展開していたが、2013年にイオンに株式譲渡した。
その一方、2011年には雑貨店「プラザ」などを展開するスタイリングライフ・
ホールディングスをグループ会社化し、2012年にはショッピングセンター
事業を展開するパルコを連結子会社化した。また、阪急百貨店と阪神百貨店
の経営統合により2007年に誕生したエイチ・ツー・オーリテイリングは
2014年に総合スーパーを展開するイズミヤと経営統合した。さらに、髙島
屋は子会社の東神開発によるショッピングセンター事業に注力している。多
くの百貨店で経営統合が進むとともに、他事業に活路を見出す傾向も強くな
ってきている。

② 専門量販店

1) 定義と類型

　専門量販店とは特定の商品分野に絞って、品揃えを深めて大量販売をおこ
なう小売業態である。また**カテゴリーキラー**とよばれることもある。カテゴ
リーキラーとは、特定の商品分野において価格競争力をもち、総合型小売業
がその分野の売場から撤退に追い込まれることから名づけられた。

　具体的には、衣料品ではカジュアルウェアのユニクロ、紳士服の青山商事
やAOKI、婦人・子供服のしまむら、靴のエービーシー・マートなどがある。
食品では酒類のカクヤス、生鮮食品のニュー・クイックなどがある。また住
関連では家具のニトリ、玩具の日本トイザらス、家電ではヤマダ電機やエデ
ィオン、ホームセンターではカインズやコーナン商事などがある。スポーツ
用品ではアルペン、めがねのメガネトップなどがあるが、これらは専門店に

分類されることもある。

2) 歴史と現況

（1） 家電量販店

家電量販店は特定の家電メーカーの製品に限定されることなく、複数のメーカーの製品を大型の店舗内に多数品揃えする専門量販店である。

家電量販店の先駆けとなったのは広島県の第一産業（ダイイチ、デオデオを経て現在のエディオン）である。第一産業創業者の久保道正は電気部品などの卸売業を経営していたが、小売業からの代金回収に苦労した結果、自ら家電小売業に転業した。当時、まちの電器屋はメーカー希望小売価格で値つけしていたものの、顧客からの要望により個別に値引き販売をしていた。すなわち、まちの電器屋では顧客により商品の販売価格が異なる状況であった。そのような状況をみた久保は仕入価格に適正な利潤を加えた価格で販売したところ、まちの電器屋よりも低価格であったことから成功を収めた（矢作 1997 pp.162-164）。

家電製品は買回品であるが、まちの電器屋では特定の家電メーカーの製品しか取り扱っておらず買い回りすることができない。一方、家電量販店では特定メーカーの品揃えに限定されないことから比較選択することができ、さらに低価格であったことから消費者から支持されるようになっていった。

1990 年代には群馬県のヤマダ電機、栃木県のコジマ、茨城県のカトーデンキ（1997 年にケーズデンキへと商号変更）の 3 社が激しい競争を展開していたことから「YKK 戦争」、または 3 社の出身県を取って「北関東価格」とよばれていた時期があった。

家電量販店は大きな変化を繰り返してきた。ヤマダ電機は 2012 年にベスト電器を子会社化した。エディオンはそもそも地方の家電量販店が集まって誕生したことから、地方ごとに異なる店舗名を使用していたが 2012 年に店舗名をエディオンに統一した。ビックカメラは 2012 年にコジマを子会社化した。ビックカメラとヨドバシカメラはカメラを主体とした量販店であったが、現在は品揃えを家電全体に広げている。

また、ヤマダ電機は、2005 年に豊栄家電と共同でコスモスベリーズを設

立し、まちの電器屋をボランタリーチェーンとして組織化し、ヤマダ電機が仕入れた商品を加盟店に供給するという卸売事業の展開も始めた。まちの電器屋はヤマダ電機から商品を仕入れることで、家電量販店並みの価格で仕入が可能となり、一方のヤマダ電機もまちの電器屋に卸売することにより、これまで以上の大量仕入による低価格の仕入を実現している。

　(2)　**ホームセンター**　　**ホームセンター**は DIY 用品を中心に家具・ペット用品・ガーデニング用品そして日用品を品揃えしている専門量販店である。

　ホームセンターの先駆けとなったのは、埼玉県の日之出自動車というタクシー会社によるドイトである。日之出自動車の斎藤茂吉はアメリカへ視察に行った時にホームセンターという小売業態に出会い、与野市に開店したのが始まりである。ドイト与野店は郊外型ホームセンターの先駆けにもなった店舗である（矢作 1997 pp.185-189）。

　ホームセンターのなかには店舗面積の拡大に伴い取扱商品分野を増やしたことで、スーパーホームセンターとよばれる店舗もある。また購買頻度の高い食料品の取扱いを増やしているホームセンターはスーパーセンターとよばれることもある。また建築業者がその日の仕事が始まる前に必要な資材などを購入できるよう、そうした売場の開店時間を早めるような対応をおこなっている店舗もある。

　現在のホームセンター業界は、DCM カーマ・DCM ダイキ・DCM ホーマック・DCM サンワ・DCM くろがねやによる DCM ホールディングス、イオンのホームセンター事業グループなどにより再編が進展している。

　(3)　**紳士服量販店**　　**紳士服量販店**は男性用スーツを中心に取り扱う専門量販店である。

　紳士服量販店の先駆けとなったのは、青山商事である。青山商事はダイエーの関西のショッピングセンターに 7 店舗を出店しチェーン展開を始めた。しかしながらショッピングセンター内のテナントは賃貸料が高いわりに目的買いの顧客を誘引する力が弱いという特徴があった。そこで、アメリカの事例を参考に単独で郊外に出店することを考えた。そして、1974 年に東広島市西条に郊外型の店舗を出店し、百貨店に出店しているアパレルメーカーのブ

ランド紳士服を半額で売るという価格訴求と新聞折り込み広告の大量投入で成功していくのである。その後、東京の大三紳士服が1974年に北浦和店を出店、愛知県のトリイも郊外型紳士服店を開店するなど、紳士服量販店の店舗展開は全国的に広まっていったのである（矢作 1997 pp.201-205、大野 1993 pp.56-67）。

　青山商事が展開する「洋服の青山」は郊外型店舗が主体であるが、若年層をターゲットとして都心に「THE SUIT COMPANY」を出店している。さらにショッピングセンターに「UNIVERSAL LANGUAGE」と「Blu e Grigio」を出店している。一方、AOKIもショッピングセンター内には「ORIHICA」という小売フォーマットを展開している。このように郊外への単独出店から始まった紳士服量販店も最近は対象市場を細分化し多様な市場の需要を異なる小売フォーマットで獲得しようとしている。また、コロナ禍の拡大で在宅勤務者が増えるなかでのいっそうのスーツ需要の低下、加えてカジュアルファッションやクールビズの普及への対応のために、男性用スーツ主体の店舗展開を見直し、カジュアル路線の強化や女性用スーツなども取り揃えるなど品揃えも多様化させてきている。

【引用文献】
大野誠治（1993）『「洋服の青山」急成長の秘密』国際商業出版
矢作敏行（1997）『小売りイノベーションの源泉』日本経済新聞社

1）百貨店全体で売上高の減少が続いている理由について話しあってみよう。
2）家電量販店業界とホームセンター業界の再編について、その類似点と相違点をまとめてみよう。

課　題

第 ⑩ 章

スーパーマーケット・コンビニエンスストア

❶ スーパーマーケット

1) 定　　義

スーパー（**スーパーマーケット**）は、セルフサービス方式、現金で購入して自分で持ち帰る方式、商品の回転率を上げることによる大量・低価格販売、売場別部門制組織などの特徴を有している小売業態として発展してきた。

セルフサービス方式は、対面販売方式とは異なり、基本的に店員が商品を提案することがなく、消費者自らが必要な商品を備えつけのカゴやカートを利用して選び、レジで精算することを意味している。近年、精算方法は電子マネーやスマートフォンアプリなど多様化しつつある。

2) 歴　　史

1920年代後半、アメリカでは大恐慌の影響を受けて消費者の多くは経済的に余裕がなかったため、それに対応して安く商品を販売しようとする店舗が増えていた。そのような状況下で、スーパーというセルフサービス方式を採用し低価格販売を実現した新しい小売業態が登場した。比較的大規模な店舗内で商品を安く大量に販売したため、当時の消費者の支持を得ることとなった。スーパーの起源については諸説あるが、一般的な説としては、1930年にニューヨーク州のロングアイランドのジャマイカにて、M・カレン氏が創設したキングカレンストアとされる。

一方、日本ではじめてセルフサービス方式を採用したのは、1953年の東京・青山の食料品店である紀ノ国屋であった。ただし、当時の消費者が低価格販売という理由でスーパーを支持していたことや、セルフサービス方式の大型総合食料品店という意味からすれば、日本で最初に誕生したスーパーは

1956年に福岡県小倉に登場した丸和フードセンターであるといえよう（山口由等「高度経済成長下の大衆消費社会」石井 2005 p.162）。

　ところでスーパーという新しい小売業態は、戦後の日本がアメリカの流通事情の影響を受けるなか、反百貨店運動や反生協（生活協同組合）運動が広がりをみせ、それらに対抗する安売りの店として誕生したとされる。当初は失敗をする規模の小さなスーパーが多かったが、その後「チェーンストアシステム」（第15章参照）という新しい経営手法を導入し、大規模経営を達成したスーパーが現れてくる。その代表がダイエーであった（石井 2003 pp.222-223）。

　それまでの小売業界は三越が長きにわたって総売上高でトップに位置していたが、1972年にはスーパーの最大手であったダイエーがそれを上回ることになった。これはセルフサービス方式による商品販売が日本社会に定着しつつ、消費者の価格への意識が高まるなかで、大型店舗で品揃えを拡大していた総合スーパーの発展によって買い物の利便性が飛躍的に高まり、全国的な店舗展開を進めたことで急成長した結果といえる。

　同時に1970年代後半から消費者のモノ離れが続くなか、同業他社との過度な出店競争も激化していき、さらに鮮度の高い生鮮食品の品揃えを実現させた食品スーパーの躍進が顕著に表れた（矢作敏行「チェーンストア」石原・矢作 2004 p.243）。そして、1973年のオイルショックや大型店の出店を規制する大店法（「大規模小売店舗における小売業の事業活動の調整に関する法律」、第25章参照）の制定などの環境変化から、新しい小売業態が相次いで出現するなかで、1980年代はじめには総合スーパーの成熟が顕在化していくことになる。

3) 類　　　型

　経済産業省の「業態分類表」によれば、一般的にスーパーは、**食品スーパー**、衣料品スーパー、**総合スーパー**に分類することができる。

　食品スーパーと衣料品スーパーについては、いずれも売場面積250m² 以上を有し、売上構成比に占める食品や衣料品の割合が70％を超えるものを指す。例として、食品スーパーにはマルエツ、ヤオコー、関西スーパーマーケットなどが、衣料品スーパーにはしまむらが分類される。

　総合スーパーは店舗の大型化を進めつつ、取扱商品を拡大させ、衣食住関

連の商品を総合的に品揃えする。商品アイテム数は 20～30 万品目に及び、多品種大量在庫を基本とする。総合スーパーの例として挙げられるのはイオン、イトーヨーカ堂、西友などである。特にこのような規模の大きな総合スーパーを日本型 GMS と呼称する場合がある。これはアメリカの **GMS**（General Merchandise Store，ジェネラルマーチャンダイズストア）と日本の総合スーパーの仕組みが類似しているからであるが、日本型 GMS の場合、食品スーパーをベースにしており、生鮮食料品の取扱比率が高いという特徴をもつ。

　さらに出店範囲による分類方法もある。出店地域が 3 都道府県以内を**地方スーパー**、4 都道府県以上を**地域スーパー**、そして 4 都道府県以上でかつ首都圏（1 都 3 県＝東京都、埼玉県、千葉県、神奈川県）、大阪府、名古屋市のうち 2 都市圏以上に拠点をもつスーパーを**全国スーパー**と区分する場合であり（「19 年度の小売業調査第 53 回」日経流通新聞 2020 年 7 月 22 日付）、図表 10-2 にみる「スーパー売上高ランキング」の分類がこれに当たる。

4）現　　況

　図表 10-1 は、世界と日本の小売業売上高ランキングを表している。ウォルマートの売上高は 56 兆円にものぼる一方、日本の小売業のなかで最も売上の大きいイオンはウォルマートのおおよそ 7 分の 1 である。また、それぞれの小売業が展開する国や地域、そしてコンセプトが違うとはいえ、ウォルマートと 2 位のコストコとの売上高規模の差は大きい。

　日本国内のスーパーの状況は図表 10-2 のようになる。全国スーパーのイオンリテール（イオンの総合スーパー事業）の売上高が 2 位のイトーヨーカ堂との差を広げつつある。イオンを親会社とするスーパーはほかにもダイエー、マルエツ、マックスバリュ西日本、イオン北海道などがあり、グループ全体の売上高は、図表 10-1 のように 7 兆 8000 億円を超えている。

　イオンの戦略として注目されるのは、高品質志向や低価格訴求の PB 商品（第 1 章・第 16 章参照）の開発・拡充である。1994 年に導入されたイオンの PB 商品「トップバリュ」の衣食住関連商品は 6000 品目を超え（日経流通新聞 2018 年 9 月 3 日付）、売上高は 7755 億円（2019 年 2 月期実績、イオンレポート 2019）にのぼっている。他のスーパーは、各社とも高品質な PB 商品や独自

図表 10-1　世界と日本の小売業売上高ランキング

世界小売業ランキング（2018 年度）			日本小売業ランキング（2018 年度）		
世界順位	企業名	売上高（億円）	企業名	売上高（億円）	世界順位
1	ウォルマート（米）	565,846	イオン	78,591	13
2	コストコ（米）	155,734	セブン＆アイ・ホールディングス	65,011	19
3	アマゾン（米）	154,232	ファーストリテイリング	21,204	52
4	シュヴァルツ・グループ（独）	133,739	ヤマダ電機	15,877	67
5	クローガー（米）	129,280	PPIH　※1	12,694	92
6	ウォルグリーン・ブーツ・アライアンス（米）	121,740	三越伊勢丹ホールディングス	11,562	101
7	ホーム・デポ（米）	119,023	エイチ・ツー・オーリテイリング	8,553	133
8	アルディ（独）	116,793	ベイシアグループ　※2	8,467	135
9	CVS ヘルス（米）	92,388	ビックカメラ	8,413	137
10	テスコ（英）	91,079	髙島屋	8,260	140

注　：デロイト・トーマツによれば、2018 年度とは、2018 年 7 月 1 日を期初とし、2019 年 6 月 30 日を期末とする事業年度の企業業績である。売上高は米ドル建てで計算され、アメリカを本拠としない企業の現地通貨建ての業績は、その企業の事業年度末までの 12 ヵ月間の平均為替レートで米ドルに換算されており、ここではそのデータをそのまま参照した（売上高を 1 ドル＝110 円で換算し、単位は億円である）。なお、カルフール（仏）は企業側の要請により当年報告書より除外されている。
※1：パン・パシフィックインターナショナルホールディングスの略。※2：見通しの数値。
出所：デロイト・トーマツ「世界の小売業ランキング 2020」（https://www2.deloitte.com/jp/ja/pages/about-deloitte/articles/news-releases/nr20200415.html、アクセス日：2021.3.9）から作成。

図表 10-2　スーパー売上高ランキング（2019 年度）

順位	全国スーパー			地域スーパー			地方スーパー		
	社名	売上高（百万円）	前年度比伸び率（%）	社名	売上高（百万円）	前年度比伸び率（%）	社名	売上高（百万円）	前年度比伸び率（%）
1	イオンリテール（単）	2,192,500	0.3	イズミ	744,349	1.7	イオン北海道（単）	204,511	0.1
2	イトーヨーカ堂（単）	1,185,147	▲ 4.1	マックスバリュ西日本	542,989	102.1	サンエー	199,291	5.0
3	ライフコーポレーション	714,683	2.3	ヤオコー	460,476	5.8	三和（単）	158,119	▲ 1.2
4	平和堂	433,641	▲ 0.9	ヨークベニマル（単）	446,843	0.3	原信（単）	140,942	2.4
5	ベイシア	306,003	1.4	オーケー	436,048	10.6	ラルズ（単）	129,220	0.5
6	神戸物産	299,616	12.1	マルエツ（単）	375,972	0.3	ユニバース	126,998	1.9
7	ダイエー（単）	297,941	6.3	万代（単）	358,287	3.5	関西スーパーマーケット	126,184	2.1
8	バロー（単）	291,680	▲ 0.1	フジ	313,463	0.3	フィールコーポレーション（単）	112,663	0.8
9	マックスバリュ東海	271,517	19.9	サミット	305,790	4.1	ヤマザワ	109,709	▲ 0.9
10	オークワ	265,398	0.1	カスミ（単）	268,146	▲ 1.3	タイヨー（茨城）（単）	109,533	3.7

注 1：社名に表記されている（単）は単独、表記なしは連結での売上高を表している。
注 2：▲はマイナスを示す。
出所：「19 年度の小売業調査第 53 回」日経流通新聞 2020 年 7 月 22 日付。

の商品開発を拡充してイオンに追随している状況である。

　また、ライフは、ネットスーパー事業拡大としてアマゾンと提携し、最短 2 時間で食品を宅配するサービスを実施している。さらにウォルマート傘下の西友は、米投資ファンドのコールバーグ・クラビス・ロバーツ（KKR）と楽天から出資を受け、ネットスーパーを強化した（日経産業新聞 2020 年 11 月 17 日付）。

② コンビニエンスストア

1）定　　義

　コンビニ（**コンビニエンスストア**）は、「業態分類表」では主に飲食料品を扱い、30m^2 以上 250m^2 未満の売場面積を有して 14 時間以上営業する業態を指す。一般的には、住宅地などの利便性の高い場所に店舗を構え、長時間営業を基本として、食品および雑貨といった日常生活に必要な商品を 3000 品目程度に絞り込んで品揃えする小売業態として発展してきた。近年では、生鮮食品を扱う店舗も増え、立地や店舗コンセプトも多様化している。

　限られた品揃えによる少量在庫を基本とし、POS システム（第 14 章参照）を利用してピンポイントで売れ筋商品を品揃えする、まさに限りなく効率を追求した小売業態といえる。日本では主に 1980 年代以降、立地のよさ、24 時間営業（そうでない場合もある）、そして絞り込まれた品揃えとともに、弁当やおにぎりなどといった**中食**の提供によって優位性を発揮して成長してきた。

2）歴　　史

　コンビニとは、英語で「便利（convenience）な」店舗を意味している。その起源は 1927 年にアメリカで誕生した氷製造販売会社であったとされる（矢作 1994 p.37）。一般家庭にまだ冷蔵庫が普及していなかった当時に氷の販売をおこない、スーパーがまだ広く普及していない状況下で顧客の要望を参考に生活必需品を置くことで利便性を追求していた。

　日本では 1970 年代以降に主要な総合スーパーによって設立されていった。イトーヨーカ堂はセブンイレブンを、ダイエーはローソンを、西友はファミリーマートをつくった。その理由は、スーパーが大型店を出店するには大店法（第 25 章参照）の制約があったこと、大型店がまちに出店するたびに反対運動が

生じていたので、小型店ならば進出が容易にできると考えたからであった。

　フランチャイズチェーン方式（第 15 章参照）を採用するコンビニは、本部が店舗の開店のために加盟店を募集することとなる。その際、加盟店の多くはもともと商店街などに存在していた酒屋、本屋、雑貨屋などであり、実際にセブンイレブンは主に酒屋を加盟させていた（矢作 1994 p.196）。その理由は、酒屋が酒類の販売免許を所持していたことで、コンビニでのお酒の販売が容易になるばかりか、それまで酒屋が使ってきた一部の加工食品の仕入ルートをそのまま利用できる利点があったからである。

　実際にコンビニの躍進は驚異的に進み、セブンイレブンを筆頭に、小さな荷物を頻繁に配送する**多頻度小口配送**体制の実現、各メーカーの商品を 1 つのトラックで運ぶという**共同配送**の確立、そしてドミナント出店などの戦略で高い成長力を示すこととなった。**ドミナント出店**とは、一定地域に店舗を集中させ、トラックの配送効率を向上させ、コスト削減につなげる物流戦略である。コンビニがこの戦略を採用したのは、物流の効率化だけでなく、長期的には店舗の名前やイメージを発信するブランド戦略のためでもあった。

　また 2000 年代に入ると、主要なコンビニ各社は銀行業務をスタートさせ、公共料金の収納を可能にした。さらにクレジットカードを利用できる仕組みとともに、電子マネーの導入を進めてきた。そして一部、近隣への商品宅配業務、さらにはインターネットサイトとリンクさせることで書籍など多種多様な商品を店頭で受け取ることができるサービスを始めるなど時代をリードし、日本を代表する小売業態へと発展した。

3）現　　況

　図表 10-3 のように、コンビニ業界はセブンイレブンの首位が長年続いてきた。その要因の 1 つに「セブンプレミアム」という PB 商品の開発がある。この開発にはキユーピー、味の素、日清フーズといった大手企業も継続して参画している。品目数は 4000 種類を超え、年間販売額は 1 兆 4500 億円（2019 年度）にものぼる（日本経済新聞 2021 年 1 月 7 日付）。

　セブンイレブンでは、例えば産地を選別し生産手法を管理した生鮮食品の PB 商品「セブンプレミアム・フレッシュ」によって、品質に重点を置く戦

図表 10-3　コンビニエンスストア売上高ランキング（2019 年度）

順　位	社　名	売上高(百万円)	前年度比 伸び率(%)
1	セブンイレブン・ジャパン（単）	887,625	1.6
2	ローソン	730,236	4.2
3	ファミリーマート	517,060	▲ 16.2
4	ミニストップ	193,439	▲ 5.8
5	ポプラ	25,370	▲ 2.8
6	セーブオン（単）	16,992	14.3
7	沖縄ファミリーマート（単）	13,981	2.5

注1：社名に表記されている（単）は単独、表記なしは連結での売上高を
　　　表している。
注2：▲はマイナスを示す。
出所：図表 10-2 に同じ。

略を進めているが（日経流通新聞 2017 年 3 月 13 日付）、ライバル企業は差別化戦略で追随している状況にある。例えばローソンは、1 都 3 県（東京都、神奈川県、千葉県、埼玉県）に絞って 143 店舗（2019 年 11 月時点）のナチュラルローソンを展開する。普通のローソンではできない、健康や美容に関心のある働く女性や主婦などをターゲットにした高品質商品を提供している。また、2014 年に買収した食品スーパー成城石井との協業を進め（日経流通新聞 2019 年 12 月 13 日付）、成城石井が取り扱うワインをナチュラルローソンで販売し、輸入チョコレートも共同で仕入れて販売している。さらに、ファミリーマートでは、親会社である伊藤忠商事の協力のもと、全国約 1 万 7000 店で「Convenience Wear（コンビニエンスウェア）」と名づけた衣料品の取扱いを始めており（日経流通新聞 2021 年 3 月 5 日付）、食品以外の日用品分野も強化している。

　このようにコンビニは消費者の当用買（第 1 章参照）にマッチした業態として著しい発展を続けてきたが、近年、その成長が伸び悩んでいる。理由の 1 つは、競合店の多い地域において互いが利益を相殺しあう悪循環が生じているためである。そのため住宅地だけでなく、新たな市場獲得を求めてロードサイド、ホテル内や大学、オフィス街、さらに駅構内などに立地するケースも増えてきている（日本経済新聞 2015 年 4 月 27 日付）。そして、オフィス街では弁当と飲み物を中心に品揃えするなど、本部主導の画一的な店づくりではな

く、地域の実情にあわせた店舗を増やしている（日本経済新聞2020年9月23日付）。

　また、近くにコンビニがなく買い物が困難な地域を対象に、ファミリーマートの「ミニファミ号」やセブンイレブンの「セブンあんしんお届け便」といった**移動コンビニ**を各社が提供している。さらにセブンイレブンは消費者の自宅まで商品を届ける「ラストワンマイル」を店舗利用が困難な高齢者等へ提供するなど（日経流通新聞2021年2月26日付）、どのように買い物の利便性を提供するかが各社の課題となっている。

　コンビニのグローバル戦略については、2017年のセブンイレブンのインドネシアからの撤退をはじめ、アジア各国において苦戦を強いられているケースが多い（日本経済新聞2020年8月7日付）。そのようななか、セブンイレブンの親会社セブン＆アイ・ホールディングスは、インターネット通販に強いアメリカでの売上高第3位のコンビニ、スピードウェイを買収し（日本経済新聞2020年8月6日付）、実店舗販売とインターネット販売の両立と連携強化を目指している。これは躍進するアマゾンやウォルマートなどとのグローバル競争に備えるためであると考えられる。

【引用文献】
イオンホームページ（http://www.aeon.info/ir/library/aeon-report/，アクセス日：2021.3.21）
石井寛治（2003）『日本流通史』有斐閣
石井寛治編（2005）『近代日本流通史』東京堂出版
石原武政・矢作敏行編（2004）『日本の流通100年』有斐閣
経済産業省ホームページ（https://www.meti.go.jp/statistics/tyo/syougyo/result-2/h26/pdf/ricchi/ricchiriyou2.pdf, アクセス日：2021.3.21）
矢作敏行（1994）『コンビニエンス・ストア・システムの革新性』日本経済新聞社

1）興味のあるスーパーを2社取り上げ、それぞれどのような販売戦略を実施しているのか調べてみよう。
2）コンビニの「24時間営業」については賛否両論がある。それについて賛成か、反対か、話しあってみよう。

課　題

第 ⑪ 章

無店舗小売業

① 無店舗小売業とは何か

　小売業には物理的な店舗を有して商いをおこなう形態と、店舗をもたない形態とがあり、**無店舗小売業**とは「店舗をもたない小売業」である。

　私たちが利用する実際の店舗では多種多様な商品が陳列され、それらを比較・検討することで、最終的な購買をおこなうことになる。しかし、無店舗小売業の場合、商品を手に取って見比べることや、香りを嗅ぐことができない。そのため商品解説などの情報をもとにしてそれまでの購買経験に基づいて購買に至るか、販売先に対する信頼をもって最終的に購買することになる。それゆえ、とりわけ通信販売業では、届いた商品がイメージと異なっていたなどのトラブルが発生する場合がある。

　ただし、店舗をもつ有店舗小売業には、**商圏**という販売対象エリアの制限がある一方、無店舗小売業のうち、例えば通信販売業は、クレジットカード利用が可能であれば世界規模での取引が可能となり、購買はよりスムーズにおこなえる。近年、通信販売業が急速に拡大している理由がここにある。

　日本標準産業分類（2013年10月改定、総務省）によれば、無店舗小売業は、**訪問販売業**、**自動販売機業**、そして**通信販売業**の3つに区別される。

② 訪問販売業

1）定　　義

　訪問販売業とは、訪問販売を主たる業務として遂行する無店舗小売業をいう。営業・販売活動をおこなう担当者が、消費者の家庭や職場などを訪問し、見本やカタログなどを通じて商品やサービスを提案し、購買（契約）さ

せる小売業態であり、アフターケアを含む場合もある。

2) 歴　　史

　日本における訪問販売の歴史は古く、江戸時代には広くおこなわれていた。第 2 次世界大戦後になると、主に店舗を有する商店の従業者が得意先の家庭を回って注文を受ける御用聞きが盛んにおこなわれた。

　御用聞きの場合、利用代金などは月末などにまとめて支払うといった現代の訪問販売とは少し異なる「掛け払い」が一般的であった。その都度、代金を支払う必要がなかったため利用者が増加したのだが、百貨店やチェーンストアなど新しい業態が徐々に導入されていくと、都市部の多くで現金払いが一般的におこなわれるようになり、掛け払いは少なくなっていった（幸野保典「戦間期の流通と消費（1920-1937）」石井 2005 p.65）。

　また、巨大メーカーによる販売網の拡大に訪問販売の手法が応用され、販売員を通じた直接的な販売を図るメーカーも出現した。それによりポーラ化粧品、日本メナード化粧品、ノエビアなどは販売市場を拡大していったのであるが（小原博「化粧品・衣料品流通」石原・矢作 2004 p.59）、近年ではドラッグストアの台頭や、顧客となる主婦層の社会進出によって在宅しない割合が増えたことも影響し、訪問販売が難しい状況にある。

3) 現　　況

　訪問販売は、戸別販売や御用聞き販売に代表されるように、各家庭を売り回る手法である。対象商品は家庭用ミシン、宝石・アクセサリー、自動車、薬、家庭用品、化粧品など多岐にわたる。販売員に直接、商品の内容について話が聞けるというメリットがあるが、多くの商品分野で売上は次第に伸びなくなっていった。それは後述する通信販売業などの成長に影響されたといってよいが、それとともにトラブルの多さから消費者がその利用に嫌気が差す傾向が強まっていったためとも考えられる。

　訪問販売ではトラブルが相次いだことから、それに関する法律が定められている。訪問販売法（「訪問販売等に関する法律」）を改正した**特定商取引法**（「特定商取引に関する法律」）は、訪問販売だけではなく通信販売、電話勧誘販売、連鎖販売取引、特定継続的役務提供、業務提供誘引販売取引、訪問購入とい

った消費者トラブルが生じやすい取引を適用対象としている。そこでは、事業者に対する法律遵守の義務とクーリングオフ（契約の解除）などの消費者の利益を守るルールを規定している。

　クーリングオフ制度とは、生鮮食品などの一部の商品を除いて一定期間内であれば、契約を解除することができる特別な制度である（連鎖販売取引〔マルチ商法〕・業務提供誘引販売取引〔内職商法、モニター商法等〕は20日間、訪問販売〔キャッチセールス、アポイントメントセールス等を含む〕・電話勧誘販売・特定継続的役務提供〔美容医療、語学教室、家庭教師、学習塾など〕・訪問購入〔業者が消費者の自宅等にて商品買取りをおこなうもの〕は8日間：国民生活センターホームページ）（ただし各取引類型ごとにクーリングオフできない商品や物品が規定されている：消費者庁ホームページ）。訪問販売や電話勧誘販売など、冷静に判断できないまま契約をしてしまいがちな販売方法に対して、この制度が設けられた。ちなみに、通信販売にはこの制度の適用はない（経済産業省ホームページ）。

　消費者庁によれば、認知症等高齢者の訪問販売のトラブル相談の割合は、全体の相談のうち37.3％（2018年）と高い水準にある（「消費者白書（令和元年版）」）。また**国民生活センター**によれば、新聞、健康食品、リフォーム工事などで虚偽の情報を高齢者に提供し、トラブルとなるケースが増えている。

③ 自動販売機業

1) 定　　義

　自動販売機業は直接的な人的販売をおこなわない無店舗小売業であるが、管理は人によってなされ、基本的に24時間稼働が可能というメリットがある。主な販売商品は清涼飲料、たばこであるが、券売機・両替機・精算機なども自動販売機の1種である。果物や野菜、ガム、パン、カップ麺、新聞、花、PCR検査キット、お守りなどさまざまなものが販売されており、基本的に扱えないものはないといわれているが、一般的に生鮮品、大型の商品、高額な商品は売りにくいものといえよう。日本の自動販売機設置数は約415万台（2019年末、日本自動販売システム機械工業会ホームページ、以下、日本自動販売）であり、人口対比でみた場合、日本が世界最大の保有国である。

2) 歴　　史

　一般に広く普及した最初の自動販売機は、1924 年に中山小一郎が製作した袋入り菓子自動販売機だといわれている。中山の自動販売機はその後も次々と発明され、つり銭つきキャラメル・チョコレート自動販売機（1929 年）、牛乳自動販売機（1934 年）など多くが普及した（鷲巣 2003 pp.89-96）。

　高度経済成長期に入ると、アメリカからの技術提携とその後の国産化により、飲料関係、特にジュース・コーラ用のコールド自動販売機と、ホットコーヒー自動販売機が普及した（鷲巣 2003 pp.122-124）。近年、災害時の無償提供といった活用策がある一方で、節電問題での懸念も指摘されている。

図表 11-1　自動販売機普及台数および年間自販金額の推移

年	普及台数(台)	2003 年基準増減率(%)	自販金額(千円)	2003 年基準増減率(%)
2003	5,520,600	100.0	6,942,749,300	100.0
2004	5,548,100	100.5	6,923,401,430	99.7
2005	5,582,200	101.1	6,994,300,570	100.7
2006	5,515,700	99.9	6,830,267,800	98.4
2007	5,405,300	97.9	6,933,706,400	99.9
2008	5,263,900	95.4	5,747,801,500	82.8
2009	5,218,600	94.5	5,259,359,000	75.8
2010	5,206,850	94.3	5,418,567,000	78.0
2011	5,084,340	92.1	5,302,311,940	76.4
2012	5,092,730	92.2	5,374,979,900	77.4
2013	5,094,000	92.3	5,213,802,000	75.1
2014	5,035,600	91.2	4,952,655,000	71.3
2015	5,001,700	90.6	4,881,183,200	70.3
2016	4,941,400	89.5	4,736,034,700	68.2
2017	4,271,400	－	－	－
2018	4,235,100	－	－	－
2019	4,149,100	－	－	－

注　：出所（2019 年版）によれば、2017 年の台数減については「日用品雑貨自動販売機」の統計機種再考による、とされている。そのため、以降、増減率は算出していない。なお、自販金額については、2017 年以降、集計されていないため、空白のままとした。
出所：日本自動販売システム機械工業会ホームページ発行のデータ（インターネット公開データを含む）、「自販機普及台数及び年間自販金額 2010 年版～2016 年版」と「普及台数 2017 年版～2019 年版」から作成（アクセス日：2021.3.20）。各数値は、各年の 12 月末時点となる。

3）現　　況

　図表 11-1 にみられるように、自動販売機は売上高、普及台数ともに減少傾向にある。しかし例えば、大手外食チェーンなどでは食券自動販売機の利用増加（2019年度前年比5.1％増）がみられ、普及台数は約4万900台（2010年末）から約6万400台（2019年末）に増加した（日本自動販売）。

　また自動精算機の実台数は約125万5000台（2010年末）から約130万300台（2019年末）に増加した。自動精算機は病院や駐車場のほか、特に日本へのインバウンド客が利用しやすいよう宿泊施設へ設置が増加した。

　一方、図表 11-2 をみると、特にたばこの自動販売機の割合が減少していることが分かる。実台数でも約36万7300台（2010年末）から約13万1000台（2019年末）への大幅減少である。これは2008年7月に未成年者のたばこ購入を防止するために導入された taspo（IC カード方式成人識別）自動販売機が、

図表 11-2　自動販売機機種別普及の推移

年	清涼飲料	牛乳	コーヒー・ココア	酒・ビール	食品	たばこ	券類	その他（日用品雑貨）	自動サービス機	合計値
2010	41.9	3.3	3.9	0.7	1.4	7.1	0.8	16.8	24.1	100%
2011	42.2	3.2	3.7	0.7	1.5	6.4	0.8	16.9	24.6	100%
2012	42.8	3.3	3.6	0.6	1.5	6.0	0.8	16.7	24.7	100%
2013	43.5	3.3	3.5	0.6	1.4	5.4	0.8	16.9	24.6	100%
2014	43.7	3.3	3.5	0.5	1.4	4.6	0.9	17.1	25.0	100%
2015	43.7	3.2	3.5	0.5	1.4	4.2	1.0	17.2	25.2	99.9%
2016	43.2	3.0	3.4	0.5	1.4	3.9	1.0	17.4	26.2	100%
2017	49.9	3.1	3.7	0.5	1.7	4.0	1.3	5.6	30.2	100%
2018	50.1	3.0	3.6	0.5	1.7	3.6	1.4	5.4	30.6	99.9%
2019	50.6	2.7	3.4	0.5	1.7	3.2	1.5	5.1	31.3	100%
増減率	120.8%	81.8%	87.2%	71.4%	121.4%	45.1%	187.5%	30.4%	129.9%	100%

注1：「その他」とは、「切手・はがき・証紙・カミソリ・靴下・チリ紙他・新聞・雑誌・生理・産制用品・乾電池・玩具・カード・写真シール他」となっていたが、2013年からは「日用品雑貨」に変更され、その中身は「カード（プリペイド式他）・その他（新聞、衛生用品、玩具他）」となった。
注2：「自動サービス機」とは、「両替機・各種貸出機・コインロッカー・精算機他」となっていたが、2016年からは「両替機・自動精算機（駐車場・ホテル他〔2017年から「病院他」が追加〕）・その他（コインロッカー・各種貸出機他）」となった。
注3：出所（2019年版）によれば、2017年の「日用品雑貨自動販売機」については統計機種再考によりデータ上で極端な数値の減少がみられる。また、ここでの「増減率」は、2010年と2019年の値を単純に比較したものである。
出所：図表 11-1 に同じ。

一般成人のたばこ購入の不便さを高め、購入場所がコンビニエンスストアに取って代わられたことが一因といえる（日本経済新聞 2019 年 4 月 16 日付）。

❹　通信販売業

1) 定　　義

通信販売業とは、雑誌や新聞、あるいはカタログやテレビ、インターネットなどを利用して商品やサービスの販売がなされる無店舗小売業である。例えば、生協の個人宅配、アマゾンの定期おトク便、楽天市場の定期購入では、登録することで定期的に商品を届けてくれるサービスもあり、子育て中の主婦や 1 人暮らしの高齢者に支持されている。

通信販売業の成長が著しい理由は、まずは取り扱われる商品の品質向上にある。また、通信技術の飛躍的な進歩と配送業者の宅配事業の効率化がある。そして世界規模でのクレジットカードの利用拡大や、買い物時間に制約されることなく 24 時間いつでも買い物できることなども挙げられる。

以前から食料品は品質維持が難しいため、通信販売には向かないと考えられてきた。しかし、急速冷凍やフリーズドライなどの進歩によって鮮度維持や長期保存の技術が向上し、テレビ通販番組などで実際の食料品を消費者にリアルタイムで視聴させつつ配送することも可能となった。近年では通信販売できないものはないといわれるほど圧倒的な支持を得ている。

2) 歴　　史

通信販売業の始まりは、140 年以上前にさかのぼる。1872 年にシカゴ州で開業したモンゴメリー・ウォードが最初の通信販売業であったとされる（徳永 1992 pp.27-33）。当時のアメリカの農村地帯においては、まちに買い物に行くのが不便であった。こういった地に住む人々に対し、前もってカタログを配っておき、郵便で注文を受けてから、当時発展し始めていた鉄道を利用して配送を実現したのであった。その後、通信販売を専門とする企業が設立されるなど、本格的に発展していくこととなる。

一方、日本における通信販売の始まりは、農学者であった津田仙による『農業雑誌』の刊行（1876 年）に伴った種苗通販（同年 4 月開始）であった（黒

住 1993 pp.25-28）。その後、1888 年には印判店天賞堂による時計の通販がおこなわれ（黒住 1993 p.65）、1899 年 5 月に百貨店の髙島屋が、さらには同年 10 月に三越が三井呉服店の名で通信販売を開始した（黒住 1993 pp.184-218）。

　一般的に通信販売業には、カタログ通販、テレビ通販、インターネット通販などがあり、商品を取り扱う業者だけでなく、旅行ツアーの手配、ホテル予約、チケット販売などをおこなう業者もある。

3) 現　　況

　図表 11-3 にみられるように、インターネット通販の市場の拡大は続いており、アマゾンジャパンの売上高は 1 兆 7000 億円を超えている。インターネット通販世界最大の米アマゾン・コムは、2015 年に世界最大の小売業ウォルマートを時価総額で抜き、2019 年にはマイクロソフトを上回った（日本経済新聞 2019 年 1 月 8 日付）。

　アマゾンジャパンの成長の理由は、年会費を払えば「プライム会員」とし

図表 11-3　通信販売業売上高ランキング（2019 年度）

順位	社　　名	業態	売上高 （百万円）	前年度比 伸び率（％）
1	アマゾンジャパン（単）	通	1,744,378	14.3
2	ジャパネットホールディングス	通	207,600	2.1
3	ジュピターショップチャンネル（単）	通	163,391	2.6
4	ヨドバシカメラ（単）	専	138,559	14.3
5	セブン＆アイ・ホールディングス	HD	129,386	▲ 18.5
6	ZOZO	通	125,517	6.0
7	ベルーナ	通	123,153	▲ 1.8
8	QVC ジャパン	通	111,814	6.8
9	ビックカメラ	専	108,100	25.1
10	ディノス・セシール（単）	通	97,122	▲ 2.0
11	ユニクロ（単）	専	83,228	32.0
12	オイシックス・ラ・大地	通	61,351	4.8
13	スクロール	通	58,400	0.3
14	上新電機	専	57,134	4.8
15	ニトリホールディングス	HD	44,300	13.9

注 1 ：社名に表記されている（単）は単独、表記なしは連結での売上高を表している。また出所によれば、アマゾンジャパンの売上高は年平均の為替レートで換算している。
注 2 ：▲はマイナスを示す。
注 3 ：業態の表記については、通→通信販売、HD→持ち株会社、専→専門店を意味する。
出所：「19 年度の小売業調査第 53 回」日経流通新聞 2020 年 7 月 22 日付。

て当日、もしくは翌日には商品を受け取ることができる迅速な配送システム、「プライムビデオ」といった一部無料動画配信サービス、また、品揃えが豊富でいつでも買い物ができるという利便性、買い物履歴から関連する商品の情報が自動で提供されるウェブシステムの利便性の向上などにある。

　ただし、実態として、通信販売業全体の売上高規模や成長率の明確な把握は、通信販売業の多様化や企業ごとに取扱商品の違いがあることに加え、「実店舗」を部分的に運営するケースもあるため難しい。近年の傾向としては、実店舗販売と通信販売の連携による事業運営の効率化を進める企業も増えている（日本経済新聞 2020 年 11 月 17 日付）。

【引用文献】
石井寛治編（2005）『近代日本流通史』東京堂出版
石原武政・矢作敏行編（2004）『日本の流通 100 年』有斐閣
黒住武市（1993）『日本通信販売発達史─明治・大正期の英知に学ぶ』同友館
経済産業省近畿経済産業局ホームページ（https://www.kansai.meti.go.jp/4syokei/soudan/co.html, アクセス日：2021.3.23）
国民生活センターホームページ（http://www.kokusen.go.jp/soudan_now/data/coolingoff.html, アクセス日：2021.3.23）
消費者庁ホームページ（https://www.no-trouble.caa.go.jp/, https://www.caa.go.jp/policies/policy/consumer_research/white_paper/, 各アクセス日：2021.3.23）
総務省ホームページ（https://www.soumu.go.jp/toukei_toukatsu/index/seido/sangyo/02toukatsu01_03000023.html, アクセス日：2021.3.23）
徳永豊（1992）『アメリカの流通業の歴史に学ぶ』中央経済社
日本自動販売システム機械工業会ホームページ（http://www.jvma.or.jp/information/information_3.html, アクセス日：2021.3.23）
鷲巣力（2003）『自動販売機の文化史』集英社

1）インターネット通販の会社を 2 社取り上げ、販売戦略やウェブシステムにどのような違いがあるのかを調べてみよう。
2）国民生活センターや消費者庁のホームページを調べ、訪問販売にかかわるトラブルを減らす方策について話しあってみよう。

課　題

第 ⑫ 章

地域商業と商店街

1 地域商業と零細小売業

　ここでの**地域商業**とは、大手資本によるものではなく、おおむね地元の事業者による主として当該地域を商圏とする中小零細規模の小売の商店のことを意味している。「商店」は事業者そのものを意味することもある。このような地域商業の多くを占めるのが**零細小売業**である。零細小売業は、少人数で運営される、店舗規模が零細な小売の商店のことである。すなわち、零細小売業は文字通り従業者規模や店舗面積規模が零細な商店のことなのであるが、必ずしもその販売額が零細であるというわけではない。わずかな従業者で運営される商店であっても、小さくない販売額をなしえたり一定規模の市場シェアを占めたりしている商店も存在するからである。また近年では、インターネット通販の普及によって店舗を構えない商店も増えてきているので、その理解の際に店舗面積を基準とすることが難しくなってきている。

　ただ、零細小売業の多くは実際の店舗を構えた商店で、その店舗の規模は小さく販売額も必ずしも大きくはないのが現状である。魚・肉・野菜・パン・洋服・靴・薬・洋菓子など取り扱う商品を限定している、「魚屋さん」、「洋服屋さん」、「薬屋さん」、「お菓子屋さん」などといったふうによばれる商店を**業種店**とよぶが、零細小売業の多くはそのような業種店である。そして、「手づくりパン屋」や「自家製和菓子の店」などといった製造を伴う商店も多い。

　零細小売業のなかの多数を占めているのは、家族従業者によって営まれる商店である。また、その従業者には当該地域で暮らす人も多く、零細小売業と地域とは業務上はもちろんそれ以外でも日常的な接点が多い。そのため、

中小規模の商店とあわせて零細小売業は地域密着の小売の商業という意味で地域商業とよばれることが多い。

　わが国の小売の商店数は 1980 年ごろにピークを迎えてその後は一貫して減少を続けているが、とりわけ 1990 年代以降に減少のスピードが加速した。そして、その減少の中心となってきたのがこの零細小売業である。零細小売業は実数でも構成比でも減少傾向を示してきた。そのような商店が実数として減ってきたということは、私たちの身の回りから業種店が減ってきたことを意味している。また、主にそのような商店によって構成されてきた近所の商店街も衰退してきていることを意味している。このような傾向は、日常生活のなかでも実感できるであろう。ただ、減少してきたとはいえ、今でも零細小売業が小売商店数のなかで多数を占めているという事実は重要である。

② 商店街の分類と景況

1）商店街とは何か

　零細小売業は、ショッピングセンターなどのテナントとなっている場合もあるが、その多くは**商店街**、とりわけ近所にある身近な商店街のなかにある。

　広い意味での商店街は小売業やサービス業等の集積した地域ということである。法律や統計などをよりどころとしてその存在を把握することもある。また、駅前商店街や門前町といった具合に立地による分類や場合によってはバーチャルな電子商店街も含めて議論することもあるが、商店街を分類する場合によく使われるのが中小企業庁による「商店街実態調査報告書」で用いられている方法である。そこでは消費者の買い物行動をベースにして、以下のように商店街を近隣型・地域型・広域型・超広域型の４つに分類している。

　近隣型商店街は、最寄品（第 1 章参照）を中心に取り揃える商店街で、地元主婦が徒歩または自転車などにより日常的な買い物をする商店街である。また、**地域型商店街**は、最寄品および買回品（第 1 章参照）が混在する商店街で、近隣型よりもやや広い範囲を商圏にもつことから、顧客は徒歩・自転車のほかバス等で来街することもある商店街である。一般的に商店街といった場合には、このような自宅近くで日常的に頻繁に利用する零細小売業の集積

度の高い近隣型あるいは地域型の商店街を指す。

　一方、**広域型商店街**は、百貨店や量販店を含む大型店があり、最寄品より買回品が多い商店街で、県庁所在地等で中心市街地を構成するような商店街である。また、**超広域型商店街**は、百貨店や量販店を含む大型店のほかに有名専門店や高級専門店も多く、顧客が遠距離からも来街する商店街で、銀座や梅田、博多などといった大都市中心部にあるような大きな商店街を指す。このような大規模な商店街であっても、それを構成する商店のなかには零細小売業が少なからずある。

2）商店街の現況

　中小企業庁による2018年度の「商店街実態調査報告書」をもとに、商店街の状況を確認しよう。

　最近の景況についての商店街へのアンケートでは、「繁栄している」との回答が3％、「繁栄の兆しがある」が3％である。また、「まあまあ（横ばい）である」との回答が24％である一方で、「衰退の恐れがある」が30％、「衰退している」が38％となっている。商店街のタイプ別でみた「衰退の恐れがある」と「衰退している」をあわせた割合は、近隣型で76％、地域型で67％、広域型で39％、超広域型で21％となっている。ここ数回の同調査結果からは、全体の傾向として改善傾向が読み取れるが、厳しい状況には変わりない。

　また、商店街の全店舗に対する**空き店舗**の割合を示す空き店舗率は14％である。ただ、3割以上の空き店舗がある商店街が1割強あるが、空き店舗がまったくない商店街も4分の1あり、商店街ごとの格差が大きいことが分かる。同調査をさかのぼって空き店舗率をみると、2006年度は9％、2009年度は11％、2012年度は15％、2015年度は13％となっている。

　空き店舗率を商店街のタイプ別にみると、広域型では6％なのに対して、近隣型では23％の商店街が空き店舗率2割を超えている。最近3年間で来街者数が減ったとする割合も全体では55％であるのに対して、近隣型では62％、広域型では34％となっている。さらに、最近3年間で空き店舗数が増えたとの回答も全体では32％であるのに対して、近隣型・地域型で34％

と 33％、広域型と超広域型では 20％と 21％となっている。商圏の狭い近隣性・最寄性の高い商店街ほど、景況が厳しいと感じていて、来街者数が減り、空き店舗数が増加していて厳しい状況となっているのである。

　3 年前と比較した外国人観光客数について、増えたとする商店街は約 2 割、変わらないとする商店街が約 6 割である。近隣型の商店街では 15％なのに対して、超広域型では 73％とかなり高い数値を示している。またその消費額が増えたとする商店街も、全体では 10％、近隣型で 6％、地域型で 11％、広域型で 26％、超広域型で 44％となっている。主に地域商業によるいわゆる典型的な商店街でのメリットは限られているが、大規模な商店集積である商店街では**インバウンド**客の存在は大きな意味をもってきているといえよう。

　賑わう商店街がある一方で、多くの商店街を取り巻く状況は厳しい。商店街の抱える問題の根源は個店の収益の低下にある。そのことにより個店レベルでは後継者問題が生じ、経営者の高齢化と店舗の老朽化が進み、商店街単位では新規開業が減り、空き店舗が増えているのである。**都市機能の空洞化や大型店の撤退**などによって来街者が減り商店街自体が衰退傾向にあることで、個店では収益の低迷が続き、後継者が確保できなくなったり、魅力的な店舗が商店街のなかに揃わなくなったりしている。そしてそれが商店街をさらに衰退させるという悪循環に陥っているのである。これらの問題性は近隣性の高い商店街ほど特に強く表れている。

③　零細小売業と商店街の役割

1）経済的な役割

　一般的に、商品を生産する企業は製造した商品をできるだけたくさんの人に買ってもらいたいと思う。そのため、販売力の大きい大型店でその商品を取り扱ってもらいたいと思う。しかし、そのような大型店は必ずしもどこにでも出店しているわけではない。とりわけ、大型店間の競争が激しくなっている近年では、大型店はより採算性の高い地域での営業を求めて出店と退店を繰り返している状況である。

　一方で、消費者は全国に分散的に存在するため、商品を生産した企業はそ

の商品を大型店でのみ販売するだけでは消費需要のある程度は獲得できても、そのおおかたを獲得することはできない。そのため、そのような企業は全国に分散的に多数存在する地域商業としての零細小売業で商品を販売してもらうことで消費需要をできるだけ多く獲得したいとも願うのである。このように商品を生産する企業にとっては、生産した商品を市場の隅々まで行き渡らせる流通チャネルとして零細小売業は重要な意味をもってきたのである。

　一方、それは消費者にとっては**買い物機会**が確保されてきたことを意味している。大型店が身近になくとも、全国に分散的に多数ある零細小売業の存在によって自宅近くで買い物ができる状態が維持されてきたのである。

　このような市場の隅々まで商品を行き渡らせる役割あるいは消費者へ十分な買い物機会を提供する役割は、これまでは地域商業としての零細小売業が主として担う重要な**経済的役割**であった。しかし、このような役割を果たすのは同様の機能があれば零細小売業に限定されるものではない。とりわけ近年では、インターネット通販やネットスーパーなどの普及によってそのような役割を大型店等が果たすようにもなってきている。

　ただ、そのような新しい機能をもってしても市場のすべてを網羅できるわけではない。また、**当用買**（第1章参照）の習慣の根強い日本での消費者と小売の商店との関係を考えた場合、身近な場所に存在し、きめ細かく消費者の要望に応えることができる零細小売業や商店街の存在意義は大きい。とりわけ高齢化の進む現在では、買い物機会の確保という意味で散在する零細小売業や商店街の果たす地域社会における経済的な役割は大きいといえよう。

2）社会的な役割

　商品の購入という消費者の行動は経済的な行為であるが、それだけではない多様な意味ももっている。買い物に出かけることはそれ自体が楽しみでもあるし、そこで得られる各種の情報や人々とのコミュニケーションは生活を豊かにするものでもある。そして、身近な買い物先としての商店街は人々の暮らしと直結し、地域の人々が集う「場」を提供している。

　そのため、零細小売業やその集積としての身近な商店街の存在や活動は単に経済的な側面からだけではなく、地域商業として地域社会を構成する1つ

図表 12-1　零細小売業の社会的役割

の社会システムであるという側面からもみることができるのである。

　そのような視点で地域商業としての零細小売業や商店街という存在をみると、それは地域社会活動を担う存在、地域社会を構成する存在であり、生活空間の構成要素ということもできるのである。零細小売業や商店街のこのような姿は、**地域文化の担い手**という側面と**地域保全の担い手**という側面の2つの側面から整理することができる（図表12-1）。

　地域文化の担い手の側面はさらにハード面とソフト面に分けて考えることができる。ハード面における零細小売業や商店街の役割とは、零細小売業のもつ空間としての店舗や営業に伴う空間的施設、例えば商店街のアーケードや街路灯、植栽や飾りつけなどがその地域の空間的な特色をつくりだしているという認識である。

　私たちが下北沢や原宿あるいはアメリカ村や大須を特徴あるまちだと認識する時の「まち」は、そこにある多数の商店や飲食店あるいは映画館や娯楽施設などの物質的な施設、そしてそれらが提供する商品やサービス、そしてそれらを求めて集まってくる人々などの総体である。そう考えると、そこでの物理的・空間的な施設は地域の特色を生み出す重要な要素であり、商店のうちの多くを占める零細小売業にかかわる施設は当該地域の空間的な特色をつくりだしていると考えることができるのである。それは、身近な近隣型あるいは地域型の商店街などにおいてもいえることである。

　一方、零細小売業や商店街がソフト面において地域文化の担い手であるという理解は、地域に根ざした存在である零細小売業の事業者やその家族等が、あるいは組織活動を通して商店街が、地域の祭事や伝統・風習等すなわち地域文化の保持あるいは発展に寄与・貢献しているという認識である。

　例えば、地域で神社の祭りがある時のお神輿の担ぎ手の多くは零細小売業

の事業者あるいはその家族等である。そのため、地域の零細小売業や商店街が衰退するということは地域の祭りが維持できなくなることを意味する。

　また、その地域の個性ある食文化を支える商品を提供しているのは大型店では対応しにくい専門性をもった零細小売業であることが多い。例えば、「京の菓子」屋のような労働集約的な**製造小売**の商店には零細小売業が多く、地域の伝統的な食文化の維持に貢献している。食文化の発達した国々で零細小売業が多いのはそのような理由にもよる。

　駅前のいわば**まちの顔**ともいえる商店街でシャッターを閉めた店が多数を占め、人通りが少なく閑散とした状況となっているのは、それ自体がまちの衰退感を印象づける。商店街が賑わいそこに人々が行き交っていることはまちの安全性確保のうえでも重要なのである。地域商業としての零細小売業や商店街が地域保全の担い手であるという理解は、その存在自体あるいは事業者等による町内会、商工会、消防団、青年団、子供会、PTAなどといった組織を通じてのさまざまな活動が地域の安全・保全に寄与・貢献しているという認識である。また、分散立地する零細小売業の在庫商品は災害時の緊急物資として重要かつ有効なものであるとも評価されている。

　もちろん、大型店がこのような役割をまったく担っていないというわけではない。しかし、先にみたように零細小売業は分散的に多数存在するし、その事業者の多くはその地域で生活する住民でもあり、その家族は地域の学校に通い、地域で消費もする。その意味で、零細小売業は地域商業であり地域社会を支える中核的な構成要素なのである。

　地域を知り、地域と一体として存立するがゆえに、零細小売業は流通の末端に位置する小売セクターという機能だけではなく、それを超えた社会的な存在としての意味ももつのである。

④　見直される地域商業と商店街の役割

　既述のように、1980年代以降、とりわけ1990年代に入ってから零細小売業や商店街は衰退を加速させた。一方で、人口や都市の諸機能の郊外化傾向に後押しされて、大型店の郊外化がいっそう進んでいった。人の流れが変わ

ることで、すでに衰退が進んでいた商店街の多くがいっそう賑わいを失って
いくこととなった。さらにそれは、商店街の衰退といったことを超え、まち
の衰退へとつながっていった。空き店舗が増えた商店街では全体の経済的な
機能も低下していき、そのことが個店の経営状況をさらに悪化させ閉店を誘
因するという悪循環に陥ることになっていったのである。そのような状況が
続いた商店街は、廃業しシャッターを閉めたままの商店が多いことから**シャ
ッター通り**と揶揄されるようになった。

　そのころから、少子高齢化の進行がより大きな問題となり、2000 年代に
入ると人口も減少していくなかで身近で日常的な買い物ができない**買い物弱
者**とよばれる人々の存在が大きな社会問題となっていった。さらにそれが、
世代間・地域間・所得などの格差とあいまって人々の健康問題にまで拡大し
た問題を引き起こすようになっていった。

　そのため、さらなる人口減少と高齢化が想定されるわが国では、自動車を
利用しなくても身近な場所で日常的な買い物ができ、その空間で人々の交流
がおこなわれ、豊かに地域文化に彩られた社会の復活が喫緊の課題となって
いる。そのような地域社会を想定した時に、零細小売業を中心とした地域商
業や近隣型・地域型の商店街がもつ既述のような経済的・社会的な機能は欠
かせない要素であるため、その存在の重要性が改めて見直されてきている。

【引用文献】
第 3 節で、番場博之（2003）『零細小売業の存立構造研究』白桃書房、の内容の一部
を要約し使用している。

1）地域のイベントとその周辺の商店街のかかわりについて調べてみよう。
2）特定の商店街を取り上げて、それが本文中のどのタイプの商店街に該当するの
　か確認したうえで、その商店街の歴史を調べてみよう。

━ 課　題 ━

コラム③　生協という巨大流通業

　生協（消費生活協同組合）とは、消費者1人ひとりが出資し組合の一員となり、協同で組織を運営・利用する協同組合の1つである。協同組合を意味する英語の「co-operative」から「コープ（CO-OP）」とよばれることもある。その事業内容は、購買事業、共済事業、福祉事業、医療事業、さらには住宅の分譲や芸能プロダクションなど多岐にわたる。全国各地にはさまざまな生協が存在し、それぞれが独立した法人として運営されている。

　個別の生協（単位生協）や生協連合会が加入する日本生協連には、316（2019年度）の生協が加入しており、総事業高は約3兆5000億円にのぼり、組合員総数は約2960万人で、日本最大級の消費者組織となっている（日本生活協同組合連合会ホームページ、アクセス日：2021.3.25）。

　組合員が事前注文の後にグループ単位で商品を受け取る「共同購入」は、日本の生協の発展を支えてきた仕組みであった。しかし近年、世帯環境や社会の変化に伴い、世帯単位で注文し配達してもらう「個人宅配」が急成長し、「宅配事業供給高」は1兆8000億円（2019年度）を超えている（前掲ホームページ）。

　生協では、①生産地と生産者が明確であること、②栽培、肥育方法が明確であること、③組合員と生産者が交流できることといった、「産直三原則」に基づく安全・安心な商品提供に取り組んでいる。また、生協の基礎となっていた「消費生活協同組合法」は、制定以来60年ぶりに法改正がなされ（2008年4月施行）、組合員の県域規制や員外利用規制の緩和により、多様なニーズに応えられるようになった。

　日本生協連は2021年、創立70周年を迎える。1960年にCO-OP商品の開発が始まり、1968年には共同購入方式がスタートし、1982年にはコープ商品政策の実施によって品質管理を強化した。1985年には組合員数1000万人を突破し、1990年に個人宅配事業がスタートした。翌年、全国生協の総事業高は3兆円を超えた。1998年には組合員数2000万人を突破し、2011年には東日本大震災の被災地復興支援の取り組みをおこなった。そして2018年「コープSDGs行動宣言」を採択し、新たな挑戦を続けている（日本生活協同組合連合会70周年サイトより）。

生協の種類

地域生協	一定の地域内に居住する消費者によって組織された生協
学校生協	小・中・高校の教職員などによって組織された生協
大学生協	大学の学生と教職員により組織された生協
職域生協	同じ職場で働いている人によって組織された生協
医療福祉生協	病院や診療所、介護施設などを持ち、医療・保健・福祉の事業を行う生協
共済生協	共済事業を行っている生協
住宅生協	住宅や宅地の分譲・賃貸事業を行っている生協

出所：日本生活協同組合連合会ホームページ（アクセス日：2021.3.25）。

第 **4** 部

小売業の展開

　従来、流通チャネルにおける主導権は巨大メーカーにあった。しかし、今日の日本のように商品の生産量が消費量を上回る状況下ではメーカーは消費者によって選ばれる存在となり、消費者に近い位置にあり消費者の動向を熟知している小売業がその主導権を握る状況も現れてきている。

　第4部ではそのような小売業の展開を、国際化、情報化、組織化、ブランド化のそれぞれの視点から解説する。

　第13章では小売業の海外出店について、世界的な状況、日本の小売業の海外出店、外資小売業の日本市場参入といった側面から解説する。第14章では、流通の情報システム化およびインターネットを利用した通信販売について解説する。また、第15章ではレギュラーチェーン、フランチャイズチェーン、ボランタリーチェーンといったかたちで展開される小売業における組織化について解説する。第16章ではプライベートブランド商品の成り立ちやその戦略の意味および課題について解説する。

第 ⑬ 章

国際化と海外出店

1 国境を越える小売業の活動

　個人的で最終的な消費者に商品を販売する小売業は、最も消費者に近い産業として、私たちの暮らし方や考え方から影響を受けるとともにそれらに強く影響を与える存在である。そのため、各国や地域によって小売業はさまざまなかたちで発展を遂げてきた。例えば、自動車利用が生活スタイルの基本となっているところでは、大きな駐車場を備えた大型店が発展してきた。また、料理の発達したフランスやイタリアそして日本などでは、専門性の高い食材や調理道具などに取り扱う商品を特化した商店が多数存立してきた。そして、毎日のように買い物をする習慣のある地域では、徒歩での来街を想定した商店街が発達してきたし、そのような商店街が発達することで**当用買**（第1章参照）の習慣が定着していった。

　一方、現代世界ではヒト・モノ・カネ・情報などが地域や国境を越えて移動し、それに応じて人々の生活様式や嗜好性にも共通性が高まった。世界の多くの国や地域で、人々は洋服を着て、紅茶を飲み、パンやラーメンを日常的に食し、テレビをみたり PC を利用したりするようになっている。

　このような傾向を背景にして、小売業のなかには国や地域の枠を超えて店舗展開を進めていくものも増えていった。世界の大規模な小売業の特徴の1つは、自国だけでなく世界中で店舗展開をしている点にある。近年では、国境を越えたインターネット通販も広がりつつある。また、国や地域による消費特性の違いを**チェーンオペレーション**（第15章参照）などといった仕組みで克服して、違いを受け入れたうえでの世界的な展開も進んでいる。

② 　小売業の国際化

　近年、さまざまな分野において**国際化**（internationalization）や**グローバル化**（globalization）という用語が頻繁に使われるようになってきている。しかし、この 2 つの用語を実際の現象に当てはめて明確に区別することは実はたやすいことではない。ただ、国際・国際的という用語は inter-national（国と国の間）であるから、おおよそ国際化とは国の存在を意識したうえでそれを超えてヒト・モノ・カネ・情報などが行き交うことを意味し、企業の行動としては複数の国で事業を展開する際にそれぞれの国の事情を踏まえた戦略を選択していくことを意味すると考えてよいであろう。一方のグローバル化という場合での企業の行動としては、globe（地球）全体のスケールでそれを 1 つの市場と考えて、基本的に標準化された戦略を採用していくことであるということができるであろう。もちろん、企業の実際の海外での戦略がこのどちらかに明確に区別されることなどありえないが、いずれの用語も、企業の行動をベースとしてみた場合には、特定の国のなかにのみ限定されるものではない世界的な規模での活動の広がりを意味するものである。

　今日、私たちの日常の食卓にのぼる料理の食材あるいは日常的に使用している雑貨や衣類などの多くは海外から運ばれてきたものである。スーパー（スーパーマーケット）では、価格や生産時期あるいは品質などからその時その店舗に最も適した食材を選択し調達して店頭に並べており、私たちはその食材を購入しそれを調理して食卓に並べているのであるが、そのなかには海外から輸入されたものも少なくない。また、私たちが日本の衣料品店で購入する T シャツあるいはジャケットやパンツの多くは、中国やインドあるいはヨーロッパなどの海外で海外の企業が生産したものである。それを日本の企業が輸入して販売したものを私たちは購入しているのである。このように現在の小売業は世界中から商品を調達しているのである。

　ただ、このように世界中から調達されてくる商品は、やみくもに選択されているわけではない。小売業はそれを販売する消費者を想定して必要とされる商品を調達しているのである。そして、それを購入すると想定された消費

者は、商品分野にもよるが一般的にはその店舗の近隣の消費者である。すなわち、小売業は店舗の商圏内の消費者の志向を反映した商品を調達して、販売しているのである。もちろん、国や地域による消費者の志向の違いは、例えば食料品分野などでは大きく、衣料品や家電などの分野では相対的に小さいなど商品分野によってその程度は異なるし、また小売業の販売活動によってそれまで需要のなかった国や地域において当該商品の需要がつくられていくこともあるが、少なからず小売の店舗では販売対象となる消費者の志向を反映した品揃えが必要とされるのである。

　したがって、小売業が海外で店舗を展開しようとする場合には、その国や地域の消費者の志向を反映した商品の調達が求められるのである。別言すれば、小売業の商品の調達は世界的な視野でもなされうるが、調達された商品は限定された市場に販売されるということである。

③　世界大手小売業の海外出店

　小売業の国際化には、このような**海外からの商品調達**とともに**海外出店**がある。小売業が海外出店する主たる要因には、自国における消費市場の飽和、資金の余裕、自国における出店規制の強化、進出する国あるいは地域の経済成長の可能性、進出国における各種の規制や人件費あるいは賃借料等の条件などといった点が挙げられる。しかし、近年では自国あるいは進出国といったくくりではなく、そもそも世界全体を市場と見据えて事業展開を進める**グローバル志向**の企業も現れてきている。

　図表13-1は、国際的に事業展開をする世界の小売業のランキングを示したものである。上位の多くを欧米の小売業が占めている。そのなかでも、第1位のウォルマートの収益の大きさが注目される。ウォルマートは日本では西友として店舗展開しているし、イギリスではアズダとして店舗展開している。既存の小売業を買収することなどにより世界中にさまざまなかたちで店舗展開する一方で、売却や撤退なども繰り返してきた。中南米諸国やアフリカ諸国を含めて幅広く出店してきたが、ヨーロッパ諸国への展開は限定的である。現在では、世界の全産業中で最も巨大な売上高を達成する企業となった。

　図表 13-1 のもととなったデータをみると、上位 50 社のなかはアメリカ企業が 13 社、フランス企業が 7 社、ドイツ企業が 5 社となっている。日本企業では、イオンが 9 位、セブン＆アイが 15 位のほか合計 6 社が入っている。

　同じく図表 13-1 のもととなったデータをもとに、この図表に登場するスーパーの自国外市場での活動状況をみてみよう。ウォルマートは海外での収益が 1227 億米ドルと全収益の 4 分の 1 を占め、全店舗数が 1 万 1000 店ほどで、そのうちの 6000 店という過半の店舗が自国以外での出店である。同じように、各社の自国外での収益および店舗数の割合をみると、シュヴァルツでは 6 割・7 割、アルディでは 5 割・6 割、カルフールでは 5 割・7 割、イオンでは 1 割・2 割、テスコでは 2 割・5 割である。海外出店に積極的といっても、その程

図表 13-1　海外展開をしている小売業のランキング（2019 年）

順位	企業名	国	主業態	収益（10 億米ドル）	備考
1	ウォルマート（Walmart）	アメリカ	スーパー	510	スーパーセンターとよばれる巨大店舗を展開
2	アマゾン（Amazon.com）	アメリカ	オンラインショップ	233	実店舗も出店
3	コストコ（Costco）	アメリカ	ホールセールクラブ	149	会員制のスーパー
4	シュヴァルツ（Schwarz Group）	ドイツ	スーパー	123	Lidl（リドル）という安売りスーパーを展開
5	ブーツ（Walgreens Boots Alliance）	アメリカ	ドラッグストア	116	オンラインショップも展開
6	ホーム・デポ（The Home Depot）	アメリカ	ホームセンター	108	建材なども取り扱う
7	アルディ（Aldi）	ドイツ	スーパー	92	安売りスーパー
8	カルフール（Carrefour）	フランス	スーパー	90	ハイパーマーケットとよばれる巨大店舗での展開
9	イオン（Aeon）	日本	スーパー	77	日本国内では約 9 兆円の売上高
10	テスコ（Tesco）	イギリス	スーパー	76	日本には 2003 年に出店し 2013 年に撤退

注　：企業（グループ）単位の集計であり、業態は日本で一般的に使用されている名称に置き換えている。3 ヵ国以上に直接投資していて、そのうち少なくとも 1 ヵ国は自国に隣接していない企業のランキングである。
出所：Top 50 Global Retailer 2020, National Retail Federation 社ホームページ（https://nrf.com/、アクセス日：2020.8.1）、および各企業のアニュアルレポートから作成。

度や様子は各社によって多様なことが分かる。

④　日本小売業の海外出店

　日本の小売業の本格的な海外出店が始まったのは1980年代からといえるであろう。1985年の**プラザ合意**以降の円高と日本国内の好景気を背景にして、海外出店は急速に進んでいった。それは、海外出店の数が増えたということに加えて、在住日本人等だけではなく現地の人たちを顧客対象とした出店が増えていった点でそれ以前の海外出店とは異なっていた。

　しかしその後、1990年代にはアジア諸国・地域を中心にして撤退するケースも増えていった。撤退には人件費や地価・賃貸料の上昇や小売競争の激化などの現地での要因もあるが、最大の要因はバブル崩壊以降の景気低迷のなかで日本国内での業績が悪化していき海外での店舗展開にまで手が回らなくなったことにあった。

　その一方で、1990年代以降に海外出店を始めて、その後も確実に店舗数を増やしていった良品計画やユニクロなどといった企業もある。

　良品計画は現在（2020年2月）、477店を日本国内に、海外では30の国・地域に556店を展開している（同社ホームページ、アクセス日：2020.7.10）。出店先は、アジア諸国が中心であるが、欧米諸国のほかにもクウェート3店、アラブ首長国連邦7店、サウジアラビア5店、バーレーン2店、カタール2店、オマーン1店といったように中東諸国でも展開している点に特徴がある。

　一方、ユニクロは2001年のイギリスのロンドンへの出店に始まり、その後、中国をはじめとするアジア各国、アメリカ、ロシア、ヨーロッパ諸国においても店舗展開を進めていった。現在（2020年2月）、国内店舗811店に対して海外店舗は1431店となっている（ファーストリテイリング社ホームページ、アクセス日：2020.7.10）。特徴的なのは、インドとベトナムにも出店している点とロシアで多店舗の展開を進めてきた点である。

　また、滋賀県の平和堂のように地方に拠点を置くスーパーでも確実に海外出店を進めているケースもある。現在（2020年2月）、平和堂は中国で4店舗を展開し、すでに中国での初出店から20年以上を経ている（同社ホームページ、

アクセス日：2020.7.10）。

　日本の小売業で海外での展開が特に顕著なのはコンビニエンスストアである。この分野は日本で**オーバーストア**の状況が進んだこともあり、また店舗規模が小規模であるため各国での出店規制の影響を受けにくい、ライセンシングにより店舗展開にかかわるリスクが軽減できるなどの理由から、とりわけ 2000 年以降に積極的な海外出店が進められた。日本と近いという地理的条件、身近な店舗で都度買い物をするという消費者の購買行動の類似性、**日本ブランド**の有利性、そして何より進出国の市場成長性を見込んで、その進出先は、台湾、フィリピン、ベトナム、インドネシア、中国、韓国などアジア諸国が中心となってきた。

　日本の小売業は、海外出店を自国内での余力でおこなうという段階から完全に脱却して、自社の店舗展開の軸になりうる戦略として位置づけて出店していく段階に至ったといえる。そして現在、ベトナムやインドネシアそしてインドやカンボジアといった新たな市場への進出、スリランカやミャンマーなどでの店舗展開の検討など、日本小売業の海外出店はさらに次のステージを視野に入れて動き出している。

⑤　外資小売業の日本市場参入

　日本にある海外の小売業といえば、以前はルイ・ヴィトンやエルメスなどといった、いわゆる**高級ブランド専門店**にほぼ限られていた。その様相が大きく変わったのは 1990 年代に入ってからである。高級ブランド専門店以外の出店や大型店の出店が本格的に始まったのである。

　世界最大手玩具専門店であるアメリカのトイザらスによる 1991 年の茨城県での初出店は衝撃をもって迎えられた。その後、アメリカの L. L. ビーン（1992 年）、エディー・バウアー（1994 年）、ギャップ（1995 年）、スポーツ用品店のスポーツオーソリティ（1996 年）やスペインのザラ（1998 年）などが出店してくる。

　ただ、外資小売業の参入といっても、このように 1990 年代までは取扱商品を限定した**専門店**の出店がほとんどであったが、2000 年代に入るころに

なると食品および非食品など多様な商品を取り扱う**総合型の大型店**を運営する欧米の小売業の参入が進んでくることとなる。

　この当時の欧米小売業の日本市場参入を推し進めた要因には、欧米の消費市場の飽和がまず挙げられるであろう。また、各国での大型店出店にかかわる規制の強化の影響もある。一方、日本市場側の要因としては、バブル崩壊後の地価や賃貸料あるいは建設コストなどの下落、消費志向の欧米化の定着、大型店の**出店規制の緩和**などが挙げられる。また、巨大な消費市場ながら日本では小売業の寡占化があまり進んでおらず、多数の中小零細規模の小売業によって消費市場が支えられてきたことが、寡占化が進んでいた欧米の大手小売業にとっては魅力的に映ったとも考えられる。

　アメリカの会員制ホールセールクラブであるコストコが1999年に出店、2000年にはフランスのカルフールが出店する。さらにその後には、アメリカのウォルマートやイギリスのテスコも参入してくるなど総合型の大型店を展開する欧米の大手小売業の日本市場への参入が進んでくるのである。

　これら欧米の小売業は、それまでに世界各国での豊富な出店経験をもつ大手企業である。そのため、日本において一定の市場シェアを確保し、日本ではあまり一般的でなかった卸売業を通さないメーカーとの**直接取引**などを導入するとともに商品企画力などで優位性を発揮するものと予想され、既存の日本の商取引慣行や流通システムに大きな影響をもたらす可能性があると考えられた。

　ところが、これら外資小売業の日本市場での事業展開は順調に進まないことが多かった。そのため、カルフールの撤退に代表されるように、その後に出店計画の見直しや撤退を進めた外資小売業も少なくなかった。それは、**商取引慣行**や**流通システム**あるいは出店にかかわる手続き（第25章参照）などにおける日本独特の規制や習慣および人材の非流動性などへの対応がスムーズに進まなかったことに原因があったといわれている。また、日本の消費者の消費財における当用買の習慣などへの対応も彼らにとってはハードルであったと考えられる。それは多数の海外出店の経験のなかで**標準化**してきた戦略が日本市場では通用しなかったのだともいえる。

　一方、ウォルマートはすでに日本国内で多数の店舗展開をしていた西友を傘下に入れることで日本市場に参入したが、それは西友がそれまでつくりあげてきた商品調達や物流のシステムなどをそのまま活用できることを意味していた。そのうえで、独自の効率的な仕入方法や店舗運営の方法を段階的に導入していったのである。そして、2002 年の両社の業務提携からすでに 20 年近くを経た今日、日本国内で 300 店舗以上を展開している。

⑥　小売業の国際化と日本市場

　ウォルマートの日本市場参入の例でも分かるように、外資は日本市場に入れないとか、成功しないなどということはない。また、日本の商取引慣行や流通システムの変化も進んでいる。今後も多様な外資小売業の日本市場参入がありうると考えるべきであろう。

　一方、すでに多くの国や地域ではメーカーとの直接取引、国境を越えた商品調達にかかわる情報システムなど、欧米の大手小売業が選択してきた戦略が標準となってきている。今後、少子高齢化や人口減少を背景にして（第 4 章参照）、生き残りをかけて店舗展開の軸になりうる戦略として日本の小売業が海外出店を進めていくとすれば、当然に進出先においてはそれらに対応することが必要となる。その結果、日本小売業の国内での店舗展開にあっても同様の戦略が採用され、そのことが日本の商取引慣行や流通システムにさらなる大きな影響をもたらす可能性は高いであろう。

　また今後は、国境を越えたインターネット通販（越境 EC）の拡大の可能性も考えられ、小売業をめぐる国際化は多様に変化しながらいっそう進んでいくと考えられる。

1）海外の小売業の日本国内の店舗を訪れてみて、その特徴を考えてみよう。
2）外国の小売業の出店により、その国の人々の経済活動や生活がどのように変化するのか、具体的な事例を想定して話しあってみよう。

課　題

第 ⑭ 章

情報化とインターネット通販

1 流通における情報システム化の進展

　ICT（Information and Communication Technology, 情報通信技術）の飛躍的な発展は、流通業においてもインターネットを利用して取引データを企業間でやり取りする企業が増えるなど、情報の伝達・処理・活用に大きな変革をもたらした。情報化の進展にあわせて、**流通情報システム**におけるインフラも高度化し、それが新たな業態開発や商品・サービスの革新など、流通業の付加価値向上に貢献している。インターネット上の商取引には、企業セクター（B＝Business）、消費者セクター（C＝Consumer）、政府セクター（G＝Government）の主体間での組み合わせが考えられる。このうち、企業と企業の電子商取引をB to B、企業から消費者への電子商取引をB to Cとよぶ。ここでは、時代の要請を受けて整備されてきたインフラと**B to C–EC**（Business to Consumer E-Commerce, 消費者向け電子商取引）の動向についてみていく。

2 情報通信技術の進化とインフラの発展経緯

　流通分野におけるICTの進化とインフラの発展は、1970年代に大手小売業の**取引伝票の統一化**や**レジ作業の合理化**を促すとともに、**JAN**（Japanese Article Number）コードによるインフラ整備が進んだことで**POS**（Point of Sales）システムが小売業で普及した（図表14-1）。

1）JCA手順

　JCA（Japan Chain Stores Association, 日本チェーンストア協会）が1980年に定めた通信手順で、企業間のオンライン受発注を実施するために、データ交換の際の通信プロトコル（通信手順）を標準化したもので、1台の端末で他企業と

図表 14-1　情報通信技術を活用した流通業の発展経緯

1970 年～	・電子式レジスターの開発 ・大手小売業による取引伝票統一化の動き ・JAN コード（13 桁の数字）と JAN シンボル（白黒による棒状の線）の制定 ・POS システムの開発 ・企業において汎用コンピュータが普及
1980 年～	・コンピュータの小型化によりオフコンが普及 ・通信回線が自由化される ・コンビニエンスストア業界を中心に POS システムが普及 ・1989 年には小売商店の POS 導入台数が 11 万 9000 台となる ・データ交換の標準化として JCA 手順を制定 ・端末機で多くの取引先とのオンラインによる受発注が進む ・JAN のメーカーコード登録が約 4 万件に達する ・食品・雑貨のソースマーキング率が 90％以上になる ・EOS、地域流通 VAN、業界 VAN、EDI などが普及
1990 年～	・Windows を OS としたオープン POS が普及 ・日本でも QR、ECR、SCM、DCM の構築が進む ・公共的な商品情報のデータベース化（JICFS/IFDB） ・小売業の POS データをメーカーに戻す RDS サービスの開始 ・カテゴリー・マネジメントの活用 ・クロス MD への活用
2000 年～	・セルフ POS システムの導入 ・グローバル・スタンダードの新しいインフラの整備 ・インターネット EDI の導入 ・電子タグ（RFID）の普及
2010 年～	・モバイル機器を活用したマーケティングの進化 ・電子マネーの普及 ・JAN 企業コードを GS1 事業者コードに名称変更 ・トレーサビリティへの対応 ・QR コードの読み取り機能を携帯電話に搭載 ・ネット販売で取引を仲介するインフォミディアリが増加 ・ID－POS（顧客別購買履歴）分析を通じたマーケティングの実践 ・AI 活用によるリテール分野の生産性向上と価値創出に向けた諸活動

出所：一般財団法人流通システム開発センターの公表資料等から作成。

の取引情報をオンライン化することが可能になった。旧通商産業省が J 手順の名称で流通業界全体の標準手順として推奨した。しかし、40 年近く前の通信手段で今日的なシステムではないため、現在は発注、出荷、受領、返品、請求、支払いまで国際標準による流通 BMS（Business Message Standard, 流通ビジネスメッセージ標準）の導入を目指している。

2) GTIN（JAN コード）

GTIN（Global Trade Item Number）とは、「どの事業者の、どの商品か」を表す世界共通の**商品識別記号**であり、流通情報システムの基盤となっている。日本国内では JAN コードともよばれている。JAN コードは、図表 14-2 の

図表 14-2　GTIN（JAN コード）の体系

①標準タイプ（13 桁）

(A) 9 桁 GS1 事業者コード
(B) 7 桁 GS1 事業者コード

②短縮タイプ（8 桁）

① GS1 事業者コード
② 商品アイテムコード
③ チェックデジット

① GS1 事業者コード
② 商品アイテムコード
③ チェックデジット

① GS1 事業者コード
② 商品アイテムコード
③ チェックデジット

出所：一般財団法人流通システム開発センターホームページ（http://www.dsri.jp/jan/about_jan.htm, アクセス日：2021.8.25）。

ようなバーコード（JAN シンボル）として商品などに表示され、後述の POS システムをはじめ、受発注システム、棚卸、在庫システムなどに利用されている。海外では EAN コードとよばれ、100 ヵ国以上で採用されている。

3）POS システム

POS システムは、「販売時点情報管理システム」と訳され、店舗で商品を販売するごとに販売情報を記録し、集計分析した結果をマーケティングに生かすことができるシステムである。時間や天候や顧客属性など他のデータと連動した分析・活用ができる。

これによって **SKU**（Stock Keeping Unit, 在庫維持単位）レベルで、リアルタイムに売れ筋商品と死に筋商品を把握することができることから、POS データを納入業者に遅滞なく伝えることで、在庫水準を抑えつつ売り逃しも防ぐ高度なロジスティクスの構築も可能になる。

また、近年はビッグデータ処理の技術の進化により、**ID-POS**（顧客の ID 情報を紐づけた POS データ）を通じ、顧客の特性別に商品基準以上に精緻な店頭起点のマーケティングに取り組む企業も増えている。

4）EOS（Electronic Ordering System）

企業間のオンラインによる受発注システムであり、スーパー（スーパーマーケット）やチェーン加盟店等の端末から本部や卸売業者にネットワーク経由

で発注することで、迅速で正確な発注作業を低コストで実現することができるようになる。POS システムと連動すれば、単品ごとの販売データと在庫データを突合し、より的確な発注作業と在庫管理が可能になる。

5) VAN (Value Added Network, 付加価値通信網)

流通業界のネットワークで、小売業者からの発注をオンラインで受けつけ、メーカーや卸売業に標準化した通信手順を経て受け渡しをおこなう事業者で、プロトコル変換やパケット交換、電子メールサービスなどの付加価値となる機能を提供する。地域 VAN や業界 VAN、国際 VAN などがある。例えば、日用品メーカーが共同で設立した**プラネット**という VAN 事業者では「システムは共同で、競争は店頭で」という理念を掲げ、2021 年 8 月現在で 760 社、17 万 8414 アイテムの商品マスターを標準化して各社に提供している。

6) RFID (Radio Frequency Identification)

微小な**無線チップ**により電波を用いて読み取り端末との間でデータを送受信する機能をもつ**IC タグ**（電子荷札）をいう。交通系 IC カードや電子マネーにも利用され、バーコードに代わる非接触型の商品識別管理技術として注目されている。RFID の魅力は、複数のタグを一括して読み取ることができる、多少距離があっても読み取ることができる、箱のなかのタグも読み取ることができる、表面が汚れても読み取ることができる、ことなどがある。このため、生産管理、商品管理、物流管理、在庫管理、セルフレジ、盗難防止、履歴管理、リサイクル資源の識別など幅広い用途で活用されている。ただし、コストが高い、タグ同士が重なることによる不具合の発生など、改善の余地が残されている。

③ インターネット販売

総務省の「令和元年通信利用動向調査」によると、インターネット利用者の割合は 9 割近くに達し、特にスマートフォンやタブレット端末などのモバイル型端末の普及により、6〜12 歳および 60 歳以上の年齢層で 2 年前と比べて 10 ポイント以上伸びている。日本でインターネットの商用化が開始されたのは 1990 年代半ばである。インターネットの基本特性としては、リア

ルタイム、双方向、ネットワーク、個別対応、オープンシステム、低コスト利用が挙げられる。こうした特性から、インターネットは流通情報システムにも生かされている。例えば、代金決済と物流も買い手が一度アカウントをもつことで定型化され、メーカーによる消費者への直接販売や時間と空間を超越した無店舗販売、**実店舗**（リアル）と**ネットショップ**（ネット）を組み合わせた**クリックアンドモルタル**など、消費者との関係性を重視したマーケティングが普及した。以下、インターネットを介した **EC**（Electronic Commerce, 電子商取引）のうち、B to C-EC を中心にその動向をみていくことにする。

1）EC 市場の規模拡大とその背景

　経済産業省『令和元年度電子商取引に関する市場調査』によると、近年のB to C-EC 市場の規模の推移は図表 14-3 の通りである。電子商取引は年々増加傾向にあり、2020 年の市場規模は 19 兆 2779 億円（前年比 0.43％減少）となっている。また、この図の折れ線グラフはすべての取引金額に占める電子的な取引金額の比率（**電子商取引化率**）の推移を示しており、その割合は毎年増加して 2020 年には 8.08％となっている。

　インターネット通販については、自宅（どこ）からでも（いつでも）注文できる、店に行く手間がかからない、店が混んでいない、レジに並ぶ必要がない、商品を探しやすい、商品と価格を比較しやすい、商品が豊富である、近くの店で買えないものが買えるといったメリットがある。一方、試着・試食

図表 14-3　日本の B to C-EC 市場規模の推移

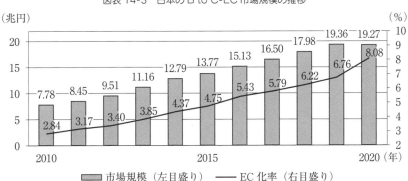

出所：経済産業省（2021）『令和 2 年度電子商取引に関する市場調査』から作成。

ができない、手元に届くまでに時間がかかる、鮮度・品質に不安がある、見た目や風合いが違う場合があるといったデメリットもある。

　EC 市場が拡大傾向にある背景としては、通信インフラの発達以外に、単独世帯や共稼ぎ世帯あるいはひとり親世帯が増加したことによる買い物時間の節約志向の高まり、交通面や身体的理由から高齢者世帯におけるニーズ増加などが考えられる。また、情報過多に伴うストレスから消費者は好みの商品については時間をかけずに効率よく購入したいとする気持ちが強いこと、動画や SNS を通じて商品特性や生産者の情報を入手できること、AI リテールの活用により顧客の好みにあわせてタイミングよく「選ばない買い物」が可能になること、などが挙げられる。

2) 商品カテゴリー別にみた EC 市場の実態

　日本における商品カテゴリー別の EC 市場規模と EC 化率をみると（図表14-4）、EC の利用は商品カテゴリーによって大きな差があることが分かる。
　「事務用品・文房具」、「生活家電・AV 機器・PC／周辺機器」、「書籍・映

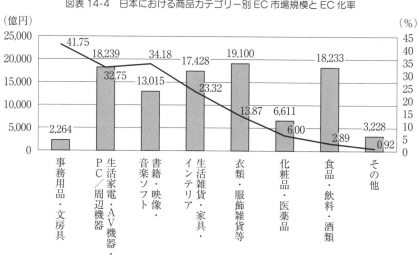

図表 14-4　日本における商品カテゴリー別 EC 市場規模と EC 化率

出所：経済産業省（2020）『内外一体の経済成長戦略構築にかかる国際経済調査事業報告書』から作成。

像・音楽ソフト」、「生活雑貨・家具・インテリア」はいずれも 2 割を超えているのに対し、「食品・飲料・酒類」はわずか 2.89％にとどまる。特に「食品」については、EC 市場規模が 1 兆 8233 億円と他の商品と比べ遜色のない規模ながら、生鮮品や惣菜類を中心に品質や鮮度や安全性に対する消費者の感度が高い商品であり、受取りの手間もあることから実店舗志向が強く、EC 利用が敬遠されていることが推察される。もっとも、最近では生鮮品も弁当や惣菜もインターネット通販で扱うビジネスが出現している。ライフスタイルの多様化やニューノーマル時代の消費者購買行動の変化によって、ネットとリアルの両面で消費者との接点をもつことが期待されている。

④　ネットとリアルの関係性

1）ネット販売をめぐる新たなマーケティング手法

　ソーシャルメディアなどを活用し、インターネット通販と実店舗のそれぞれのメリットを補完的に組み合わせた、ネット起点の O to O（Online to Offline, O２O とも表記）や店頭値札の QR コードを携帯電話やスマートフォンで読み込み、購入客の実体験を聞ける口コミサイトに接続するマーケティング手法が注目されている。情報化の進展に伴い小売業は実店舗以外に、スマートフォンや SNS などを利用したネット販売という多様な販売チャネルももつようになった。これに従い小売業と顧客との接点（touch-point）は多様化している。小売業と顧客との多様な接点を統合し、複数のチャネルから得られた顧客データを一元化し、1 人ひとりの顧客と向き合い、デジタルと実店舗を相互にシームレスにつなぐことで、時間や場所を問わず顧客により快適な購買体験を提供し、顧客ロイヤルティを獲得・向上させる小売戦略を**オムニチャネルリテイリング**（Omni Channel Retailing）という。ここでのオムニとはラテン語で「すべて」、「あまねく」という意味である。

　マルチメディアおよびマルチチャネルの普及は、小売業界において**ショールーミング化**（消費者が実店舗で店員から商品の説明を受けつつ、そこでは当該商品を購入せずより価格の安いオンライン販売で購入すること）と**ウェブルーミング化**（オンラインで商品をみてから実店舗に来店すること）という 2 つの特徴的な現象を生

み出している。このようにフィジカルの次元とデジタルの次元を補完しあう方向で進めることをフィジカル・マーケティングという。小売業では、**カスタマージャーニー**（人々が商品とのファースト・コンタクトから購買決定・受取り・評価に至るまでのプロセス）において、実店舗が担う新たな役割の把握と、オムニチャネルを通じての顧客経験の企画が大事になっている。

2）オンラインとオフラインの完全融合

O to O やオムニチャネルリテイリングはともに、オンラインとオフラインを分けたうえで、顧客にプロモーションを働きかけるためにチャネルを統合する企業目線の施策である。これに対し、現代の消費者はオンラインとオフラインを自由に行き来できること、その選択権は消費者がもっていること、そして AI とビッグデータを活用する技術が進化したことにより、オンラインとオフラインを完全融合（**OMO**：Online Merges with Offline）することで、商品やサービスの利用における顧客視点での優れた体験（**カスタマーエクスペリエンス**）を提供するサービスが注目されている。

IoT の進歩やスマートフォンの普及によって、従来はオフラインであった消費者のあらゆる行動がデジタルデータ化により個人の ID に紐づけられるようになる。企業は収集したこれらのデータを活用し、インターネット通販と実店舗の垣根を越えて適切な情報を適切なタイミングで提供することで、消費者の購買行動に働きかけることが可能になる。OMO は顧客にパーソナライズ化した価値ある情報や体験をリアルタイムに提供するとともに、特定エリア内への迅速配達の無料化、店舗や倉庫のオペレーションの省人化、需要予測や在庫の最適化、業務努力の可視化など、生産性向上の観点での効果も期待される。

1）ID-POS を活用している食品スーパーを 1 社取り上げて、その企業がどのようなマーケティング革新に取り組んでいるのかを調べてみよう。

2）ネットスーパーを大別すると、実店舗も同時にもつ事業者と EC 販売に特化した事業者がある。1 社ずつ取り上げてそれぞれの特徴と課題を話しあってみよう。

課　題

第 ⑮ 章

チェーンストアシステムの展開

1 なぜ小売業はチェーン組織化するのか

1) チェーンストアの成長

　私たちの消費生活のさまざまな場面には、必ずといってよいほど、食品スーパーやドラッグストア、コンビニ（コンビニエンスストア）や家電・家具、衣料品などの専門量販店、さらにはホームセンターといった、多様なタイプの小売業が登場する。注目しなければならないのは、その多くが、多店舗展開、つまりどれもが同じような売場、品揃えと価格をもったチェーン店として組織化され、事業展開されている点である。

　「複数の店舗が同じ店舗名の看板を掲げ、仕入れや店舗運営面などにおいて、共通の基盤を活用」（日本商工会議所・全国商工会連合会 2005 p.84）する小売業の組織形態を、独立系の単独小売商店に対比して、**チェーンストア**（Chain Store）とよぶ。そして、そこにおける標準化された同一様式店舗の多数展開の仕組みを、**チェーンストアシステム**という。チェーンストアは、大規模小売業の成長を促し、小売システムの発展を方向づける、今日の小売経営における最も重要な組織原理として、その経済的パワーを飛躍的に増大させている。

2) チェーンストアの基本原理

　では、なぜ小売業はチェーン組織化に向かうのだろうか。チェーンストアシステムにおける店舗運営、すなわち**チェーンオペレーション**の本質は、中央集権的な本部主導のもと多数の店舗を統合的に管理することによって、製造業とは異なる、小売固有の「規模の経済性」を実現しようとする点にある。チェーンオペレーションによってはじめて、立地産業としての小売業は、自

らがもつ固有の制約、すなわち1つの店舗が対応できる市場には限界があり、店舗の大規模化による経済性の追求にも一定の限界があるという制約を打ち破ることができる。

　小売業の経営革新は、店舗それ自体の大規模化ではなく、地域的に分散した店舗をチェーンストアとして組織的にまとめあげることで可能になる。チェーンオペレーションにおいて最も重要なポイントとなるのが、商品の仕入業務と販売業務の分離である。例えば、同じ多店舗展開といっても、百貨店経営に代表される伝統的な**本支店方式**の特徴は、本店、支店のいずれを問わず、各々の店舗が独自に仕入・販売業務を一貫しておこなう点にある。だがチェーンストアは、本部による一括・集中仕入を基礎とする、「仕入れにおける集権管理と販売における分権管理」（矢作 1981 p.61）によって成立する。

3) チェーンストアのメリット

　このようなチェーンストアシステムのメリットを簡単に整理すれば、以下の点にまとめることができよう。

　まず第1に、取引規模の拡大による低価格・大量販売の実現である。本部はチェーン店舗が必要な量を一括して仕入れるので、店舗数が多いほど取引量は多くなる。これによって、仕入先であるメーカーや取引業者との交渉はより有利になり、仕入価格を低く抑えることが可能になる。それだけでなく、仕入先に対する**バイイングパワー**の発揮によって、既存の独立系中小小売業が獲得できない特別の控除や割引などの恩恵も享受できる。さらに、PB（Private Brand, プライベートブランド、第1章・第16章参照）の開発も、チェーン経営によって実現された低価格・大量販売を基盤にしてはじめて展開可能になるといえよう。

　第2に、消費者の需要情報の迅速かつ正確な収集が可能になる点である。個々のチェーン店舗が立地する各々の地域に固有の消費需要情報が、本部に一括して集約化されることになるので、地域間ないし店舗間の需要動向が簡単に比較でき、地域需要動向の正確な把握が可能になる。チェーンオペレーションによって実現される上述の効果を、小売業の情報縮約機能とよぶ場合もある。

　そして第3に、個々の店舗施設における内外のデザインやレイアウト、店内設備・什器の共通化ないし標準化、それに伴う店内業務のマニュアル化を通じ、建設コストや商品調達コストの大幅な削減が可能になるということである。

② レギュラーチェーンの成長

1) レギュラーチェーン

　チェーンストアは、資本関係の相違、具体的には、単一と複数、いずれの企業によって小売業が組織化されているのかという問題や、本部の統率力、さらには結合の仕方の違いなどによって、後述する3つのタイプに分類することができる。

　第1のタイプは、**レギュラーチェーン**（Regular Chain：RC）またはコーポレートチェーンとよばれる。レギュラーチェーンは、単一企業（同一資本）のもとにチェーン本部と多数の小売店舗が組織化されている形態であり、まさに**企業型チェーン**としての性格をもつ。レギュラーチェーンにおいて、各々の小売店舗は、直営店として、チェーン本部のきわめて強力な統率力のもとに置かれ、店舗の存続と改廃は、本部の戦略的な意思決定に完全に委ねられることになる。ちなみに、日本チェーンストア協会は、同一資本で11店舗以上展開している小売業と飲食サービス業をチェーンストアと定義している。このようにチェーンストア概念を狭く捉える場合、それは一般に、レギュラーチェーンのことを指している（**狭義のチェーンストア概念**）。

2) わが国小売企業における多店舗化の実態

　ここで、高度成長期以降急速に進んだ小売企業の多店舗化の歴史に注目することで、レギュラーチェーン成長の現状を大まかに把握しておくことにしよう。図表15-1は、複数店舗を所有している小売企業の数、および小売業の年間販売総額に占めるこれら小売企業の販売額の構成比を、時系列でみたものである。

　『商業統計』の『経済センサス-活動調査』への統合などに伴う集計方法の大幅な変更により近年のデータをここで紹介することはできないが、利用可

図表 15-1　わが国小売企業における多店舗化の実態（法人のみ）

1 企業が所有する店舗数	企業数			年間販売額構成比（%）		
	1982 年	1997 年	2007 年	1982 年	1997 年	2007 年
10〜19	1,772	2,424	2,217	8.5	9.4	12.2
20〜49	653	1,206	1,230	7.8	12.1	11.7
50 以上	185	503	646	9.6	21.0	30.9
2 店舗以上の小売企業	48,922	57,828	42,795	51.9	65.6	73.0
小売企業総数　（小売店舗総数）	147.8(万) (172.1)	110.4(万) (142.0)	81.1(万) (113.8)	100.0	100.0	100.0

注　：個人経営も含まれた数値である。
出所：通商産業省・経済産業省（各年）『商業統計表』から作成。

能な最も直近の 2007 年において、10 以上の直営店を所有する複数店舗小売企業の数は 4093 になっている。この数字は、わが国の小売企業総数 81 万1000 企業のわずか 0.5％に過ぎない。しかし、これらの小売企業の年間販売額が、同年における小売販売額全体の 54.8％を占めている点は、注目に値する。

　1982 年および 1997 年の両年と比較しても、レギュラーチェーンの組織化に着手する小売企業の数と、その販売額に象徴されるこれら小売企業の経済的パワーは、確実に増大傾向にある。チェーンストアシステムが、小売の世界で支配的地位をより確実にしたのは明らかであろう。

③　契約関係としてのフランチャイズチェーン

1）フランチャイズチェーン

　単一の企業組織としてのレギュラーチェーンに対し、第 2 のタイプとして、企業間の連携、すなわち異なる企業（資本）同士が契約関係によって結びつく**契約型チェーン**がある。これを代表する組織形態の 1 つが、**フランチャイズチェーン**（Franchise Chain：FC）である。

　フランチャイズチェーンとは、資本と経営ノウハウをもった本部（**フランチャイザー**）が、加盟店（**フランチャイジー**）となる独立事業者との間で契約を結び、自己の商号やブランドの使用など、一定地域内で同一の事業をおこなう経営権を与えるシステムである。そのなかで、加盟店は、本部から供与さ

れる店舗運営マニュアルをはじめとするさまざまな経営指導・支援措置、商品供給の対価として、**ロイヤリティ**やチャージとよばれる経営指導料や定期的納付金を本部に支払うことが義務づけられている。

2）本部と加盟店

出店に要する多くのコストを加盟店が負担するため、本部にとっては少ない投資で店舗拡大が可能であり、他方、加盟店にとっては、高度な経営知識がなくても店舗経営が可能という、各々の利点がある。FC システムにおいて、本部と加盟店はそれぞれ独立した事業体であり、両者の関係は原則として平等ないし対等である。したがって、そこにおける本部の統率力は、レギュラーチェーンほど強力ではない。しかしながら加盟店は、店舗設備やディスプレイの様式、商品構成や販売価格、さらには営業時間や休日の決定など、店舗運営のかなりの部分を本部の指示に従わなければならない。本部の加盟店に対する統制には厳しいものがあり、加盟店が契約内容に反した場合、ペナルティが課されることになる。

④　中小小売業者によるボランタリーチェーンの展開

1）ボランタリーチェーン

契約型チェーンのもう1つのタイプである**ボランタリーチェーン**（Voluntary Chain：VC）は、複数の中小小売業者が各々の独立性を維持しながら自主的に参加・脱退できる、緩やかなチェーン組織である。本部と加盟店との1対1の垂直的な契約関係によって基礎づけられるフランチャイズチェーンと異なり、ボランタリーチェーンは、加盟店相互の水平的で同志的な結合関係を基本的特徴とする点で、両者は明確に異なる。ボランタリーチェーンには、特定の卸売業者と多数の独立系中小小売業者が集団化してチェーンを組織化し、本部機能を前者が担う卸主宰 VC と、中小小売業者のみによって組織化され、共同で新たに本部を設置する小売主宰 VC（コーペラティブチェーンともいう）の2つがある。

2）小売業における FC および VC 組織加盟の実態

ここで小売業のフランチャイズチェーンやボランタリーチェーンへの組織

図表 15-2　小売業における FC および VC 組織加盟の実態（2016 年）

	小売事業所合計		FC 加盟		VC 加盟		非加盟	
事業所数	482,725	(100.0)	34,404	(7.1)	12,388	(2.6)	435,933	(90.3)
年間販売額比 （百万円）	130,361,885	(100.0)	6,719,749	(5.2)	6,616,041	(5.1)	117,026,095	(89.8)

注1：本データにおける小売事業所数は、管理・補助的活動のみをおこなう事業所や商品
　　　販売額・仲介手数料の金額が発生しない事業所を除いた数字となっている。
注2：カッコ内は構成比（％）。なお四捨五入をおこなっているので、合計は必ずしも
　　　100％にならない。
出所：経済産業省（2018）『平成 28 年　経済センサス-活動調査』から作成。

　加盟の現状を、簡単に確認しておくことにしよう（図表 15-2）。2016 年にお
ける日本の小売業 48 万 2725 店（管理・補助的活動のみをおこなう店舗を除く。そ
れらを含む小売業全体の店舗数は 99 万 246 事業所となる）のうち、その 1 割弱の 9.7
％に相当する 4 万 6792 事業所が、FC または VC 組織のいずれかに加盟し
ている。FC 組織に加盟している 3 万 4404 事業所の中身について若干補足
すると、その半数以上がコンビニの加盟店であると推測される（例えば、日本
フランチャイズチェーン協会が公表している 2019 年度統計調査データによると、調査店
舗 11 万 220 店のうち、5 万 7966 店〔52.6％〕がコンビニ加盟店である）。
　また、チェーン組織への加盟率は、小売業のタイプ（業態）の相違により
大きく異なっている。例えば、フランチャイズ方式によりアメリカとは異な
る独自の発展を遂げた日本のコンビニ業界の FC 加盟率は 8 割を軽く超え、
他の業態の FC 加盟率を圧倒している。他方、カテゴリーキラーとして今世
紀急成長を遂げたドラッグストア業界は、VC 組織への加盟率が圧倒的に高
いという特徴がある。

❺　多様化する消費生活とチェーンストアのジレンマ

1）チェーンストア成長の歴史的背景

　チェーンストアの主要形態を順にみてきたが、3 つのチェーンの特徴を表
に整理したものが、図表 15-3 である。各々のチェーンを代表する小売業態
について簡単にふれておくと、レギュラーチェーンの場合、スーパー（スーパー
マーケット）や専門量販店、フランチャイズチェーンについては、上述のコ

図表 15-3　チェーンストアの組織形態とその基本的特徴

	RC	FC	VC
資本形態	企業型	契約型	契約型
結合の様式	資本による結合	契約による結合	同志的結合
本部の統率力	きわめて強い	強い	弱い
店舗経営の自立性	なし	中	大きい
代表的な小売業態	総合スーパー 食品スーパー 専門量販店（家電・衣料） ホームセンターなど多数	コンビニエンスストアなど	ドラッグストア 食品スーパーなど
代表的企業・チェーン名 （サービス業を除く）	イオンリテール（GMS） イトーヨーカ堂（GMS） ほか	セブンイレブン・ジャパン ローソンなどの CVS	オールジャパンドラッグ 西川チェーン（寝具店） 全日食チェーン（SM） シジシージャパン（SM） ナフコチェーン（HC） ポプラグループ（CVS）

注：GMS：大手総合スーパーマーケット　　SM　：スーパーマーケット
　　HC　：ホームセンター　　　　　　　CVS：コンビニエンスストア

ンビニが、その典型例として挙げられる。とはいえ、業態によって異なるチェーンのタイプを明確に提示する作業は、現実にはきわめて難しい。なぜなら、直営店とフランチャイズ店の両方を擁するチェーンも数多く存在するからである。チェーンオペレーションの主流は、むしろチェーン組織の「混合形態」の採用にある。

　わが国において、チェーンストアは、高度経済成長期以降、メーカーや小売業者、さらには消費者を含むさまざまな流通当事者間の多元的な競争関係のなかで生まれ、成長してきた。例えば、レギュラーチェーンは、家電や化粧品、日用品雑貨流通における中小小売業の系列化や特約店制度にみられるような、伝統的なメーカー主導型の流通に対する対抗力として成長を遂げ、大量生産・消費体制の確立を大きく支えた。また、ボランタリーチェーンは、レギュラーチェーンの展開により急成長した大規模小売企業への対抗措置として、中小小売業者や卸売業者の間で、仕入や配送など経営の共同化によるコスト削減を目指し、形成されてきた。本章でふれることはできなかったが、このチェーンストア発展史のなかに、さらに**消費生活協同組合**（生協、コラム

③参照）の組織化を位置づけることもできよう。

2）チェーンストアのジレンマ

　まとめとして最後に強調しておきたいのは、大量生産・消費体制が終焉し、消費生活の多様化と個性化が進展するなか、今日のチェーンストアには、オペレーションの高度化＝質の転換が要請されている点である。本部一括仕入と単品の大量販売によって特徴づけられるチェーンストアシステムは、地域間の消費者ニーズが共通していることを前提条件とした、大量生産・消費体制に最も適合的なシステムであるという事実を見落としてはならない。

　消費者ニーズの多様化に伴い、チェーンオペレーションの伝統的手法は、今日、各々の地域で必ずしも容易に受け入れられなくなってきている。消費地点により近接した各々の店舗に、発注業務などの権限を部分的に委譲するFCシステムの採用は、上述の問題に対する、チェーン小売企業の新たな戦略的対応行動と考えることができる。伝統的な規模効率型のチェーンストアシステムから、柔軟な、少量多品種型ないし個別対応型へのチェーンストアシステムへの転換が、社会的に要請されているのである。

【引用文献】
日本商工会議所・全国商工会連合会編（2005）『販売士検定試験 3 級ハンドブック①　小売業の類型』カリアック
矢作敏行（1981）『現代小売商業の革新―流通革命以降』日本経済新聞社

1）3 つのチェーン形態（RC, FC, VC）の各々について、そのメリットとデメリットを整理してみよう。
2）スーパーやコンビニ、専門量販店、ドラッグストアなど、さまざまな小売業態のチェーン組織化の具体的内容について調べ、その特徴を明らかにしてみよう。

━━━━━━━━━━━━━━━━━━━━━━━━━━━ 課　題 ━━━

第 ⑯ 章

プライベートブランド戦略

❶ PB とは何か

　優れたブランドを構築することで、企業は、それが付与された商品を消費者（個人的最終消費者）が繰り返し購買するようになる**ロイヤルティ**（loyalty）**効果**を得ることができる（第18章参照）。このことが明らかになるにつれ、小売業者も、消費者が特別な愛顧の感情をもってその店舗を継続的に利用するようになる**ストアロイヤルティ**を構築すべく、さまざまなブランド戦略を展開している。その中心に位置づけられるのが、**PB（プライベートブランド）**である。

　PBとは、小売業者や卸売業者などの流通業者が主体となって企画し、メーカーに委託して生産された商品に付与された流通業者の独自ブランドであり、それが付与されたPB商品は、自社店舗あるいは自社チェーン、または自社グループ内でのみ販売される。例えば、イオンの「トップバリュ」やセブン＆アイの「セブンプレミアム」、マツモトキヨシの「matsukiyo」などがPBである。

　PBの起源は、食料品の供給不足が慢性化していた1870年代のイギリスにおいて、消費生活協同組合が正しい量目の良品を適正な価格で販売しようと独自で調達した商品に固有の名称をつけて販売した「CO-OP」であるといわれている。欧州主要国におけるPBの歴史は古く、PBの国際的な業界団体、PLMA（PB製造業者協会）によれば、食品と日用品雑貨に占めるPBの2019年売上高シェア（金額ベース）も、スイスの42.3％を筆頭に30％を超える国が8ヵ国、20％台の国が10ヵ国にのぼっており、欧州主要国は今なおPBの先進地域である（RetailDetailホームページ）。

　一方、日本におけるPBの始まりは1960年代であり、売上高シェアも2012年時点で7.5％に過ぎないと推計されている（矢作敏行「NBとPB」矢

作 2014 p.49)。しかし、近年、日本の PB は新しい局面を迎えており、小売店頭での存在感を増しつつある。その理由を明らかにすることが、本章の目的である。

 2　PB 商品導入の意義と問題点

1）PB 商品の価格訴求性

　PB 商品は、メーカーが企画・開発・製造して自らのブランドをつけた**NB（ナショナルブランド）商品**よりも 2 〜 3 割安いといわれている。その理由を、カップ麺を例に明らかにしているのが、図表 16-1 である。

　それによれば、NB 商品と PB 商品のコスト差が最も大きいのは、「拡販費」、「広告宣伝費」、「物流費」の部分である。拡販費とは、主に特売の原資に使われるリベート（第20章参照）などを指している。PB 商品の場合、売れ残りのリスクを負うのはメーカーではなく流通業者であるから、在庫を処分するために多額のリベートを払って特売を仕掛けるという必要がなくなり、その分コストを下げることができる。また、PB 商品は最初から自社グループ内で販売することが決まっているから、リベートを払わなくても店頭の目立つ場所に陳列することができる。

　広告宣伝費についていえば、PB 商品は通常、すでに販売されている NB商品を模倣して開発されることが多いため、商品特性を消費者に伝えるため

図表 16-1　NB 商品と PB 商品のコスト構造（カップ麺のケース）

	NB		PB		差額（PB−NB）
原材料費	40 円	31%	32 円	40%	−8 円
拡販費	30 円	23%	6 円	7.5%	−34 円
広告宣伝費	5 円	4%			
物流費	5 円	4%			
人件費など固定費	8 円	6%	8 円	10%	±0 円
メーカーの粗利益	12 円	9%	14 円	17.5%	−10 円
卸売業者の粗利益	12 円	9%			
小売業者の粗利益	18 円	14%	20 円	25%	+2 円
小売価格（合計）	130 円	100%	80 円	100%	−50 円

注　：％は小売価格に占める割合を示す。
出所：日本経済新聞社編（2009）『PB「格安・高品質」競争の最前線』日本経済新聞出版社、p.32 から作成。

の広告費を削減することができる。また、拡販費と同じ理由で、多額の宣伝費を払って商品の認知度を上げなくても棚割を確保することができる。

　物流費は、小売業者の専用物流センターを活用することで削減されている。さまざまな小売業者に配送しなければならないNB商品と異なり、PB商品は自社グループ内でのみ取り扱う商品である。そのため、全国の物流センターから各店舗に配送するトラックをPB商品の生産を委託したメーカーの工場にも回し、工場から専用センターへの物流も小売業者が効率的におこなうことで物流費を下げることができる。

　NB商品とPB商品のコスト差が次に大きいのは、「メーカーの粗利益」、「卸売業者の粗利益」の部分である。流通業者が全品買取りを約束し、メーカーが売れ残りのリスクを回避できる分、PB商品の生産委託費は安くなる。さらに大量仕入を約束すれば、工場の稼働率が上がるから、ブランド力に乏しくNB商品で競争できない中堅企業を中心に、安い委託料でも生産を受託するメーカーが現れやすくなる。また、小売業者のPB商品はメーカーと直接取引する場合も多く、卸売業者の粗利益を省くことでコストを削減することができる。

　NB商品とPB商品のコスト差の第3の要因は、「原材料費」である。例えば、ある大手流通業者のPB商品のポテトチップスはNB商品のそれよりも使用する調味料を減らすことでコストダウンを実現しているという報告がある。しかし、原材料費におけるNB商品とPB商品の主たるコスト差は、包装材などの簡素化を徹底することによって実現されている。パッケージのデザインを簡素化するのはもちろん、ティッシュペーパーであれば紙の箱ではなくプラスチック製のパックに入れることでコストを削減し、衣料用洗剤であればNB商品では同梱されている計量スプーンをつけるのをやめることでコストを削減している。

　このように、PB商品は、販売促進費と物流費を削減し、生産委託費を抑え、過剰品質や過剰包装を排した**ノーフリル（実質本位）・アプローチ**を採用することで低価格を実現しながらも、「小売業者の粗利益」はNB商品より高くなっているのである。したがって、小売業者は、自社グループ内でのみ買うことのできるPB商品を低価格で提供することによってストアロイヤル

ティを構築すると同時に粗利益を向上させるために、PB 商品の導入を拡大させようとしていると考えることができる。

2) PB 開発のパラドックス

だが、このような**価格訴求型 PB 商品**は、発売当初や景気後退期こそ支持されるものの、十分な成果を収めるには至っていない。その理由は、市場のニーズに応じて消費者から支持される PB 商品をつくりだしたとしても、その後の市場の変化に即応して商品のリニューアルを連続的におこなうことができないからである。

大量仕入を前提とする PB 商品は、購買頻度の高い規模の大きな市場を対象とする。また、流通業者が企画し、中堅メーカーが生産する PB 商品は、原材料の調達や製造技術の面で参入障壁が低い市場を対象とする。しかし、そうした市場は競合他社にとってもまた参入しやすい市場であり、類似の PB 商品が即座に現れ、競争が激化する。さらに、NB メーカーも商品のリニューアルと新商品の導入をおこない、値下げなど価格を調整して反撃してくる。つまり、「開発しやすい PB は競争相手も対抗しやすい商品であるという『**PB 開発のパラドックス**』が作用する」（矢作敏行「日本における PB の歴史と現状」矢作 2014 p.71）。

このパラドックスを克服するためには、PB 商品の絶えざる革新が必要となる。だが、流通業者がそれをおこなうことは難しい。なぜなら、商品の技術革新に従事しているのは流通業者ではなくメーカーだからである。それゆえ、価格訴求型 PB 商品は短命に終わってきたのである。

しかし、そうであるなら、PB 商品の絶えざる革新にメーカーを巻き込むことができれば、PB 開発のパラドックスを克服することができる。したがって、今日の PB 戦略の中心課題は、有力メーカーとの間の協調関係の構築にあると考えることができる。

③ 日本における PB 戦略

1) 対抗力としての PB 商品

以上の議論を、日本における PB 戦略の歴史研究によって確認していこう。

　日本の流通業者のなかで、早くから積極的に PB 戦略を展開していたのは、総合スーパーのかつての雄、ダイエーである。その目的は、商品の価格決定権を大規模消費財メーカーから奪取することにあった。ダイエーの家電 PB「ブブ」は、その象徴的な事例である。

　1970 年当時、大手家電メーカーの 13 インチカラーテレビは 10 万円前後であった。生活に必要な製品はすべて揃えることを目標に家電製品も販売していたダイエーは、そのテレビをメーカーが設定する希望小売価格の 2 割引で販売し、多くの消費者を吸引することに成功した。だが、これにより、テレビの値崩れを防止したい松下電器（現・パナソニック）から出荷停止措置を受けてしまった。そこでダイエーは、中堅家電メーカーのクラウンに生産を委託し、1970 年、PB 商品「ブブ 13 インチ型カラーテレビ」を 5 万 9800 円で発売した。この価格差は一流メーカーといえども脅威であったために、メーカー希望小売価格を引き下げざるをえなくなり、結果として NB 商品の仕入価格が下がることになった。

　このことから、流通業者にとって PB 商品は、メーカーへの**対抗力（カウンターベイリングパワー）**になることが分かる。強力な PB 商品を NB 商品に対する**ファイターブランド（攻撃型商品）**とすることで、価格決定権を握りやすくなる。価格決定の主導権を握った小売業者は、PB 商品それ自体によって、また、PB 商品をテコに安く仕入れた NB 商品を低価格で販売することによって、ストアロイヤルティを構築することができる。そして、粗利益の高い商品を一緒に販売する**粗利ミックス**によって十分な利益を得ることも可能になる。

　だが、こうした PB 戦略は長続きしなかった。なぜなら、既述の PB 開発のパラドックスが作用したからである。例えば、ダイエーの代表的な PB「セービング」が付与された「バレンシアオレンジジュース 100」は、NB メーカーのオレンジジュースが 350 円前後で販売されていた 1992 年に 198 円で発売されヒット商品となった。この価格を実現できた主たる理由は、円高と規制緩和を追い風にした海外商品調達や、濃縮還元法という製法技術を取り入れることで通常の原料輸送より物流費を大幅に削減できたことにあった。しか

し、円高と規制緩和の恩恵を受けられるのはダイエーに限られたことではなかったし、オレンジは供給過剰傾向が強く誰でも容易に入手できた。また、濃縮還元法も模倣困難な製法技術ではなかった。それゆえ、1 年も経たないうちに競合他社が類似の PB 商品を相次いで投入することとなり、「バレンシアオレンジジュース 100」は、売上高を急速に落とすことになった。

2) 集団的商品開発方式

　こうした PB 開発のパラドックスを克服したのが、コンビニ（コンビニエンスストア）の王者、セブンイレブンである。複数のメーカーと共同で商品開発をおこなう**集団的商品開発方式（チーム・マーチャンダイジング）**によって、他の追随を許さない PB 商品を開発し続けている。

　その契機は、1979 年、おにぎりや弁当などの米飯商品と調理パンをセブンイレブンに供給していたメーカー 10 社が NDF（日本デリカフーズ協同組合）を設立したことにさかのぼる。その後、惣菜や調理麺、漬物などのメーカーも参加し、現在では、セブンイレブンで販売される米飯食品、調理パン、惣菜などのほとんどが NDF に加盟するメーカーによって供給されている。

　この NDF によって確立されたのが集団的商品開発方式である。例えば、調理麺の PB 商品を発売するとなれば、NDF に加盟する原料メーカー、製麺メーカー、調味料メーカー、具材メーカー、包装資材メーカーがセブンイレブンの開発会議に参加し、共同で商品を開発する。NDF には、味の素やハウス食品など日本を代表する各分野の有力メーカーの子会社が多数加盟している。それゆえセブンイレブンは、有力メーカーの優れた商品開発力を活用することができ、PB 開発のパラドックスの克服に成功している。

3) メーカーとの協調関係

　こうした共同開発は、米飯商品や調理パン、惣菜といったデイリー商品から始まった。デイリー商品は日持ちしないため、集約された拠点で集中的な大量生産をおこなって全国に流通させるという投機的対応（コラム②参照）が許されない。それゆえ、その生産の多くは、全国的な大規模メーカーではなく、地場的な中小メーカーによって担われている。つまり、初期の共同開発は、NB 商品との競合が起こりにくい分野から始まった。

　しかし、1990 年代に入ると、NB メーカーが支配する加工食品分野でも共同開発がおこなわれるようになった。例えば、1994 年には、赤城乳業、森永製菓、森永乳業、雪印乳業、ハーゲンダッツの 5 社と共同でアイスクリームを開発し、1999 年には、エースコック、東洋水産、明星食品と共同で「ご当地ラーメンシリーズ」を開発した。

　独自技術が漏れてしまうことの危惧などから、ライバル企業との共同開発には参加できないメーカーも存在する。そうしたメーカーとは、1 対 1 で独自商品を共同開発する個別プロジェクト方式を展開している。例えば、「ご当地ラーメンシリーズ」に参加しなかった日清食品とは、「有名ラーメン店シリーズ」を共同開発した。

　以上のようなメーカーとの協働関係は、総合スーパーのそれとは大きく異なる。例えば、1995 年、ダイエーがサントリーの商品を売場から突然撤去するという事件が起きた。その理由は、サントリーがダイエーではなくライバルのイトーヨーカ堂グループとビールを共同開発したからだと報じられている。つまり、意にそぐわないメーカーの商品が撤去されたのである。この事件からも、ダイエーの PB 戦略が大規模消費財メーカーへの対抗意識を軸に展開されていたことを読み取ることができる。

　これに対してセブンイレブンは、たとえ共同開発に参加しない企業であっても、個別プロジェクト方式などによって協力関係を構築し、維持しようとしている。メーカーとの間に、パワーに基づく対立関係ではなく、信頼に基づく協調関係を構築してきたことが、セブンイレブンの PB 戦略の要諦であると考えることができる。

4）高品質 PB 商品の登場

　NDF 参加メーカーはセブンイレブンと 4 つの次元で取引することになる。NB 商品、デイリー商品、PB 商品、そして NDF メンバー企業への業務用商品の供給である。「この **『取引の多次元化』** がセブン＆アイと NB メーカーの緊密な継続的取引関係を解く鍵を握っている」（矢作敏行「日本における PB の歴史と現状」矢作 2014 p.100）。

　さまざまな商品の販売をセブンイレブンに依存しているメーカーは、その

取引関係を継続させるべく、生産・品質管理や物流、調達、研究開発などの面で NDF への貢献を高めようとする。一方、セブンイレブンも主力商品の供給のほとんどを NDF 参加メーカーに依存しているから、その取引関係を継続させようとする。つまり、取引の多次元化から、「小売、メーカーの双方の関与を引き出す**ロックイン**（封じ込め）関係が発生」（矢作敏行「日本における PB の歴史と現状」矢作 2014 p.100）する。ここでは、取引先の変更に伴い発生する**スイッチングコスト**が高くつくため、双方とも短期的な損得勘定に基づいた取引ではなく、長期継続的な戦略提携に基づいた取引を志向するようになる。こうして、PB 商品の絶えざる革新が実現されることになる。

　「セブンプレミアム」は、こうした革新から生まれた PB である。その戦略目標は、価格ではなく品質の違いを競争手段にして顧客ロイヤルティを高めることに置かれている。実際、2019 年度の売上高も、「トップバリュ」の 8098 億円に対し、1 兆 4500 億円を記録している（各社ホームページ）。

　従来の価格訴求型 PB 商品に代わる、こうした**価値訴求型 PB 商品**が、ストアロイヤルティの構築に大きく寄与していることは明らかである。そして、その背後には、メーカーとの長期継続的な戦略提携がある。したがって、PB 戦略の要諦は、メーカーとの間の協調関係の構築にあると考えられる。

【引用文献】
イオンホームページ（https://www.aeon.info/ir/, アクセス日：2021.3.31）
セブン & アイホームページ（https://www.7andi.com/ir/, アクセス日：2021.3.31）
矢作敏行編（2014）『デュアル・ブランド戦略—NB and/or PB』有斐閣
RetailDetail ホームページ（https://www.retaildetail.eu/en/, アクセス日：2021.3.31）

1）普段の買い物において、どのような PB 商品をどの程度購入しているか、その理由について考えてみよう。
2）スーパー（スーパーマーケット）とコンビニに行き、各 PB 商品に記載されている「販売元」を調べてみよう。そして、スーパーとコンビニの PB 戦略の違いについて話しあってみよう。

課　題

コラム④　インターネット通販と小売業態の発展

　業態とは、商品をどのように販売しているのかというオペレーションの違い
によって異なる小売業の類型概念である。近代小売業の発展は、既存の業態が
新たな業態の登場により攻防を繰り広げる盛衰の歴史であったといってよい。
1970〜80 年代、まさに小売業の主役として君臨した百貨店や総合スーパーな
ど伝統的業態は、今や衰退の途にある。1990 年代以降、これらの業態に代替
するように、コンビニエンスストアをはじめ、ショッピングセンター、さらに
は家電・衣料関連の専門量販店などの新業態が相次いで台頭し、大きな成長を
遂げた。小売業界における業態間の競争は、激しさを増している。

　近年、特に見逃すことができないのが、急成長を遂げているインターネット
通販の動向である（第 14 章参照）。アマゾンや楽天、メルカリといった企業の
名前を、私たちは容易に想起できよう。従来の店舗型業態と異なるインター
ネット通販の最大の特徴は、取引における時間的・空間的制約、および品揃え制
約の打開にある。売場の広狭により品揃えが制約される店舗販売に対し、イン
ターネット通販の場合、売れ筋商品はいうまでもなく、売上の少ないいわゆる
ロングテール商品群に至るまで、幅広く品揃えが可能である。もちろんそれは、
インターネット通販が在庫を保有しなくてよいという単純な理解を意味するも
のではない。例えばアマゾンジャパンは、20 を超える巨大な自社物流倉庫を、
膨大な商品群の在庫スペースとして全国各地に配置し、受注-ピッキング-仕分
け-出荷業務の省力化や自動化に向けた巨額の投資をおこなうことによって、
今日みられる 24 時間 365 日体制の受注-配送システムを構築していった。

　インターネット通販におけるもう 1 つの注目点は、事業者が自ら小売活動に
着手するのではなく、まさにプラットフォームビジネスとしてオンラインモー
ルの運営業務に特化しているパターンが多く認められる点である。例えば楽天
市場の場合、その収益は伝統的な仕入-販売活動から生じるのでなく、多数の
出店者から徴収する出店料と販売手数料からなっている。さらに、アマゾンや
楽天のケースに典型的にみられる、顧客の購買・閲覧履歴に関するビッグデー
タを活用したレコメンデーションの展開や顧客個人情報の管理など、インター
ネット通販企業のもつ巨大情報産業としての側面も看過できない。このように
みてくると、インターネット通販は、これまでの小売業の範疇をはるかに超え
た特異な存在であることが推察できるだろう。

　インターネット通販企業の台頭とともに、既存の店舗型小売業もオンライン
化に着手する「オムニチャネル」化の動きが進んでいる。今日における小売業
の発展は、業態の新旧交代劇として観察可能だった過去の時代と異なり、リア
ル-ヴァーチャル空間の統合的な市場をバックボーンとした新たな段階に突入
している。

第 5 部

マーケティング

　現代のマーケティングは、単に流通過程や広告・宣伝あるいは営業を意味するわけではない。顧客志向を前提とした企業の対市場適応・創造のための考え方や行動あるいはシステムを意味するのである。それは市場に適応した「売れる仕組み」ということである。企業の目線で考えれば、売れる仕組みをどのようにつくっていくのかということである。

　第 5 部ではまず、企業戦略の視点からマーケティングの考え方を説明し、そのうえで企業の対市場行動としてのマーケティング戦略について解説していく。

　そこでは、どのような製品をつくるのか（製品戦略）、いくらで販売するのか（価格戦略）、どのような流通ルートを通してどのような店で販売してもらうのか（チャネル戦略）、どうやって製品や企業について知ってもらうのか（プロモーション戦略）、といった最もベーシックな 4P モデルを使ってマーケティングの具体的な戦略手法について解説する。

第 ⑰ 章

企業戦略とマーケティング管理

❶ マーケティングとは何か

　20世紀初頭にアメリカで発展したマーケティングの思想や技法は、第2次世界大戦が終結し、復興期を終えた1950年代の日本に本格導入された。

　欧米でマーケティングといえば、社会的な流通過程を表す側面と個別企業の経営過程を表す側面の両面を包含するものとして用いられるが、日本では前者を流通、後者をマーケティングという用語で分けて用いることもある。

　また、日本における伝統的な流通研究の学問系譜では、マーケティング概念は「配給論」として登場し、商業や流通研究の1分野と捉えられてきた歴史もある。いずれにせよ、マーケティングは商品の生産から消費に至るまでの流れにかかわる研究分野であり、本章では、流通研究の1分野として商品の価値実現にかかわる、企業もしくは企業と類似の市場活動をおこなう組織によって遂行される体系的な対市場活動（保田芳昭「現代資本主義とマーケティングのネットワーク」保田 1999 p.10）と捉え、解説する。

　さて、マーケティングという用語は、「販売すること」と捉えられることがある。このことは必ずしも誤りではないが、マーケティングの本来の意味からするとやや狭い解釈である。アメリカの経営学者 **P・F・ドラッカー**は「マーケティングの理想は、販売を不要にすることである。マーケティングが目指すものは、顧客を理解し、顧客に製品とサービスを合わせ、自ら売れるようにすることである」（Drucker 2008 p.78）と述べている。つまり、マーケティングとは、販売をおこなわなくとも自然と売れていくような仕組みをつくりあげることであり、広く社会や人々に対して価値ある製品やサービスを多様な手段により提供する体系的な諸活動であることを意味している。

　なお、第 5 部を読み進めるに当たり、まずは頻出用語である**製品**と**商品**の違い、**顧客**と**消費者**の違いについて次のように理解されたい。製品とは、製造工程に着目し、原材料あるいは他の製品を加工して製造した品物のことを指し、商品とは、流通過程に着目し、販売または再販売を目的としてつくられる品物を指す概念である。商品は製品を含む概念で、製造された品物ではない農産物や水産物、畜産物などは店頭に陳列されれば商品となる。また、商品には無形のサービスや権利も含まれる。

　次に、顧客とは自社の商品やサービスの実質的あるいは潜在的な購買者を表し、消費者とは商品やサービスを使用し消耗する人全般を表す概念である。

② マーケティング計画

1) マーケティング計画の策定プロセス

　企業は、将来にわたり存続することが前提の継続事業体（**ゴーイングコンサーン**）である。そのために、企業は自らが保有する経営資源を効果的・効率的に活用しながら、自社の利益最大化を目指して日々経営努力している。企業経営において重要となるのは戦略と戦術である。戦略とは、長期的な観点で一貫しておこなわれる方針や政策のことで、戦術とは、戦略を実現していくために臨機応変に対処していく短期的な方策である。戦略と戦術に基づくことで、目標を見失うことなく競争環境に適応していくことができる。

　企業は日常的な業務の遂行に当たり、戦略的・戦術的な観点から計画的にマーケティングを実行しなければならない。マーケティング計画の策定プロセスは図表 17-1 のようにおこなわれる。そのプロセスについてみていこう。

2) 企業理念・目標

　企業理念は、その企業が目指す方向性や価値観を反映してつくられる。経営者の強い思いを明文化した企業理念が経営陣や従業者らによって実践されていくことで企業としての強みを発揮することになる。

　企業目標は、企業理念を具体的に実現するための事業活動の指針となり、売上高や**市場シェア**などの収益性の拡大や市場地位の確保、従業者との良好な関係性、顧客満足の獲得、効率的な流通網の構築、地域や社会とのつなが

図表 17-1　マーケティング計画策定のプロセス

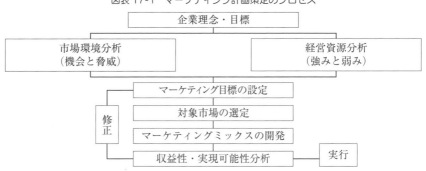

出所：木綿良行・懸田豊・三村優美子（1989）『テキストブック　現代マーケティング論　新版』有斐閣、p.29。

り、環境保全への配慮、利害関係者への配慮など、その対象は広範にわたる。企業理念や目標は、主として自社の事業活動領域、社会貢献、顧客に対する姿勢、従業者に対する姿勢、取引先に対する姿勢などによって構成され、実現・実行可能なものとして明確に定義される必要がある。

3）市場環境分析

　次に、自社を取り巻くさまざまな市場環境について理解することが重要となる（図表 17-2）。市場環境は、**ミクロ環境**と**マクロ環境**とに分けられる。

　ミクロ環境とは、市場環境のうち、ある程度統制可能なものをいい、企業がおこなうマーケティング活動に影響を及ぼす要因で、①供給業者、②マーケティング仲介業者、③顧客、④競合他社、⑤利害関係集団などがある。

　供給業者は、製品やサービスを提供するために必要な資源を企業に対して供給する企業である。供給業者との円滑な取引関係を結ぶことで安定的な資源の供給が実現される。マーケティング仲介業者とは、流通業者や物流業者を指し、製品やサービスの円滑な流通を支援する企業である。顧客とは、製品やサービスを提供する顕在的・潜在的な顧客市場である。顧客市場は消費財市場、生産財市場、流通市場、行政機関市場、国際市場の5つに分類される。競合他社とは、類似する製品やサービスを提供する競争企業のことで、企業は競合他社よりも優れた価値を提供し、顧客満足を獲得することが望まれる。利害関係集団とは、企業に対して利害または影響力を与える集団で、

金融、マスメディア、政府、市民団体、地域、一般大衆などである。

　マクロ環境とは、市場環境のうち統制不可能なものをいい、業界内の各企業とは無関係に存在している環境条件である。マクロ環境要因には、①人口動態的要因、②経済的要因、③自然的要因、④技術的要因、⑤政治的要因、⑥文化的要因の 6 つの要因がある。

　人口動態的要因とは、人口の規模、密度、地域的分布、年齢構成、性別、人種、職業、出生・死亡率、婚姻率、民族、宗教などである。経済的要因とは、経済の好不況による消費者の所得や購買意欲、消費支出パターン、貯蓄や借入れ、あるいは産業構造の変化や為替相場、原材料価格の変動などである。自然的要因とは、天然資源の枯渇、エネルギーコストの上昇、公害、天然資源をめぐる政治的問題などである。技術的要因とは、コンピュータ技術、生産管理技術、新素材開発などの革新的な新技術の開発である。政治的要因とは、競争政策、流通政策、地域小売商業振興政策、消費者保護政策などの国や自治体などにより実施される法律や政策である。文化的要因とは、個人の信念や価値観、行動規範を形成するその土地や地域に根づいた文化や慣習である。

4) 経営資源分析

　企業内部には経営資源（ヒト、モノ、カネ、情報）や経営能力、マーケティング能力などの要因があり、自社の「強み」と「弱み」を知るためには、次の 6 つの能力について分析する必要がある。

　①　経営能力　　経営戦略の策定能力があるか、戦略目標や経営計画の策定がなされているか、業務改善のための PDCA サイクルが実行されているか、業界全体の成長性と自社の成長性がリンクするか、取り組むべき事業構成に問題はないか、企業イメージは構築されているかなどである。

　②　生産能力　　生産管理上重要な **QCD**（Quality：品質、Cost：コスト、Delivery Time：納期）や、一定の品質水準を保つための **4M**（Men：管理者、Machine：機械、Material：材料、Method：製造方法）を中心とした生産がおこなわれているかなどである。

　③　マーケティング能力　　標的市場の選定やポジショニング、自社製品の強みや製品開発力、新規顧客獲得や既存顧客の忠誠度合い、価格やチャネ

ル、プロモーション戦略の状況、ブランド力などである。

④　情報能力　　情報収集システムの導入状況や情報分析結果の活用方法、差別化された情報ルートや情報収集スピードなどである。

⑤　人材能力　　従業者に対する明確な権限と責任の配分、モチベーション管理、意思決定のスピードと正確性、組織文化・風土、年齢構成、能力開発、作業のマニュアル化・標準化、評価制度などである。

⑥　財務能力　　資産・負債の状況、予算計画と予算・実績管理、安全性・生産性・成長性から捉えた傾向分析、キャッシュフロー分析、資金調達能力など自社の財務状況などである。

5）マーケティング目標の設定

マーケティング目標には、自社または自社製品の知名度の向上、市場シェアの拡大、売上高あるいは利益の増大などがあるが、一般的に、マーケティング目標は具体的で定量的な指標（売上高、利益、市場シェアなど）で設定される。この目標に向かって社内一丸となって業務を遂行することができる。

6）対象市場の選定

マーケティング戦略の基本的な方向性を決定するためにSTPを明確化する必要がある。STPとは、**市場細分化**（Segmentation）、**標的市場の設定**（Targeting）、**市場ポジショニング**（Positioning）である。以下、それぞれについてみていこう。

①　市場細分化　　市場は多数の買い手からなっている。通常、企業は市場全体を標的にすることはできないため、さまざまな基準によって同質的なセグメントに分け、そのなかからマーケティング目標を達成するための標的とすべき最適なセグメントをみつけなければならない。これを市場細分化という。

細分化に利用される変数には次のようなものがある。1つめは地理的変数（国、地域、県、都市、地域エリアなどで細分化）、2つめに人口動態変数（年齢、性別、世帯規模、所得、職業、教育水準、宗教、人種、国籍で細分化）、3つめはサイコグラフィック変数（社会階層、ライフスタイル、性格的特性などで細分化）、4つめは行動変数（買い手の製品に関する知識や態度、使用形態、反応で細分化）である。

②　標的市場の設定　　細分化された各セグメントの特性を把握した後に、

特定のセグメントへの参入を検討し決定する。自社の企業規模や製品、サービスの特性によってどのセグメントを対象とするかは大きく変わってくる。多くの企業ではまず特定のセグメントを対象として参入し、徐々に周辺のセグメントに広げていく方法を採る。

③　市場ポジショニング　　選択したセグメントのなかでどのような市場ポジショニングを確保したいか決定する。市場ポジショニングとは、競合他社の製品やサービスと比較した時に自社の製品やサービスが消費者の心のなかで占める場所を表している。つまり、競合他社の製品やサービスと直接的に競合しないような好ましい場所の位置取りをすることが重要となる。

7）マーケティングミックスの開発

企業が実行するマーケティング手段は複数の組み合わせでおこなわれる。効率的で効果的な組み合わせのことを**マーケティングミックス**という。

マーケティングミックスの要素は、**E・J・マッカーシー**により提唱された**4P**概念が広く知られている。4Pとは、Product（製品）、Price（価格）、Place（場所）、Promotion（プロモーション）の4要素を表したものである。

Productとは、何を売るかを問題とした、顧客ニーズにあった製品やサービスについての製品戦略である（第18章参照）。Priceとは、いくらで売るかを問題とした、製品やサービスにつけられる適切な価格戦略である（第20章参照）。Placeとは、どこで売るかを問題とした、顧客に効率的に製品を届けるためのチャネル戦略である（第19章参照）。Promotionとは、情報をどうやって伝えるかを問題とした、多様なコミュニケーション手段を用いたプロモーション戦略である（第20章参照）。標的市場に向けた最適なマーケティングの組み合わせは多様で、さらに競合他社のマーケティングの影響も受けることから、最適なマーケティングミックスの開発には考慮すべき事項が多岐にわたる。マーケティング計画は、その策定プロセスに基づいて絶えず修正を繰り返しながら環境適応的に実行していかなければならない（図表17-2）。

③　マーケティング管理

マーケティング戦略とは、マーケティング計画に基づいて実行されるマー

図表 17-2　企業のマーケティング戦略に影響を及ぼす諸要因

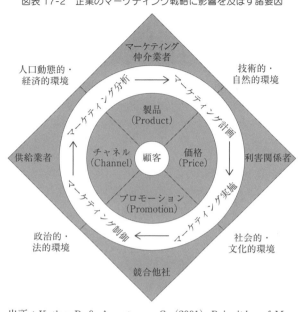

出所：Kotler, P. & Armstrong, G.（2001）*Principles of Marketing*, 9th ed., Prentice-Hall.（和田充夫監訳）（2003）
『マーケティング原理（第9版）』ダイヤモンド社、p.84
から作成。

ケティングのさまざまな方策であるが、マーケティング管理とは、マーケティング戦略を計画–実行–統制という一連のサイクルによって管理することである。例えば、ある具体的な目標ややり方を示して（計画）、それに従って忠実に実施したとしても（実行）、成果が伴わない場合がある。そうした時には、計画と結果の不一致の原因を探るとともに改善し、次の計画に生かしていかなければならない（統制）。

　図表 17-3 に示すように、マーケティング計画を実行した後、その結果や評価に基づいて次の行動のための修正作業がおこなわれ、計画段階から修正する場合もあるが、すでに実行中の計画の途中で修正を図ることもありうる。

④　マーケティング領域の広がり

　マーケティング研究の歴史のなかで、「マーケティング概念を拡張すべき

図表17-3　マーケティング管理のプロセス

出所：Kotler, P. & Armstrong, G.（2001）*Principles of Marketing,*
　　9th ed., Prentice-Hall.（和田充夫監訳）（2003）『マーケティン
　　グ原理（第9版）』ダイヤモンド社、p.91 から作成。

か否か」というマーケティングの境界をめぐる論争がある。これは行為主体
を営利企業に限定するか、非営利組織にまで拡張するかというものである。

　これとかかわって、マーケティングは私的なものか社会的なものかという
論争がある。これは行為主体を営利企業に限定した時に私的、非営利組織に
まで拡大すると社会的とみるものである。これらの論争は、企業の社会性が
クローズアップされ、CSR（企業の社会的責任）やマーケティングの社会的責
任が問われるようになってから活発になり、ソーシャル・マーケティングと
いう新しい領域として検討され始めた。他方、経済のソフト化、サービス化
の進展に関連して、サービス・マーケティングが登場している。これらは、
いずれも従来のマーケティング概念の枠組みを広げつつ、マーケティングの
本質とは何かについての問題に迫るものである。

【引用文献】
Drucker, P. F.（1974）*Management: Tasks, Responsibilities, Practices,* Harper &
　Row; Highlighting edition.（上田惇生訳）（2008）『ドラッカー名著集13　マネジメ
　ント　課題、責任、実践（上）』ダイヤモンド社
保田芳昭編（1999）『マーケティング論（第2版）』大月書店

1）1つの企業を取り上げて、この章のなかで解説した方法でその企業を取り巻く
　市場環境分析をおこなってみよう。
2）ある製品を1つ取り上げて、4P がどのように組み立てられているか話しあっ
　てみよう。

課　題

第 ⑱ 章

製 品 戦 略

❶ 製品戦略とは何か

1）マーケティングにおける製品戦略

　企業が持続的に成長していくためには、顧客ニーズを満たす製品を市場に対して提供し続けなければならない。しかし、企業にとって顧客ニーズを満たす製品をつくるということは決して容易なことではない。まず、製品とは何かについて考えてみよう。

　私たちがよく知るアップルの iPhone、ポルシェのカイエン、江崎グリコのポッキー、日本コカ・コーラの綾鷹等々、これらはいずれも製品である。P・コトラーは「製品とは、興味、所有、使用、あるいは消費という目的で市場に提供され、かつ欲求やニーズを満たすことのできるものすべてをいう。製品は有形とは限らない。広義には、有形の物体、サービス、人、場所、組織、アイデア、あるいはこれらの組み合わせが製品である。製品としてのサービスとは、銀行業務、ホテル業務、税金申告サービス、家屋の修理サービスのような、お金と引き換えに提供される活動や**ベネフィット**や満足である」（Kotler & Armstrong 1999 p.269）としている。

　次に、有形の製品の構造についてみていこう。製品は３層構造で捉えることができる（図表18-1）。第１に、最も基本となるレベルが製品の中核となるベネフィットである。ベネフィットとは、消費者が製品を買う場合に求める便益の束のことである。よく知られた事例に、「昨年４分の１インチのドリルが100万個売れたが、これは人々が４分の１インチのドリルを欲したからでなく、４分の１インチの穴を欲したからである」という表現がある。つまり、消費者は「穴」というベネフィットを求めてドリルを購入したのであって、

図表 18-1　製品の 3 層構造

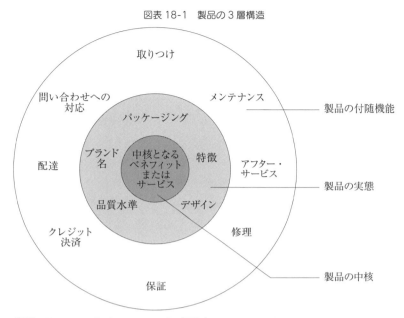

出所：Kotler, P. & Armstrong, G.（2001）*Principles of Marketing*, 9th ed., Prentice-Hall.（和田充夫監訳）（2003）『マーケティング原理（第 9 版）』ダイヤモンド社、p.349 から作成。

ドリル自体が欲しくて購入したのではないというのである。

　第 2 に、製品の中核に基づいてつくられる製品の実態である。有形の製品には 5 つの特徴がある。製品の品質水準、特徴、デザイン、ブランド名、パッケージである。例えば、トヨタ自動車のプリウスは製品の実態であるが、その名前、部品、スタイル、特徴、外観などの属性はすべて中核となるベネフィットに基づいて、計画的に組み合わされている。この製品の実態が魅力的であることが製品の売れ行きを大きく左右する。

　第 3 に、製品の中核と製品の実態に基づく製品の付随機能である。消費者を満足させるためにはベネフィットや製品の実態に加えて、製品の納品や設置、保証、クレジット決済、修理などのさまざまな付属的なサービスを提供し、より製品を魅力的にみせなければならない。

2)　製品ライフサイクル

　企業は開発した製品が市場で受容されるよう最適なマーケティングミックスを構築して臨むが、売上が上昇し続ける製品というのは私たちが知る限り皆無に等しい。通常、新製品がひとたび市場に受け入れられると、徐々に売上が増加していく（場合によっては爆発的にヒットする）が、次第にその伸びは緩やかとなり、やがて減少に転じていく。その理由には、顧客ニーズの変化や代替製品の普及などが挙げられる。市場環境によって個々の製品の盛衰過程は多様なものとなるが、この過程を**製品ライフサイクル**（Product Life Cycle：PLC）という。製品ライフサイクルは、一般的に、4段階に区分することができる（図表 18-2）。

　①　導入期　　製品が市場に導入されたばかりのため、製品の名称、性能、品質、特徴などの認知度が低く、売上の伸びが緩やかな時期である。この時期には大規模なプロモーション費用を必要とし、まずは消費者の認知度の向上に努めることが重要となる。

図表 18-2　製品ライフサイクル

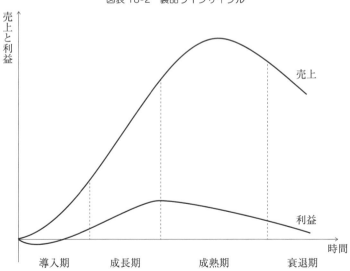

出所：Kotler, P. & Armstrong, G.（1997）*Marketing: An Introduction*, 4th
　　　ed., Prentice-Hall.（恩藏直人監修）（1999）『コトラーのマーケティ
　　　ング入門（第4版）』ピアソン・エデュケーション、p.334 から作成。

②　成長期　　製品の認知度の高まりとともに、需要が拡大し売上高も増加する時期である。この時期になると類似商品を取り扱う競争企業も数多く市場に参入してくるため、いっそう競争が激しくなる。そこで、競争を有利に展開していくために積極的にプロモーションをおこない、強力なブランド認知と選好を確立することが重要となる。

③　成熟期　　製品が潜在顧客の大部分に行き渡り、売上が伸び悩む時期である。利益は横ばいか、あるいは競争から製品を守るための価格引き下げやプロモーションなどの支出の増大により利益は低下する。この時期には、製品の新用途開発、製品の改良などをおこない競合製品との差別化を図りながら製品の延命策を講じることが重要となる。

④　衰退期　　この時期は代替製品の登場や消費者の関心が他の製品に移っていくため売上は低下し、利益も低下する。市場には撤退する企業も増加し、わずかな競争企業しか残らない。この段階の製品は、市場縮小もあいまって製品差別化やプロモーションによる対応では需要を維持することが難しくなるため、適切な時期を見計らって撤退も考慮する必要が出てくる。

② 製品の差別化と多様化

1）製品差別化

　製品差別化とは、他社製品との違いを明確に打ち出すことで自社製品の優位性を誇示し、他社との競争を有利に展開するための非価格競争の一方策である。製品差別化には、次のような方法がある。

　1つめは**実質的差別化**といい、製品本来の機能や品質、性能など、製品属性に基づく機能面での特徴に差異をもたせる差別化である。機能・性能という客観的指標によって他社製品との違いを示すことができるため効果的な差別化の方法として知られる。しかし、各企業の技術水準の高まりによって製品の同質化が進めば、実質的差別化がもたらす効果は薄れることになる。2つめは**形式的差別化**といい、製品の色彩や材質、形状やサイズなどの外観上の特徴、あるいはこれらの組み合わせによる特徴的な製品デザインによる差別化である。製品の機能面での同質化が進んでいる場合、外観上の差異を示

すことが顧客への差別化の訴求として有効になる。3つめは、**観念的差別化**といい、ブランドイメージによる差別化である。製品の同質化が進み、機能面でもデザイン面でも差異化が困難な場合には、ブランドイメージによる訴求が有効的な差別化手段となる。

2）製品多様化

市場細分化に基づいて標的とする市場を細分化することは、必然的に細分化した市場ごとに製品差別化を進めていくことになる。企業が提供するすべての製品を**製品ミックス**といい、製品ミックスは、**製品アイテム**と**製品ライン**の集合からなる。製品アイテムとは、製品の峻別可能な最小単位をいい、製品ラインとは、同一の機能を有するあるいは同一のニーズの充足を意図する製品アイテム群をいう。企業は消費者セグメントやニーズとの関係で単一の製品ラインに絞るか、複数の製品ラインに広げるかを選択する。

製品ラインは、「広さ」と「深さ」という2次元の広がりをもつ。図表18-3はアップル社の製品ラインを表したものである。また、それぞれの製品ライン間の関連性の強さを整合性という。

企業にとって、多様化する顧客ニーズに対応しながら多くの消費者の支持を得るためには、製品ラインの広さと深さを拡充することによる**フルライン化**を目指すことになるが、すべての企業にとってフルライン化が必ずしも正しい選択とは限らない。フルライン化を目指すあまり、同じ製品ライン同士で**カニバリゼーション**（共食い現象）を引き起こすこともある。そのため、自社の置かれた競争環境や経営資源、製品開発能力に応じた製品の選択と集中、

図表 18-3　アップル社の製品ミックスと製品ライン

製品ラインの広さ

製品ライン	Mac	iPad	iPhone	watch
ブランド名	MacBook Air MacBook Pro iMac Mac mini Mac Pro	iPad Pro iPad Air iPad iPad mini ⋮	iPhone12 Pro Max iPhone12 Pro iPhone12 iPhone12 mini ⋮	Apple Watch Series 6 Apple Watch SE Apple Watch Series 5 ⋮

（製品ラインの深さ）

出所：アップル社ホームページ（http://www.apple.com/jp/, アクセス日：2021.3.29）から作成。

つまり最適な製品ミックスを実現していくことが重要となる。

③　新製品開発

1）新製品開発のプロセス

　新製品の開発には多額の費用と歳月を必要とする。例えば、自動車の場合2〜3年、医薬品では10年以上を要するといわれる。ここでは新製品開発のプロセスについて概観しよう。

　新製品開発の第1段階は、新製品のアイデアの創出から始まる。企業は、1つの優れた製品案を出すために、膨大な数のアイデアを生み出さなければならない。その情報源となるのは、消費者、自社の技術者、競争企業、販売業者、供給業者などさまざまである。第2段階は、アイデアのスクリーニングである。優れたアイデアを適切な判断基準に基づいて選別し、不必要なアイデアを取り除く段階である。第3段階は、製品コンセプトの開発とそのテストである。スクリーニングによって絞られたアイデアを、標的市場のニーズに適合させるべく、製品コンセプトを練り上げていく。第4段階は、事業収益性の検討である。製品コンセプトに基づくマーケティング計画を想定し、売上、コスト、利益計画、予想シェアなどを検討する。第5段階は、試作品開発である。製品化するための技術的・生産工程的検討がおこなわれ、製品の機能性や安全性を満たす試作品がつくられる。第6段階は、テスト・マーケティングである。現実の市場条件を設定して、価格、流通チャネル、プロモーション方法などのテストがおこなわれる。第7段階は、商品化である。適切なマーケティング計画に基づいて開発された製品が市場導入される。

2）製品の廃棄と計画的陳腐化

　多くの製品は、時間の経過とともに売上や利益が減少する衰退期を迎える。自社製品がこの時期に来ると、当該事業からの撤退あるいは当該製品の廃棄という決断が迫られる。製品の廃棄については、時間的な経過により自然的に発生する場合のほかに、企業が意図的に廃棄に導くこともある。これを製品の**計画的陳腐化**という。

　計画的陳腐化は、企業が製品ライフサイクルを恣意的に管理することによ

り、買い替え需要を喚起する目的で実施される。計画的陳腐化には、構造的陳腐化、機能的陳腐化、心理的陳腐化の 3 つの形態がある。構造的陳腐化とは、原材料や生産工程を操作することにより製品寿命を人為的に短縮化させることである。機能的陳腐化とは、軽微な変更を施した新製品を出すことによっていまだ使用可能な旧製品の買い替えを促すことである。心理的陳腐化とは、カラー、デザイン、パッケージなど製品の表面的な外観イメージを変更することで、旧製品を古く感じさせることによってなされることである。

　また、これらとあわせて、交換部品在庫や提供サービスを早期に打ち切ったり、現行モデルの維持コストを割高に設定したり、後継製品への切り替えを促進する大々的なプロモーションを実施するなど、計画的陳腐化を促進・補完するようなさまざまな施策がおこなわれる。

④　ブランド戦略

1）ブランド戦略の意義と体系

　ブランドは、現代の消費者にとって商品選択の際の重要な役割を担っている。市場で販売されるほぼすべての製品に特定のブランドが付与されており、消費者もブランドによって製品を識別している。AMA（American Marketing Association, アメリカマーケティング協会）の定義によれば、ブランドとは「ある売り手の財やサービスを、他の売り手のそれと異なるものと識別するための名前、用語、デザイン、シンボル及びその他の特徴」を指す。つまり、高級ブランド品だけがブランドではなく、他と区別する目的で付与されたものはすべてブランドである。ブランドが消費者に与える影響はきわめて大きいため、多くの企業がブランド戦略を重要視している。

　企業はブランド構築に当たり、企業ブランド、ファミリーブランド、個別製品ブランドを体系的に配置している。例えば、SONY では企業ブランドとして「SONY」を用い、下位のファミリーブランドとして、「VAIO」や「ハンディカム」などを用い、さらに下位の個別製品ブランドとして「ノートブックの個別ブランド（型番）」や「ハンディカムの個別ブランド（型番）」といったように階層的なブランド体系を有している。このような階層的なブラン

ドをいかに管理していくかについてもブランドを構築するうえで重要となる。

2）ブランドと消費者

　企業は自社ブランドを付した製品を広く消費者に知らしめるために、多様なマーケティングツールを用いてブランドの認知活動を積極的に推し進めることになる。その結果、消費者のなかには特定のブランドへの愛着や忠誠度を高める場合がある。その度合いは、①ブランド認知、②ブランド選好、③ブランド固執という段階を経て、次第に高まっていくことになる。

　ブランド認知とは、消費者がブランドをみたり聞いたり触ったりすることによって、その存在を認識している段階のことを指す。この段階では、さしあたり消費者の知らない競合ブランドとの比較において競争を有利に進めることができる。**ブランド選好**とは、消費者が特定のブランドに対して好意をもち、多くの場合、競合ブランドとの比較はするが好意をもつブランドを優先的に購買する段階を指す。**ブランド固執**とは、購買に当たって競合ブランドには見向きもせず、当該ブランドのみを買い求める最もブランドへの忠誠度合いが高い段階を指す。この段階の消費者は購買すべきブランドを確定させており、その製品を買い求めるために店舗を訪れたり、遠方まで出かけて行ったり、時にプレミアムを支払ってでも購買しようとする。

　このように、自社ブランドに忠実な顧客をつくりだすこと、すなわち**ブランドロイヤルティ**（brand loyalty）を高めることは企業経営上の重要課題の1つとなっている。

【引用文献】
Kotler, P. & Armstrong, G. (1997) *Marketing: An Introduction*, 4th ed., Prentice-Hall.（恩藏直人監修）(1999)『コトラーのマーケティング入門（第4版）』ピアソン・エデュケーション

1）　1つの企業を取り上げて、その企業の製品ラインの「広さ」と「深さ」を調べてみよう。
2）　計画的陳腐化がもたらす企業、消費者、社会、環境への影響について考えてみよう。

課　題

第 ⑲ 章

チャネル戦略

① チャネル戦略とは

1) 流通チャネルとマーケティングチャネル

製品戦略によって売れるであろう製品が開発され、後述する価格戦略によって消費者にとって適切な価格をつけたとしても、これらの製品を適切な場所を通じて販売しなければ、消費者はその製品の購入には至らないであろう。**チャネル戦略**は、メーカーが自社製品をどのような流通経路で販売するのが最も合理的で効率的かを計画・実行・管理するマーケティング戦略である。

マーケティングにおいて用いられる**チャネル**（channel）という用語は、「運河」を意味する「カナル（canal）」を語源とし、製品がメーカーから消費者に届けられるまでの「経路」を意味し、具体的には流通の各段階にある卸売業者や小売業者を指す。

それでは、流通チャネルとマーケティングチャネルとはそれぞれどのような意味で捉えればよいのだろうか。**流通チャネル**とは、メーカーが製造した製品が消費者に至るまでにどのような流通過程を経ているかという、いわば社会的な製品の経路を表す概念である。一方、**マーケティングチャネル**とは、メーカーが製造した製品を自社が標的と定めた消費者に向けてどのような流通過程を経て販売していくかという、メーカーの戦略的意図に基づいて選択される流通経路を表す概念である。

2) マーケティングチャネルの役割

製品はメーカーが設定したマーケティングチャネルを通じて消費者のもとへと流通していく。マーケティングチャネルには多様な形態で流通業者が介在し、メーカーと結びつくチャネル関係が形成されている。こうしたマーケ

ティングチャネルを構成する流通業者を**チャネルメンバー**という。マーケティングチャネルは次の機能と役割を果たしている。

①　所有権移転　　消費者に所有権の移転がスムーズにおこなわれるよう1つ以上の経路で構築される。

②　情報収集　　チャネルメンバーである卸売業者からどのような小売業態で売れ行きが高いかを知るために販売データを入手し、小売業者からは消費者動向などの新製品開発に役立つ情報収集をおこなっている。

③　情報提供　　チャネルメンバーである小売業者に、メーカーが作成したポスターやステッカー、POP などを提供して店頭で消費者を引きつけたり、メーカーの従業員が店頭での販売支援をおこなうことで、メーカーの情報を消費者に直接伝えたりしている。

④　物流　　流通チャネルは所有権の移転経路であるとともに製品自体の移転経路でもある。メーカーに代わって流通業者が製品在庫として保管する場合もある。

⑤　決済　　全国の小売商店で製品が販売されている場合、メーカーが各店の代金回収をおこなうのは困難であるため、チャネルメンバーである卸売業者がメーカーに代わってこの役割を果たす。これにより、代金回収を遅滞なくおこなうことが可能となる。

⑥　リスク負担　　チャネル業務の遂行に関連して生じる在庫切れのようなリスクを軽減することができる。

❷　メーカーのチャネル戦略

メーカーが自社製品のマーケティングチャネルを構築する際、考慮すべき事項にマーケティングチャネルの「長さ」と「広さ」の2つの選択基準がある。

「長さ」を表す基準は**長短基準**とよばれ、マーケティングチャネルのなかに流通業者をどのくらい介在させるかを考慮するものである。第3章でみたように、複数の流通業者をマーケティングチャネル内に介在させることでチャネルの段階数を増やすか（長いチャネル：間接流通）、あるいは、メーカーの

製品を自社ウェブサイトを通じて消費者に直接販売するように流通業者を一切介在させないか（短いチャネル：直接流通）を基準として考慮するものである。すなわち、チャネルメンバーが増えるほどマーケティングチャネルは長くなる。

　次に、「広さ」を表す基準は**広狭基準**とよばれ、製品を販売する流通業者を制限せず多くの流通業者に再販売を委ねるか（広いチャネル）、一定の制限をかけて流通業者を選択するか（狭いチャネル）を基準として考慮するものである。広狭基準に基づく、代表的なチャネル戦略には次のようなものがある。

1）開放的チャネル

　開放的チャネルとは、メーカーが自社製品の取扱いを可能な限り多くの流通業者に開放する方法である。食料品や日用品、日用医薬品などの単価が低く、消費者の購買頻度の高い最寄品を扱うメーカーで採用される場合が多い。最寄品（第1章参照）は、消費者に製品の品質や内容が熟知されている場合が多く、販売に際して詳細な説明を必要としない。消費者は必要な時に即座に入手可能かどうかを重視するため、近隣の小売店で販売されていることが重要となる。数多くの小売業者が取り扱うことになるため、それに応じて相当数の卸売業者を活用することにもなる。

　開放的チャネルは、メーカーにとって市場範囲の拡大や流通コストの低下が望めるというメリットがあるが、チャネルメンバーの多さからチャネルのコントロールが困難になるといったデメリットもある。

2）選択的チャネル

　選択的チャネルとは、メーカーが自社製品の取扱いを認める流通業者をある程度制限する方法である。化粧品やファッション性の高いアパレル製品、家電製品などの買回品などを中心とするメーカーで採用される場合が多い。

　買回品（第1章参照）は、店頭における販売員の商品説明が売上を大きく左右するため、流通業者がメーカーの意向を汲み取って販売する場合が多いからである。こうした自社製品の販売に協力的な流通業者と取引をおこなうことでより効率的なチャネル形成を可能にするとともに、チャネルのコントロール力を強化することも可能となる。他方、販路が制約されるため市場範囲が

狭くなり、また、チャネルを完全にはコントロールできないため競合企業との競争に陥る可能性もある。

3）排他的チャネル

排他的チャネルとは、メーカーが自社製品の取扱いを特定の流通業者に限定し、特定地域での排他的な販売権を付与する方法である。例えば高級専門店や有名高級ブランドなどが該当する。排他的チャネルは、選択的チャネルの一形態とみることもでき、流通業者に対して特定地域における排他的な販売権を付与する見返りとして、競合企業の製品の取扱いを制限する場合がある。また、メーカーと流通業者との間に販売会社のような緊密な人事的関係や資本的関係が形成される場合も少なくない。

排他的チャネルは、メーカーにとってチャネルのコントロール力が強く、彼らの意向を強く反映させたチャネル管理が可能となる。ただし、チャネルの管理コストが高くなると同時に、流通経路が限られるため消費者の目に留まりにくい点や、海外ブランドなどの場合にはディスカウントストアなどが並行輸入して販売することもあり、小売商店を完全にはコントロールし切れないという問題もある。

3　チャネル行動と組織

1）チャネル行動

マーケティングチャネルの構築において、メーカーはチャネルメンバーの複雑に絡みあう利害を調整しなければならない。理想的なマーケティングチャネルとは、チャネルメンバーが相互に協調的な行動を取ることによって、チャネル内のすべての企業がスムーズに業務を遂行できる環境をつくることである。そのために、チャネルメンバーは自身に与えられた役割を理解して受け入れ、個々の目標や活動を調整し、チャネル全体の目標達成に協力することが重要となる。

しかし、本来的にチャネルメンバーは個々に独立した個人や企業、組織ゆえに、個々の目標をなげうってチャネル全体の利益に協力するものばかりではなく、目先の利益に捉われて機会主義的行動を取る企業も少なくない。チ

ャネルメンバー間の目標の不一致や役割と権限の不明確さなどが原因となって、**チャネルコンフリクト**が生じることもある。

　チャネルコンフリクトには次のような形態がある。第1に、垂直的チャネルコンフリクトとよばれる、同じチャネル内の異なる段階にある企業間で起こるもので、例えば、メーカーと販売会社の関係で、価格や販売促進の方法などをめぐって起こる対立である。第2に、水平的チャネルコンフリクトとよばれる、チャネルの同じ段階にある企業間で起こるもので、例えば、フランチャイズ店のA店とB店との関係で、同一販売地域にある両店のうちB店の問題行動がフランチャイズ店全体のイメージを損ない、A店にもネガティブな影響を与えることによる店舗間の対立である。

2) チャネル管理

　マーケティングチャネルを構築するためには、チャネルメンバーの行動をある程度制御可能な状態にする必要がある。個々の流通業者の行動に影響を与える能力を**チャネルパワー**とよび、メーカーはさまざまなタイプのパワーを行使して制御可能な状態をつくり、チャネルメンバーの協力を引き出そうとする。

　①　強制パワー　　流通業者がメーカーに対して非協力的な場合、出荷制限や取引停止などの脅威を与えて協力を引き出そうとするパワーである。強制パワーは、ひとたび行使してしまうと一時的には有効に作用するが、流通業者からの反発は避けられない。

　②　報酬パワー　　流通業者がメーカーから与えられた目標の達成や特定の機能を果たした場合に、リベートなどのかたちで報酬を与え、流通業者からの協力を引き出そうとするパワーである。近年、流通業者はリベート欲しさに大量に製品を仕入れて、それを売りさばくための行き過ぎた安売り競争が激化し、広い範囲での流通業者の利益が減少するという事態が起こっていることから、リベートを廃止するメーカーもある。

　③　正当性パワー　　流通業者にメーカーの要望に沿うような行動を求める場合に行使されるパワーである。メーカーが流通業者に対して取引契約書に基づいた正当な行動を求めるものである。

④　専門性パワー　メーカーが流通業者よりも専門的な知識をもっている場合に発揮されるパワーである。流通業者が専門的知識を身につけてしまえばこのパワーの効力は低下する。協力を引き出したいとすれば、メーカーは常に新しい専門知識を開発していく必要がある。

⑤　関係性パワー　メーカーが流通業者から尊敬され、流通業者がメーカーとの関係に誇りを抱いている場合に発生するパワーである。長年続けられてきた取引関係や特定メーカーの製品に強いこだわりがある流通業者に対して効果的に発揮される。

3)　垂直的マーケティングシステム

もともと流通チャネルは、独立する個人や企業、組織による流通過程上の連携であって、チャネル全体の効率性や合理性よりも自社の利益を追求して行動することを前提とした緩やかな集合体であった。これを伝統的流通チャネルといい、こうしたチャネルではリーダーシップを欠いていたため、チャネル内ではメンバー間のコンフリクトの発生により機能遂行に影響を及ぼすこともしばしばあった。

しかし、近年、メーカーのチャネル戦略の強化や深化により、強力なチャネルリーダーシップを発揮するマーケティングチャネルの構築が散見されるようになった。それが、**VMS**（Vertical Marketing System, 垂直的マーケティングシステム）あるいは流通系列化とよばれるマーケティングチャネルである（図表19-1）。これは、チャネル内のメーカー、卸売業者、小売業者が特定の企業または組織のリーダーシップにより統合されたマーケティングチャネルで、チャネルメンバーの結びつきの程度によって3つの形態に分類される。

①　企業型 VMS　1つの企業資本のもとで、メーカー、卸売業者、小売業者に至る流通過程が結合されたシステムである。資本的に結合関係の強い自社グループ、あるいは関係企業間でチャネルメンバーが構成されるため、各流通段階のコントロール力は強く、チャネルリーダーの意向を反映させやすいが、膨大な管理コストを必要とする。自動車や化粧品、家電メーカーがおこなってきた流通系列化、ユニクロや H＆M に代表されるアパレルの SPA（第8章参照）や家具専門店の IKEA などの製造小売業とよばれる業態

図表 19-1　伝統的チャネル（左）と垂直的マーケティングシステム（右）の比較

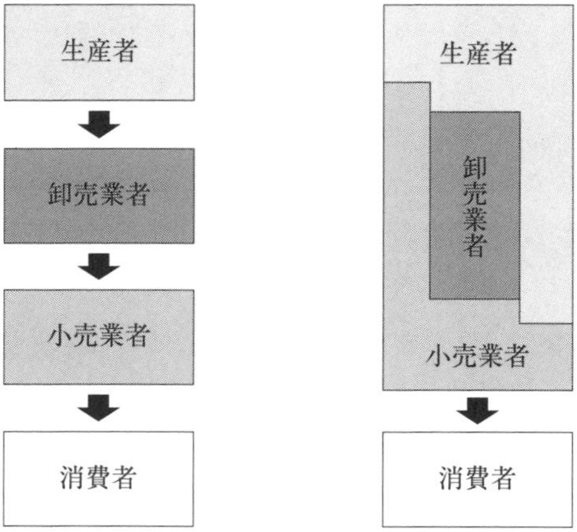

出所：Kotler, P. & Armstrong, G.（2001）*Principles of Marketing*, 9th ed., Prentice-Hall.（和田充夫監訳）（2003）『マーケティング原理（第 9 版）』ダイヤモンド社、p.519。

が典型である。

　②　契約型 VMS　　資本的に独立したメーカー、卸売業者、小売業者が単独ではなしえない経済効率性や販売効果を求めて契約に基づいて結合されたシステムである。フランチャイズチェーンやボランタリーチェーン（第 15 章参照）などが挙げられる。契約が破棄されればチャネルメンバーからは外される。

　③　管理型 VMS　　資本的に結びつかず契約にもよらないで、メーカー、卸売業者、小売業者が信頼に基づく協力関係によって結合されたシステムである。有力企業がチャネルリーダーとなってチャネルメンバーを管理する。VMS のなかでは最も緩やかなマーケティングチャネルである。アスクルとアスクルエージェントとよばれる文房具店との関係がこれに当たる。

❹　これからのマーケティングチャネル戦略

　従来のマーケティングチャネル戦略は、流通系列化を典型とした強力なリーダーシップをもつ有力メーカーが主導的にチャネルメンバーの管理・統制を

することを目的としてチャネル構築が進められてきた。しかし、今日のように生産量が消費量を大きく上回る状況下では、メーカーの主導的立場は薄れ、消費者に最も近い位置にあって消費動向を熟知している小売業者がチャネル内の主導的立場となるような場面も増えている。大手スーパーマーケットのPB製造に有力メーカーをはじめとする各社が名乗りを挙げるなどはその代表的な例である（第1章・第16章参照）。

　他方、メーカーと流通業者が業務提携を結び、製品の販売情報を共有したり、新製品を共同開発したりする協調的な**パートナーシップ**が注目を集めている。メーカーとメーカー、流通業者と流通業者といった水平的なものや、メーカーと流通業者といった垂直的なものなど、協調的な関係に基づく戦略的提携あるいは製販同盟が広がりつつある。国際的な競争が激しさを増し、さらに、変化の激しい消費者ニーズへ対応していくためには、新たな枠組みでのマーケティングチャネルが模索される必要がある。

1）メーカーはなぜマーケティングチャネルをつくる必要があるのかについて考えてみよう。
2）ある製品を1つ取り上げて、その製品のマーケティングチャネルがどのように構築されているか、長短基準と広狭基準で説明してみよう。

　　　　　　　　　　　　　　　　　　　　　　　　　課　題

第 ⑳ 章

価格戦略・プロモーション戦略

1 価 格 戦 略

1) 価格戦略とは何か

　価格の決定については、経済学的な視点と経営管理的な視点がある。前者は、価格は需要と供給との関係によって決定され、ある商品への需要が大きく供給量が少なければ価格は上がり、需要が小さく供給量が多ければ価格は下がるという視点で、価格は人為的ではなく、いわゆる「神の見えざる手」により需給関係のなかで自然と決定されるとするマクロ的な見方である。

　他方、後者は、製品がどの程度のコストで生産され、競争企業に打ち勝つための価格はどの程度か、消費者に適切と判断される価格はどの程度かについて考えたうえで、価格は個別企業の立場から能動的に設定されるとする、いわゆる「見える手」により価格を決定するミクロ的な見方である。マーケティングにおける価格戦略は後者の視点である。

　価格戦略は各企業の収益性に多大な影響を及ぼすものの1つであり、マーケティング上の重要な意思決定にかかわるものである。

2) 価格設定の方法

　企業は価格設定をおこなうに当たり、予測販売量やコスト、競合商品の価格、消費者の動向などに基づいて、各企業のマーケティング戦略の枠組みのなかで適切な判断により決定される。価格設定の目標には、①利益の最大化、②目標利益率の達成、③市場シェアの獲得、④安定価格、⑤競争対応、⑥需要対応などが挙げられる。すべての製品ライン（第18章参照）に共通の目標が設定される場合や製品ラインごとに異なる目標が設定される場合もある。

　価格設定には3つの考え方がある。①コストに基づく価格設定、②需要に

基づく価格設定、③競争に基づく価格設定である。順にみていこう。

(1)　コストに基づく価格設定　　製品の製造や流通にかかるコストに基づく価格設定で、製造原価をベースとする**コストプラス法**や、費用と売上が同額になる損益分岐点を算出して目標利益をベースとする**損益分岐点型設定法**などがある。前者は、製造原価に一定率の利益を加算して販売価格を決定する方法で、事前に利益分を確保できるため、売上量が伸びれば一定の利益を確保することが可能となる。後者は、損益分岐点を基準にして、売上高がそれ以上となり利益が生じるような価格水準を決定する方法である。

(2)　需要に基づく価格設定　　消費者需要を考慮した価格設定では、消費者にとっての価値が価格設定の基準となる。消費者にとっての価値と価格の関係を考える場合、需要の**価格弾力性**が重要な概念である。価格弾力性とは、製品やサービスの価格変動によって需要や供給が変化する度合いを示すもので、価格の変化に対する需要の変化が大きければ価格弾力性が高く、小さければ価格弾力性が低いことになる。一般に、生活必需品は価格弾力性が低く、代替製品が数多く存在するような商品分野では価格弾力性が高くなる。

(3)　競争に基づく価格設定　　すでに市場で販売されている同種の製品やサービスの実勢価格に基づいておこなわれる価格設定方法である。業界のトップ企業がプライスリーダーの役割を果たし、下位企業がその価格設定を模倣・追随する場合に、この価格設定がおこなわれやすい。差別化された製品であれば、実勢価格から離れた価格設定が可能となるが、同質的な製品の場合、実勢価格と同程度の設定でなければすぐに価格競争に巻き込まれることになる。

3) 新製品の価格戦略

(1)　上層吸収価格戦略　　新製品の市場導入期に、特異な技術や機能あるいはブランド力をもつ製品を高所得者層に限定し、当初から価格を高めに設定して販売する価格戦略である。早い段階で開発コストを回収し、他社が追従して競争上の優位性が薄れ始めると、次第に価格を下方修正することで製品寿命を延ばしていく。

(2)　市場浸透価格戦略　　市場シェアの獲得や認知度を高める目的のた

めに、導入当初から低価格を設定することにより、短期間のうちに急速に市場を広げようとする価格戦略である。ある製品カテゴリーにおいて市場価格が高位に設定され、消費者がその価格に対して不満をもっている場合、この価格戦略はきわめて有効に作用する。

4）卸売価格戦略

メーカーや卸売業者が、他の卸売業者または小売業者との取引において用いる価格戦略で、マーケティングの一環としておこなう差別価格戦略である。

（1）　割引価格　　メーカーや卸売業者が取引条件に応じて一定額を割り引いて販売する場合がある。**現金割引**は、取引業者が現金で支払った場合に優遇して割り引く方法である。**数量割引**は、一定数量以上の注文に対して割り引く方法である。**業者割引**は、メーカーが特定の卸売業者や小売業者、あるいは卸売業者が特定の小売業者に対して、それ以外の取引業者との割引率に差を設けて販売する方法で、取引業者にインセンティブを与える目的で利用される。

（2）　リベート　　一定期間の取引額に基づいて、取引代金の一定割合を流通業者に対して払い戻す割戻金や分戻金とよばれるものである。リベートは企業や業界によってよばれ方は異なるが、主に次のようなものである。①基本リベート、②決済リベート、③目標達成リベート、④販売促進リベート、⑤定率リベート、⑥累進リベート、⑦定額リベートなどである。

リベートの目的は取引業者に対する継続的な販売促進であるが、その運用をめぐっては不透明性が指摘されている。

（3）　アローワンス　　自社製品のブランドイメージの向上、販売促進を目的として、メーカーが卸売業者や小売業者に支払う協賛金のことをいう。アローワンスは自社製品の販売促進に協力する取引先に対して明確な基準によって支払われるものである。例えば、店頭の目立つ場所での販売や効果的な陳列方法に協力した場合に支払われる陳列アローワンス、POPによる商品広告やメーカーが指定するポスターの店内掲載などに対して支払われる広告アローワンスなどがある。

5)　小売業の価格戦略

小売業が消費者心理を考慮しておこなう価格戦略である。

（1）　**端数価格**　98円や2万9800円のように、実質的にはわずかな価格差も一見すると安価な印象を与える端数で価格設定することにより、消費者の心理的な効果を見込むものである。

（2）　**慣習価格**　消費者が購入しやすい価格を設定し、内容量もその価格にあわせて販売する価格戦略である。心理的にその価格が記憶され固定化されることで、その価格を当然のものとして受け入れさせるものである。

（3）　**段階価格**　多様な商品を高級品、中級品、普及品というように品質や品格によって区分し、消費者の商品選択や購入の意思決定を促す価格戦略である。

（4）　**名声価格**　高価格を設定することにより、高品質であることを連想させる価格戦略である。高級ブランド品で用いられ、消費者の「価格が高いものは品質もよい」、「高価なものをもつことはステータス」といった心理的な効果をねらっている。

（5）　**均一価格**　100円ショップのように、ほぼすべての商品を同一価格に設定する価格戦略である。消費者にとっては安心して商品選択ができるというメリットを提供し、企業にとっては商品ごとに利幅はさまざまであるが、商品全体で必要な利益が獲得できるように工夫している。

6)　新しい価格戦略

（1）　**ダイナミックプライシング**　商品やサービスの価格を販売動向に応じて随時変動させる価格戦略のことをいう。特定の時期に需要が集中するホテル業界や航空業界などで先進的に実施されてきたが、近年、テーマパークやライブチケットなどのサービス分野で導入が相次ぐとともに、家電量販店や食品スーパーなどの小売店でも導入され始めている。

（2）　**サブスクリプションモデル**　一定期間の使用に対して定額を徴収する価格戦略のことをいう。消費者行動の「所有」から「利用」への変化がサブスクリプションモデルの普及を加速させており、多様な商品・サービス分野で導入が進んでいる。

2　プロモーション戦略

1）プロモーションとは何か

　企業が消費者ニーズを反映した優れた製品やサービスを提供できたとして
も、それを使用することによる利点や必要とする情報が消費者に適切に伝わ
らなければ、最終的な購買行動へと結びつけることはできない。企業は消費
者に対して販売するうえで必要とされるさまざまな刺激策を講じて働きかけ
る。こうした諸活動を**プロモーション**（販売促進）**活動**という。

　プロモーションの役割は、より多くの需要を喚起して販売を促進すること
であり、人的販売、広告宣伝活動、広報（PR）活動、セールスプロモーショ
ンなどが用いられる。

　プロモーションの実施に当たっては、より大きな効果がもたらされるよう、
それぞれの活動を調整し最適なプロモーションの組み合わせ、すなわち**プロ
モーションミックス**を模索しなければならない。

2）プロモーションミックス

　プロモーションミックスは消費者の製品理解や製品イメージを高めて購買
に結びつけるために、プロモーションの体系（図表20-1）に基づき効果的に
組み合わせて策定する。

　人的販売とは、販売活動を担当する営業担当者または販売員が顧客や消費
者と直接接触し、日常的な会話や製品情報の伝達などを通じてコミュニケー
ションを取りながら、購買への説得を促す諸活動である。人的販売の目的は、

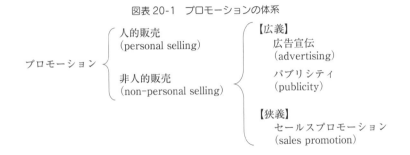

図表 20-1　プロモーションの体系

顧客に対して商品の情報を提供し、製品を有効に活用するための支援をおこないながらコミュニケーションを図り、顧客から競合製品に関する情報や自社製品への不満・要望などを引き出す。また、消費者に対しては、自社製品に対する評価や要望などを引き出すことで、さまざまな情報を自社にフィードバックすることが重要な目的となる。人的販売は積極的に相手に働きかけるという意味でプッシュ戦略という。

　非人的販売とは、人を介さないプロモーション活動で、広義では**広告宣伝**や**パブリシティ**を表している。これらは、消費者に対して新聞やテレビ、インターネットなどの各種媒体を通じてメッセージを伝え、製品への需要を喚起する活動である。広告宣伝は広告主が有償でおこなうのに対して、パブリシティは、テレビ番組や新聞記事などに取り上げられるかたちで広告宣伝されるため無償でおこなわれる。

　また、狭義では、**セールスプロモーション**とよばれる、消費者、流通業者、社内向けの3つの次元でおこなわれるプロモーションがある。消費者向けには、需要喚起策としての値引きクーポン、キャッシュバックなどの価格訴求型のものや、インストアイベントやサンプル配布、店頭POP、ポイントカードなど非価格訴求型のものなどがある。流通業者向けには、各種リベートやアローワンスの提供、キャンペーン時における店員派遣、陳列・販売方法の提案やPOP広告や陳列什器の提供といった**ディーラーヘルプス**とよばれる支援活動があり、自社製品の優先的推奨販売を期待しておこなわれる。社内向けには、セールスマニュアルの作成や販売ノルマの達成度に応じた報奨金制度など、営業担当者の販売意識を高めることや能力向上を目的としておこなわれる。非人的販売は多様な方法によりメーカーの意図に沿った行動変容を促すことからプル戦略とよばれる。

3）メディアミックス

　プロモーションをおこなうための広告媒体には、電波媒体としてテレビやラジオ、印刷媒体として新聞や雑誌、その他の広告媒体として屋外広告や交通広告、インターネット広告、ダイレクトメール（DM）などがある。また、これらの広告媒体は、到達範囲、到達速度、信頼性、保存性、反復性、セグ

メンテーション効果、地域性、広告表現への適合性、出稿時期の融通性、オーディエンス関与、クラッター（混雑度：周囲にほかの広告が多いか）（岸ほか 2017 p.263）など評価基準として多様な特性を有しており、媒体によっては重複するものも複数ある。

　広告媒体の選択に当たっては、絶対的な広告媒体が存在するわけではないため、広告の目的に応じた広告媒体の組み合わせ、すなわち**メディアミックス**が必要である。例えば、ある特定の年代の消費者層への製品の認知度を高めたい場合、到達範囲が広く、セグメンテーション効果があり、反復性のある広告媒体を用いることでその目的を達成することが可能となる。

　ただし、今1つの考慮すべき事項として費用対効果の問題がある。広告媒体が多様化し、マス媒体の消費者への広告到達度が以前より低くなってきたといわれる現代において、限られた広告予算のなかで効果的な消費者の反応を得るためには、適切なメディアミックスが不可欠である。広告目的をより限定したり、あるいは重複する特性をもつ広告媒体を選択したりするなど広告目的と広告予算とを勘案したうえで決定しなければならない。

4）広告効果の測定

　広告効果を測定することはきわめて難しい。それは単純に自社の広告が直接もたらした効果なのか、あるいは多様な要素が絡みあうなかでもたらされた相対的な効果なのかを判別しにくいからである。しかし、広告効果を測定し、その結果に基づいて次なるプロモーション戦略の実施計画を進めるPDCA サイクルを回していくためには重要なプロセスである。

　広告効果の分析には、①広告が販売額にどれだけ結びついたかを測定する方法と、②広告が消費者への到達度や心理過程にどのような影響を与えるかをみる方法がある。①では、広告投入量と販売額の関係を時系列的に観察しその効果をみる方法と、無作為に選んだ複数の地域に異なる量の広告を投入し、販売額との関係をみる実験的方法がある。②では、露出度や視聴率などにより広告の到達度を測定する方法と、消費者の意思決定プロセスへの影響をみる方法がある。消費者の意思決定プロセスの階層を仮定したものとして、**AIDMA モデル**（Attention〔注意〕→ Interest〔関心〕→ Desire〔欲求〕→ Memory〔記

憶〕→ Action〔行動〕）や **AIDA モデル**（Attention〔注意〕→ Interest〔関心〕→ Desire〔欲求〕→ Action〔行動〕）などが知られている。これらのどの段階で消費者は態度変容を示すのか、客観的にその影響を測定するものである。しかし、これらいずれの方法も、広告のみの影響を取り出すのは難しく、古くから議論の対象となっている。

5）広告代理店

広告代理店とは、広告主（広告を出したい新聞、雑誌、テレビ、ラジオ、インターネットなどのメディア）と広告掲載主（広告を掲載したいスポンサー）とを仲介する会社のことをいい、広告主や広告掲載主から広告制作を請け負い、広告主から広告スペースを安価で購入し、広告掲載主に販売することで、その一部をコミッション（手数料）として得ている企業である（コラム⑥参照）。

広告代理店は、あらゆるメディアに広告の販売を手掛ける総合広告代理店、新聞や交通広告などの特定メディアにのみ広告を手掛ける専門広告代理店、親会社のために広告を手掛けるハウスエージェンシーに分類される。

広告業界では広告主をいかに取り込むか、国内だけでなくグローバルな競争がおこなわれている。しかし、日本の広告業界では海外でおこなわれている代理店 1 社に対して各業種 1 社のみを手掛ける AE 制（アカウントエグゼクティブ制）が機能しておらず、電通がトヨタ、ホンダ、ダイハツを、博報堂が日産、マツダを手掛けるなど、競合他社の機密情報の漏洩リスクを抱え込むとともに、自由競争が進まないことによる国内市場の寡占化状態が国際競争力の発展機会を逸するのではとの見方もある（コラム①参照）。

【引用文献】
岸志津江・田中洋・嶋村和恵（2017）『現代広告論（第 3 版）』有斐閣

1）サブスクリプションモデルを採用しているサービスを 3 つ挙げてみよう。
2）3 つの異なる業界を選び、その業界内の企業を 1 つずつ取り上げて、広告宣伝費支出額（割合）の違いとその理由について話しあってみよう。

課　題

コラム⑤　マクロ・マーケティング

　本書もまた例に漏れず、「流通」のテキストにおいて「マーケティング」は、必ずといってよいほど取り上げられる。しかし、なぜだろうか。そもそも流通とマーケティングは何が違うのだろうか。

　こうした問題に答えるためには、「マーケティング」という言葉が使われるようになった理由を知る必要がある。マーケティング論を構築した三巨星の1人に挙げられるL・D・H・ウェルドは、農産物が産地から卸売業者と小売業者を経て消費者に渡るまでの過程、すなわち今日いうところの「流通（distribution）」を「マーケティング（marketing）」と記述した。ウェルドが"distribution"を用いなかったのは、それに「分配」の意味があり、「流通」が「分配」の意味で読まれてしまうのを避けるためであった。つまり、「流通」の意味を明確にするために「マーケティング」が用いられたのであり、ウェルドにとってマーケティングの意味は、流通だったのである（Weld, L. D. H. (1916) *The Marketing of Farm Products*, Macmillan Company, pp.3-4）。

　ウェルドの意味でのマーケティング論は、三巨星の残り2人であるA・W・ショーとR・S・バトラーの「企業的マーケティング論」に対し、「社会経済的マーケティング論」とよばれており、第2次世界大戦前のマーケティング研究において主流を占めていた。しかし、企業が大規模化し、流通に対するその影響力が強まるにつれ、本書第5部もそうであったように、「マーケティング」といえば、それは、個別企業の対市場活動を意味する言葉となった。

　そうした企業のマーケティングは、消費のあり方の画一化や地球環境破壊といった社会問題と直接的に関係している。そうであれば、社会経済システム全体におけるマーケティングの総合的成果についての研究がおこなわれなければならない。そして、この要請に応えるために登場した理論枠組みこそマクロ・マーケティングにほかならない。すなわち、マクロ・マーケティングとは、(1)マーケティングの社会に対する影響とその結果、(2) 社会のマーケティングに対する影響とその結果、(3) 集合レベルにおけるマーケティングシステムを考察するための理論枠組みなのである（Fisk, G. (1982) "Editor's Working Definition of Macromarketing," *Journal of Macromarketing*, Vol.2, No.1, p.3）。

　マクロ・マーケティングのテキストを逸早く著したR・モイヤーは、その「日本版への序」において、人々の関心が経済成長に向かうにつれ、マーケティングが引き起こす社会的諸問題は隠蔽されてしまうのであり、その脱却のためにマクロ・マーケティングがあると記している（Moyer, R. (1972) *Macro Marketing: A Social Perspective*, John Wiley & Sons. （三上富三郎監訳）(1973)『マーケティングと社会』東京教学社, p.5）。秀逸を極めた指摘である。社会を考えずにマーケティングを語ることはできなくなっていることを知らねばらない。

第 **6** 部

流通政策の体系

　流通政策とは流通にかかわる公共政策のことをいう。公共政策は国や地方自治体等が設定する方針あるいはルールであるということができるが、流通分野においてなぜそのようなルールが必要とされたのであろうか。

　このような視点を出発点として、第6部では日本の流通政策の考え方とその全体像について解説していく。まず、流通政策の考え方、流通政策の目的と必要性を解説し、その主軸をなす競争政策について解説する。競争政策では、流通活動に特に関連が深い不公正な取引問題について詳しく解説する。そのうえで、小売業にかかわる競争政策の例外的な制度といえる再販売価格維持制度、その一部の内容をより具体的に規定してきた景品表示法の考え方と運用について解説していく。

　また、競争政策とそれを補完する振興政策と調整政策によって構成されてきた日本の小売商業政策のうちの振興政策について、その変遷をたどりながら解説していく。

第 ㉑ 章

流通政策の目的と体系

① 流通政策の目的

1) 流通政策とは何か

流通政策という言葉は、「流通」と「**政策**」の2つの用語の組み合わせでできている。「政策」とは、ある対象に対して望ましい状態を遂行・実現するための理念や指針・方策の体系を意味する（渡辺 2011 p.21）。その働きかけをおこなう主体が企業などの個別の事業者である場合に、その政策は「マネジメント」あるいは「マーケティング」などとよばれる。ただ、一般的に「政策」という場合、その主体が公のもの、すなわち国や地方自治体による**公共政策**を意味する。したがって、ひらたくいえば「政策」とは、何らかの対象に対する国や都道府県あるいは市区町村など公共部門が設定した方策やルールということである。

では、「ある対象」とか「何らかの対象」とは何か。これがまさに、「○○政策」の○○に入る部分である。経済全体を対象とする公共政策が**経済政策**とよばれ、文化や教育に対する政策が文教政策とよばれるように、政策はその対象によって社会政策、外交政策、農業政策、都市政策などといったかたちでよばれる。ということは、流通政策とは流通に対する望ましい状態を実現するための公共政策のこと、ひらたくいえば流通にかかわる方策やルールのことをいうのである。

ここで注意すべきは、「望ましい状態」とは、何にとって誰にとって望ましい状態なのかという点である。それは、直接的にはその国や地方自治体にとってであり、そこに暮らす人々にとってということである。さらに、未来を見据えたものであったとしてもそれは「その政策が必要とされた時代にお

いて」という条件もつく。すなわち、政策は相対的なものであって、絶対的なものではないということである。したがって、同一の主体であっても、目指す望ましい状態が変われば政策の内容や手法は変わる。また、ある国の政策は別の国にとっては必要とされないものかもしれないし、また他の国にとっては障害となることもありうるのである。そのため、政策をめぐって国や地方自治体の間で利害あるいは考え方が対立することがある。

2）流通政策が必要とされる理由

　政策が必要とされるのは問題があるからである。前提とする望ましい状態を目指すうえでの問題が可能性も含めて生じなければ、それに対応する政策は必要とされないのである。実際には、それぞれの国や地域あるいは時代によって内容に違いはあるものの、公共政策はどこの国のどこの時代でも何らかのかたちで存在してきた。ということはそこで設定された政策を必要とした問題があったということである。政策はそれを必要とした問題とセットで検討されるものなのである。

　では、競争を前提とした資本主義経済の社会にあって、なぜ経済活動としての流通活動にかかわる規制やルールが必要とされるのか。それは、市場は失敗する可能性があり、市場メカニズムは完全なかたちで機能することが現実としては不可能だからである。特定の大規模事業者が独占的な市場支配力を背景に独占的な価格形成をしたり、不公正な取引をおこなったりすることがありうる。あるいは、情報を独占することもありうる。その結果として、消費者に不利益が生じることもある。そのため、公正な市場環境を維持したり中小零細な事業者を保護したりする**公的な介入**としての流通政策が必要とされるのである。

　流通活動は経済活動の一部であるから、基本的には流通政策は経済政策の1部門である。流通固有のあるいは流通分野において強くその問題性が現れる事柄に対する経済政策として流通政策は必要とされるのである。

　ただ、現実の社会で生じる問題は複雑で多面的であるため、問題解決のためにより広範な政策を求めることもある。また、場合によっては複合的な新しい政策を必要とすることもある。例えば、近年の人口減少や少子高齢化の

進行に伴う商店街の衰退の問題（第12章参照）および買い物弱者（第28章参照）の問題やフードデザートの問題、あるいはまちづくりにかかわる問題（第26章・第27章参照）などは、流通政策のみならず中小企業政策や都市政策あるいは環境政策や社会政策そして文教政策などといった多様な政策を要求する問題である。

　このような問題に対して、「流通」を切り口にそれぞれの政策との有機的なつながりを探りながら望ましい状態を実現していこうという政策として流通政策が設定される時、それは経済に限定された公共政策の枠組みのなかだけでは説明できないものとなる。そこに流通政策の1つの重要性が確認できるのである。

3) 流通政策の学び方

　ここでは流通政策の学び方について、いくつかのポイントを提示しておこう。

　まず1つめのポイントは、先に示したように**問題があるから政策は必要とされる**のであるから、流通政策を学ぶにはまず**流通をめぐる問題について理解する**ことが必要である、ということである。それは、具体的な政策について、それが設定された背景と経緯すなわち理由を知るということでもある。そのうえで、それに対応した法律やその運用あるいはその効果等について検討していくという視点が重要となる。

　2つめのポイントは、それぞれの**法律の趣旨を正確に理解する**ことが重要である、ということである。それには、法律の場合には法文でその目的を確認することが有効である。例えば、大店立地法（「大規模小売店舗立地法」）は名称だけからの印象では大規模小売店舗の立地そのものを規制する法律のように思えるが、その第1条をみると、この法律は大規模小売店舗の出店を前提にその立地する周辺の生活環境の保持のためにその施設の配置と運営方法に関して配慮を求める法律であることが分かる。また、指針や通達等の場合にも、その意味や目的を十分に理解することが必要である。このように、まず法律等の本来の趣旨を正しく理解することが、政策の有効性を評価する際にきわめて重要となる。法律の趣旨を知る方法としては、法律の正式名称を調べることも有効である。わが国の法律の多くは、その正式名称からその趣旨

を知ることができる場合が多いからである。

　3つめのポイントは、**経済・社会活動の視点で政策を理解する**ことが必要である、ということである。具体的に政策をみていくなかでは、法律やそれを含む各種の規制・制度をみていくことが必要になるが、その際に法律の解釈にのみ固執するのではなく、そのような規制や制度が経済や社会のなかでどのような意味をもち、どのような影響をもたらすのかといった視点を常にもつことが重要である。

　4つめのポイントは、流通政策に関連する各種の法律や制度それぞれを個別のものとして理解するのではなく、**政策の関係性のなかで理解する**、すなわち体系で理解することが重要、ということである。それは、個別の法律・制度間あるいは政策間の関係を知ることで、政策全体が体系としてどのような意図でつくられているのかを理解することが重要だからである。

　その際、政策全体の流れをビジュアル的に捉えておくと理解に役立つであろう。図表 21-1 は、小売商業政策の体系を概略的に示したものである。このように各政策の関連性を図にしてみて、そこに関連する法律等を当てはめていくと理解しやすい。

　流通とりわけ小売業は私たちの生活に密着した存在であるため、それにかかわる政策は私たちにとって実は身近な存在である。また、流通活動は私たちの生活に直結した経済活動であるため、経済的な合理性という視点からだけでは説明できないことがたくさんある。そのため、それにかかわる政策は私たちの暮らし方を反映しているものであって、国や地域あるいは時代による違いを知ることで、そこで暮らす人々が目指す豊かさの違いを知る指標ともなりうるのである。

　したがって、流通政策を学ぶ際しては経済的合理性といった視点だけではなく文化や暮らしといった視点も重要となる。また、政策は先にみたように絶対的なものではなく相対的なものであるから、単に特定の国や時代にのみ着目するのではなく、広い視点から流通活動や流通政策を検討していく姿勢が重要である。

② 小売商業政策の体系

1）流通政策と小売商業政策

　流通とは生産と消費の間の隔たりを埋める一連の経済活動のことである。そして、そこにかかわる公共政策が流通政策であり、それは多様な基準で分類することができる。なぜなら、流通やそのシステムあるいは機能をどのような視点で分類するのかによって、その基準が多岐にわたるからである。

　例えば、流通活動のうちの商業者による商品の取引を商業というが、それにかかわる**商業政策**は、商業の分化（第5章参照）に応じて卸売商業政策と**小売商業政策**に分類することが可能である。また流通機能に着目して、取引流通（商流）を対象とした政策と物的流通を対象とした政策に流通政策を分類することも可能である。

　さらに流通政策は、流通機構や流通システムに対する競争のあり方の側面から、あるいは禁止・振興・保護などといった政策手法の側面から、そして事業者が取り扱う商品の種類すなわち食料品・工業製品とか水産物・農産物・畜産物などの違いの側面から分類することもできる。また、政策の主体が国であるのか地方自治体であるのかによる分類、特定の地域や国に限定されるものであるのか複数の国や地域にまたがる国際的な政策であるのかによる分類、経済的な規制か社会的な規制かによる分類など、その分類は基準によって非常に多様なものである。

　このように多岐にわたる流通政策の分類であるが、本章では個人的で最終的な消費者である私たちに最も近い流通業である小売業にかかわる小売商業政策に絞って解説していこう。図表21-1はその小売商業政策の体系を概略的に示したものであるが、具体的内容はこの図表の流れに沿って解説していくことになる。

2）振興-調整モデル

　小売商業政策の中心に置かれるのは**競争政策**である。競争政策とは、**公正かつ自由な競争**を実現し維持するための政策のことである。それは、市場メカニズムを健全に機能させるための政策ということができる。この競争政策

図表 21-1　小売商業政策の体系

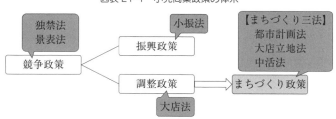

は産業全般にかかわる競争の一般的なルールであって、そのなかの小売業に
関しての競争政策とは商品やサービスの取引にかかわる一般的なルールのこ
とである。

　競争政策を担う中心的な法律が**独禁法**（独占禁止法、「私的独占の禁止及び公正
取引の確保に関する法律」）であり、それを所管する役所は**公正取引委員会**であ
る。また、1962 年に独禁法の特例法として制定された**景表法**（景品表示法、「不
当景品類及び不当表示防止法」）も、公正取引委員会の所管のもとで独禁法を補
完し公正な競争を確保する役割を担ってきた。しかし、2009 年の**消費者庁**
の発足に伴って景表法は消費者庁の所管へと変わり、その目的は一般消費者
の利益の保護へと変わった（第 23 章参照）。

　この競争政策を補完するかたちで**振興政策**と**調整政策**が設定されてきた（第
24 章・第 25 章参照）。小売業に関しての競争政策が商品やサービスの取引にか
かわる一般的なルールであるのに対して、振興政策と調整政策はその事業者
に対する政策である。

　競争政策によって競争の公正性が確保できたとしても実際には大規模な事
業者と中小零細な事業者では競争力に大きな差があることが多い。そこで、
事業規模にかかわらず市場競争の土俵で戦えるように、中小零細な事業者の
活動を支援する政策を振興政策という。その中心となる法律は、**小振法**（「中
小小売商業振興法」）である。

　ただ、中小零細な事業者を支援して市場競争の土俵に乗せようとしてもす
ぐにはその土俵に乗れるまでには育成されない。そこで、そのような事業者
が当該地域あるいは当該市場において公的な支援がなくても市場競争の土俵

で戦えるようになるまでの間、大規模な事業者に一定の期間一定程度の我慢をしてもらおうという政策が調整政策である。具体的にはそれは、主に事業者の活動に直接関係する営業時間や休業日数あるいは店の大きさや開店日に関して制限するという方法でなされた。そのような政策の中心的な法律が**大店法**（大規模小売店舗法、「大規模小売店舗における小売業の事業活動の調整に関する法律」）であった。

　このように小売商業政策における振興政策と調整政策は、振興政策の中心法である小振法と調整政策の中心法である大店法が同時期に成立し、連動して改正されてきた経緯からも分かるように常にセットで機能するように設定されてきた。そして、それは事業者の規模間の格差に着目して事業にかかわるチャンスの平等化を意図した政策モデルであった。

　小売商業政策におけるこの**振興‐調整のモデル**を構成する競争政策、振興政策、調整政策の関係を整理すると、政策の理念としては、基本的な競争のルールとしての競争政策を主軸に据えて、調整政策で一定の時間的な猶予を設定し、その猶予期間に振興政策で中小零細な事業者を競争の土俵に乗れるように支援するという関係である。

3) まちづくり政策の登場

　しかし、21世紀を前に調整政策はおおよそ姿を消すことになる。1990年代に入ると地域の小売業をめぐる問題は少子高齢化や都市機能の郊外化の進行あるいはモータリゼーションのいっそうの進展などを背景にして、シャッター通りの増加、小売商店における後継者難、大型店の撤退問題、買い物弱者の増加などさらに多様かつ重層的なものとなっていった。そのため、それまでの大型店の出店規制を主とした調整政策だけではそのような多様化した問題に対応できなくなり、より総合的な政策が求められるなかで調整政策の中心となっていた大店法が姿を消すのである。

　当初、そこで求められたのは調整政策を維持したうえでの新たな政策の導入というより包括的で総合的な政策体系であったが、実際には大店法を廃したうえで新たな政策を導入するという選択がなされた。それまで調整政策を必要としてきた問題がなくなったわけではなく、むしろ深刻になっていたに

もかかわらず、調整政策を主として担ってきた大店法がこの段階で廃されたことの影響は大きく、その後の商店街等の衰退を加速させることとなったのである。

　調整政策に代わって登場したのが**まちづくり政策**である。調整政策では解決できない小売業をめぐるさまざまな問題に、地域やまちの視点からアプローチすることで解決することが期待された。

　そのまちづくり政策は、いわゆる**まちづくり三法**によって担われることとなった（第 26 章・第 27 章参照）。まちづくり三法とは、**都市計画法、大店立地法、中活法**（中心市街地活性化法、制定時の正式名称は「中心市街地における市街地の整備改善及び商業等の活性化の一体的推進に関する法律」であったが、2006 年の改正で「中心市街地の活性化に関する法律」となった）の 3 つの法律の総称である。

　それぞれ別々の法律でありながら、「まちづくり三法」という 1 つのくくりでよばれるのは、この 3 つの法律が相互に影響しあうことによって、政策が体系としてより効果的に機能することが期待されたからである。

　都市計画法に基づいて大型店が出店できる地域が規定され、それを前提にして大店立地法によって大型店の周辺の生活環境を良好に維持することが目指された。そのように、土地の利用と大型店の立地を規定し大型店の周辺の生活環境を維持しつつ、人が集い買い物をするまちの中心部については中活法によって賑わいを維持・再生していこうというものである。

【引用文献】
渡辺達朗（2011）『流通政策入門（第 3 版）―流通システムの再編と政策展開』中央経済社

1) 身の回りにある事柄のなかから、流通にかかわる法律や制度などのルールを探してみよう。
2) そのうえで、同じようなルールがほかの国にもあるか調べてみよう。

課　題

第 ㉒ 章

競争政策と不公正な取引方法

① 競争政策の概要

1）競争政策に関連する法

小売商業政策の中心に置かれる政策は**競争政策**である。前章でみたように、競争政策は産業全般にかかわる競争の一般的なルールであって、そのうちの小売業に関する政策とはその流通段階の商品やサービスの取引にかかわるルールということである。

競争政策は自由競争を支える公共政策であり、その目的は健全な競争を実現し維持することにある。競争政策を担う中心的な法律は**独禁法**（独占禁止法、「私的独占の禁止及び公正取引の確保に関する法律」）である。

この独禁法を補完する法律としてつくられた**景表法**（景品表示法、「不当景品類及び不当表示防止法」）は、もともと独禁法とともに**公正取引委員会**の所管であったが、2009年に消費者行政の一元化のために**消費者庁**が発足すると、それに伴って同庁に移管された。それにより景表法はいわば独立した法律となり、その目的は、それまで「公正な競争の確保」と「一般消費者の利益の確保」の2つが掲げられていたが、「一般消費者の利益の保護」に集約された（第23章参照）。

これにより違反等に対する処理手続きなど規定の一部は改正されたが、景表法の規制対象範囲はそれ以前と実質上の変更はない。もとより、一般消費者の利益の保護と公正な取引の確保は表裏一体の関係にあるから、政策論での実質は大きく変わってはいないといえるであろう。この景表法については、改めて次章で詳しく解説する。

また、デッドコピーした商品の取引の禁止などを規定する不正競争防止法

や、訪問販売等において事業者による違法あるいは悪質な勧誘行為等を規制したり、一定の条件下であれば無条件で契約の解除ができるクーリングオフ制度（第 11 章参照）などを設けたりして、消費者の利益を守ろうとする特定商取引法（「特定商取引に関する法律」）なども、広義では小売業にかかわる競争政策の範囲のなかにある法律と考えることができる。

2）独占禁止法と公正取引委員会

府省のなかの特殊性あるいは独立性の強い業務をおこなう部署で、内部部局の外に置かれた機関を**外局**という。外局には委員会と庁がある。委員会としては、内閣府の外局である国家公安委員会や国土交通省の外局である運輸安全委員会あるいは厚生労働省の外局である中央労働委員会などがある。また庁としては、経済産業省の外局である中小企業庁や資源エネルギー庁、内閣府の外局である消費者庁や金融庁、農林水産省の外局である林野庁や水産庁、あるいは財務省の外局である国税庁、文部科学省の外局である文化庁やスポーツ庁、国土交通省の外局である観光庁や気象庁などがある。

独禁法を所管するのは公正取引委員会である。公正取引委員会は、このような外局のうちの内閣府の外局に当たり、委員長 1 名と委員 4 名からなる合議制の委員会である。

公正取引委員会は行政機関であるから、決定された政策の実行にかかわる諸活動を法律等にのっとっておこなう国の機関である。ただ、同委員会は独禁法にかかわる告示による不公正な取引方法の指定などといった**準立法的機能**、独禁法等の違反を調査・審決する**準司法的機能**を有している。

2　独占禁止法の目的

市場経済の公正競争を支える基礎となる独禁法は、「経済の憲法」とよばれることもある。この独禁法の正式名称は「私的独占の禁止及び公正取引の確保に関する法律」であり、その第 1 条において「この法律は、私的独占、不当な取引制限及び不公正な取引方法を禁止し、事業支配力の過度の集中を防止して、結合、協定等の方法による生産、販売、価格、技術等の不当な制限その他一切の事業活動の不当な拘束を排除することにより、公正且つ自由

な競争を促進し、事業者の創意を発揮させ、事業活動を盛んにし、雇傭及び国民実所得の水準を高め、以て、一般消費者の利益を確保するとともに、国民経済の民主的で健全な発達を促進することを目的とする」と謳っている。

　この条文からも分かるように、独禁法で禁止しているのは、**私的独占、不当な取引制限、不公正な取引方法**である。

　私的独占（第2条）とは、「事業者が、単独に、又は他の事業者と結合し、若しくは通謀し、その他いかなる方法をもつてするかを問わず、他の事業者の事業活動を排除し、又は支配することにより、公共の利益に反して、一定の取引分野における競争を実質的に制限することをいう」とされる。すなわち、他の事業者の活動を排除あるいは支配して競争を制限することをいう。

　ここでいう「排除」とは、不当に低価格の販売を続けることなどによって他の事業者を市場から追い出すことや新規参入をできなくすること等をいう。また、ここでいう「支配」とは他の事業者の株を大量に買ったり、あるいは役員を送り込んだりなどしてその事業にかかわる意思決定を牛耳ってしまうことなどである。したがって、正当な競争の結果として特定の企業が市場を独占するようになった場合は私的独占とはならない。

　一方、不当な取引制限（第2条）とは、「事業者が、契約、協定その他何らの名義をもつてするかを問わず、他の事業者と共同して対価を決定し、維持し、若しくは引き上げ、又は数量、技術、製品、設備若しくは取引の相手方を制限する等相互にその事業活動を拘束し、又は遂行することにより、公共の利益に反して、一定の取引分野における競争を実質的に制限することをいう」とされる。すなわち、複数の事業者が共同で価格や数量等について合意などをおこなうことで競争を制限することをいう。

　不当な取引制限には、複数の事業者が価格競争を避けるために話しあって価格を維持したり引き上げたりする**価格カルテル**、市場が競合しないよう販売地域を分けあう**市場分割協定**、公共工事等の入札において事業者間で話しあってどの業者が落札するのかを調整する**入札談合**などがある。

❸　不公正な取引問題と独占禁止法

1）不公正な取引方法

　独禁法が禁止するもののうちの「不公正な取引方法」とは、公正な競争を阻害するおそれのある取引行為や状態のことであり、それによって引き起こされる問題が不公正な取引問題である。不公正な取引方法にはさまざまな商取引慣行がかかわっているため、正当な事業活動と違反行為の区別がつきにくく、その違法性を判断するのが難しいことが多いという特徴がある。

　多様な現実取引のなかにおいて、このような不公正な取引方法は日常の取引のなかに紛れ込み、みえにくくなっている可能性がある。そのため、不公正な取引方法の内容について公正取引委員会は**ガイドライン**を示して明確にしようと努めている。

　不公正な取引方法の禁止が私的独占や不当な取引制限の予防的な規制ともいわれるのは、別言すれば不公正な取引方法は私的独占や不当な取引制限までには至らないが**公正な競争を阻害するおそれがある行為**ということである。独禁法が禁止する「私的独占」、「不当な取引制限」、「不公正な取引方法」のうちで、流通活動に最も関連が深いのが、この不公正な取引方法である。

2）独占禁止法における不公正な取引方法

　独禁法（第2条）では、不公正な取引方法を次のいずれかに該当する行為としている。

【共同の取引拒絶（供給に係るもの）**】**

　正当な理由がないのに、競争者と共同して、次のいずれかに該当する行為をすること。

　イ）ある事業者に対し、供給を拒絶し、または供給に係る商品もしくはサービスの数量もしくは内容を制限すること。

　ロ）他の事業者に、ある事業者に対する供給を拒絶させ、または供給に係る商品もしくはサービスの数量もしくは内容を制限させること。

【差別対価】

　不当に、地域または相手方により差別的な対価をもって、商品またはサー

ビスを継続して供給することであって、他の事業者の事業活動を困難にさせ
るおそれがあるもの。

【不当廉売】

　正当な理由がないのに、商品またはサービスをその供給に要する費用を著
しく下回る対価で継続して供給することであって、他の事業者の事業活動を
困難にさせるおそれがあるもの。

【再販売価格の拘束】

　自己の供給する商品を購入する相手方に、正当な理由がないのに、次のい
ずれかに掲げる拘束の条件をつけて、当該商品を供給すること。

　イ）相手方に対しその販売する当該商品の販売価格を定めてこれを維持さ
せることその他相手方の当該商品の販売価格の自由な決定を拘束すること。

　ロ）相手方の販売する当該商品を購入する事業者の当該商品の販売価格を
定めて相手方をして当該事業者にこれを維持させることその他相手方をして
当該事業者の当該商品の販売価格の自由な決定を拘束させること。

【優越的地位の濫用】

　自己の取引上の地位が相手方に優越していることを利用して、正常な商慣
習に照らして不当に、次のいずれかに該当する行為をすること。

　イ）継続して取引する相手方（新たに継続して取引しようとする相手方を含む。
ロにおいて同じ）に対して、当該取引に係る商品またはサービス以外の商品ま
たはサービスを購入させること。

　ロ）継続して取引する相手方に対して、自己のために金銭、サービスその
他の経済上の利益を提供させること。

　ハ）取引の相手方からの取引に係る商品の受領を拒み、取引の相手方から
取引に係る商品を受領した後当該商品を当該取引の相手方に引き取らせ、取
引の相手方に対して取引の対価の支払いを遅らせ、もしくはその額を減じ、
その他取引の相手方に不利益となるように取引の条件を設定し、もしくは変
更し、または取引を実施すること。

【その他、公正取引委員会が指定するもの】

　次のいずれかに該当する行為であって、公正な競争を阻害するおそれがあ

るもののうち、公正取引委員会が指定するもの。

　イ）不当に他の事業者を差別的に取り扱うこと。

　ロ）不当な対価をもって取引すること。

　ハ）不当に競争者の顧客を自己と取引するように誘引し、または強制すること。

　ニ）相手方の事業活動を不当に拘束する条件をもって取引すること。

　ホ）自己の取引上の地位を不当に利用して相手方と取引すること。

　ヘ）自己または自己が株主もしくは役員である会社と国内において競争関係にある他の事業者とその取引の相手方との取引を不当に妨害し、または当該事業者が会社である場合において、その会社の株主もしくは役員をその会社の不利益となる行為をするように、不当に誘引し、そそのかし、もしくは強制すること。

3) 公正取引委員会による一般指定

　上記のうち、具体的に法で定められた 5 つの行為以外の「公正取引委員会が指定するもの」には、すべての業種に適用される**一般指定**と、特定の業種にのみ適用される**特殊指定**（特定の事業分野における特定の取引方法の指定）がある。

　現在、特殊指定としては新聞業に対する指定のほか、大規模小売業と物流業における特定の不公正な取引方法に関しての指定がある。一方、公正取引委員会による一般指定（公正取引委員会告示）としては、以下の 15 の行為が指定されている。

【共同の取引拒絶】（購入に係るもの）

　正当な理由なく、競争者（自己と競争関係にある他の事業者）と共同して、ある事業者から商品もしくはサービスの供給を受けることを拒絶し、または供給を受ける商品もしくはサービスの数量もしくは内容を制限すること、あるいは他の事業者に、ある事業者から商品もしくはサービスの供給を受けることを拒絶させ、または供給を受ける商品もしくはサービスの数量もしくは内容を制限させること。

【その他の取引拒絶】

　不当に、ある事業者に対し取引を拒絶し、もしくは取引に係る商品もしく

はサービスの数量もしくは内容を制限し、または他の事業者にこれらに該当する行為をさせること。

【差別対価】

　法定の「差別対価」に該当する行為のほか、不当に、地域または相手方により差別的な対価をもって、商品もしくはサービスを供給し、またはこれらの供給を受けること。

【取引条件等の差別取扱い】

　不当に、ある事業者に対し取引の条件または実施について有利なまたは不利な取扱いをすること。

【事業者団体における差別取扱い等】

　事業者団体もしくは共同行為からある事業者を不当に排斥し、または事業者団体の内部もしくは共同行為においてある事業者を不当に差別的に取り扱い、その事業者の事業活動を困難にさせること。

【不当廉売】

　法定の「不当廉売」に該当する行為のほか、不当に商品またはサービスを低い対価で供給し、他の事業者の事業活動を困難にさせるおそれがあること。

【不当高価購入】

　不当に商品またはサービスを高い対価で購入し、他の事業者の事業活動を困難にさせるおそれがあること。

【ぎまん的顧客誘引】

　自己の供給する商品またはサービスの内容または取引条件その他これらの取引に関する事項について、実際のものまたは競争者に係るものよりも著しく優良または有利であると顧客に誤認させることにより、競争者の顧客を自己と取引するように不当に誘引すること。

【不当な利益による顧客誘引】

　正常な商慣習に照らして不当な利益をもって、競争者の顧客を自己と取引するように誘引すること。

【抱き合わせ販売等】

　相手方に対し、不当に、商品またはサービスの供給にあわせて他の商品ま

たはサービスを自己または自己の指定する事業者から購入させ、その他自己
または自己の指定する事業者と取引するように強制すること。

【排他条件付取引】

不当に、相手方が競争者と取引しないことを条件として当該相手方と取引
し、競争者の取引の機会を減少させるおそれがあること。

【拘束条件付取引】

法定の「再販売価格の拘束」または上記の「排他条件付取引」に該当する
行為のほか、相手方とその取引の相手方との取引その他相手方の事業活動を
不当に拘束する条件をつけて、当該相手方と取引すること。

【取引の相手方の役員選任への不当干渉】

自己の取引上の地位が相手方に優越していることを利用して、正常な商慣
習に照らして不当に、取引の相手方である会社に対し、当該会社の役員の選
任についてあらかじめ自己の指示に従わせ、または自己の承認を受けさせる
こと。

【競争者に対する取引妨害】

自己または自己が株主もしくは役員である会社と国内において競争関係に
ある他の事業者とその取引の相手方との取引について、契約の成立の阻止、
契約の不履行の誘引その他いかなる方法をもってするかを問わず、その取引
を不当に妨害すること。

【競争会社に対する内部干渉】

自己または自己が株主もしくは役員である会社と国内において競争関係に
ある会社の株主または役員に対し、株主権の行使、株式の譲渡、秘密の漏洩
その他いかなる方法をもってするかを問わず、その会社の不利益となる行為
をするように、不当に誘引し、そそのかし、または強制すること。

---

1) 公正取引委員会ホームページの独禁法に関する動画をみてみよう。
2) 競争が公正であることの重要性について話しあってみよう。

■ 課　題 ■

第 ㉓ 章

再販売価格維持制度と景品表示法

① 再販売価格維持制度

1) 再販売価格維持制度とは何か

　メーカーは、自身が製造した商品が店頭でどんどんと安売りされていくことは、商品ひいては企業のブランドイメージを損ねると考えて敬遠する。また、長期的に確実に利益を確保するために、メーカーにとっては商品の出荷価格だけではなく、その後の卸売価格や小売価格はきわめて関心の高い事項である。そのため、メーカーは卸売価格や小売価格の決定にできるだけかかわり、それをコントロールしたいと考えるのである。

　しかし、商品の価格は売り手と買い手の間で決まるものであって、それに当事者以外が正当な理由がないのに介入して自由な価格決定を拘束することは**公正な競争を阻害するおそれがある行為**に当たる。そこで、第22章でみたように**独禁法**（独占禁止法、「私的独占の禁止及び公正取引の確保に関する法律」）ではそのような行為を、**不公正な取引方法**のうちの**再販売価格の拘束**として禁止しているのである。

　「再販売価格の拘束」とは例えば、ある家電メーカーがその製造したテレビを指定した価格で販売しない小売の電器屋に対して、卸売価格を高くしたり出荷を停止したりなどして、指定した価格を守らせることをいう。このような行為の結果として、どこの電器屋でもそのテレビの価格が同じになったら、消費者は価格によって電器屋を選べないことになる。そのため、正当な理由がないのに、流通段階の価格決定にメーカーが介入して再び販売する価格を維持させ、販売先による販売価格の自由な決定を拘束することは不公正な取引方法として独禁法で禁止しているのである。したがって、一般的な**メー**

カー希望小売価格のように販売先による販売価格決定を拘束しないものは、このような禁止行為には該当しない。

　このように、再販売価格を拘束することは、公正な競争を阻害するおそれがある行為として原則禁止されているのであるが、独禁法では**著作物**についてこの**再販売価格維持行為**を例外的に認めている（例外的に独禁法の適用が除外されている）。そのため、著作物においては出版社等のメーカーが個々の商品の小売価格を決めて定価販売できるのである。このように、再販売価格の拘束の禁止に関して、独禁法において適用除外となる制度を**再販制度**（再販売価格維持制度）とよぶ。

　再販売価格維持行為が認められている**再販商品**には、法律に記載された**法定再販商品**とよばれる著作物のほかに公正取引委員会が指定した**指定再販商品**がある。以前は指定再販商品として、歯磨き・家庭用洗剤などのほかシャンプーや香水・口紅などの化粧品および一般医薬品などが指定されていたが、現在指定されている商品はない。そのため現在、再販売価格維持が可能なのは法定再販商品である著作物だけである。ただ、再販制度は法律上の義務ではなく、それを利用するかどうかは事業者の任意である。

　具体的な内容は異なるが、このような再販制度の考え方は諸外国でも導入されてきたものである。また、実際の再販制度の適用では、一定の期間が過ぎれば再販制度から外れる**時限再販**、一定の値引き幅を許容する**値幅再販**、一部の商品は再販売価格維持契約の対象としない**部分再販**などと多様な方法が考えられる。

2) 法定再販商品

　独禁法で規定された法定再販商品に該当するのは著作物である。ここでいう著作物の範囲に該当するのは、**書籍・雑誌・新聞・レコード盤・音楽用テープ・音楽用 CD** の 6 品目のみである。

　著作物が独禁法の適用除外とされる現在の理由としては、例えば価格競争にさらされることで戸別配達をやめてしまう新聞社が増えると、新聞が全国隅々まで行き渡らないことで人々の知る権利を阻害する可能性があるなど、著作物がもつ公共性・多様性の役割を重視する考え方がある。また、これら

が学問・文化の振興や向上などといった点に強く関係する商品であることから単純な価格競争には馴染まないためと説明されることもある。一方で、このような再販制度については、競争政策の理念からみて廃止すべきであるという意見も多い。

　ただし、生協（消費生活協同組合、コラム③参照）や農協（農業協同組合）など消費者や労働者の互助を目的とする団体に対してはこの制度は適用されない。そのため、大学生協の書籍コーナーで組合員である学生などが教科書を購入する場合、それは著作物としての書籍であるが、多くの場合で値引きされて販売されている。

　音楽用CDや書籍にDVDをつけてセットで販売することがあるが、この場合、音楽用CDや書籍は再販商品であるがDVDは再販商品ではないので、セット全体を1つの商品として販売することは問題ないが、それを再販商品として販売することは認められない。

　一方、オンラインで書籍を販売する際に送料を無料にしたり、音楽用CDを販売する際にポイントカードを発行して、後日にその累積に応じてポイント分を何らかの方法で還元したりするなど、実質的な値引きあるいはそれに類似する効果をもつと考えられる商取引も実際にはおこなわれている。

　また、ここでの著作物はモノを対象としているため、電子書籍は情報であるとしてこの制度の対象とはされていない。同じ著作物でもDVDやゲームソフトなどは対象とはされないし、CDは音楽用に限定されている。先に記した著作物を再販制度の対象とする理由から考えれば、その適用範囲をこのように限定しているのは整合性に欠けるといえるであろう。再販制度はその運用も含めて矛盾点が多いのが現実である。

② 景品表示法

1）景品表示法とは何か

　一般的に**景表法**とよばれる景品表示法（「不当景品類及び不当表示防止法」）は1962年に独禁法を補完する特例法として制定された。

　特例法としての景表法は、独禁法が禁止している「私的独占」、「不当な取

引制限」、「不公正な取引方法」のうちの「不公正な取引方法」に関する規制
対象の一部に対象を特化した法律である。具体的には、不公正な取引方法と
して公正取引委員会が一般指定する行為のうちの**不当な利益による顧客誘引**
とぎまん的顧客誘引のうち消費者との関係が特に強い不当な景品類と表示に
対応したものが景表法である。

　景表法の正式名称から分かるように、この法律は**不当景品類を防止**するこ
とと**不当表示を防止**することを直接的な目的としている。上記の一般指定と
の関係では、「不当な利益による顧客誘引」に対応するのが不当景品類の防
止であり、「ぎまん的顧客誘引」に対応するのが不当表示の防止である。す
なわち、その規制対象は本来独禁法の規制対象であって、具体性をもってよ
り迅速かつ簡潔に対応できる制度が必要ということで独禁法を補強するため
にその特例法として景表法は位置づけられてきたのである。

　しかし、景表法は 2009 年の**消費者庁**の発足に伴って改正され、独禁法の
特例法ではなくなり、公正取引委員会から消費者庁に移管された。

　その第 1 条において、「この法律は、商品及び役務の取引に関連する不当
な景品類及び表示による顧客の誘引を防止するため、一般消費者による自主
的かつ合理的な選択を阻害するおそれのある行為の制限及び禁止について定
めることにより、一般消費者の利益を保護することを目的とする」と明記さ
れている。2009 年改正前までは独禁法の特例法として「公正な競争を阻害」
という点に着目して過大な景品類や不当表示を規制していたが、この改正に
よって「一般消費者の選択の阻害」に着目してそれらを規制することになっ
た。改正後も規制の対象範囲は実質上変わってはいない。

　また、消費者庁長官および公正取引委員会が認定する業界自主ルールとし
て**公正競争規約**がある。この規約は景表法を根拠とし、景品類あるいは表示
についての問題あるいは基準を具体的に示した各業界の**ガイドライン**となる
ものである。

2）不当景品類に対する規制

　景表法における景品類とは、**顧客を誘引するための手段として**（目的）、事
業者が自己の供給する商品・サービスの**取引に付随して提供する**（提供方法）、

物品や金銭その他の**経済上の利益**（内容）のことをいう。なお、値引きやアフターサービスは景品類には含まれない。

　この法律が規制しているのは景品一般ではなく不当景品類であるから、通常の商取引慣行の範囲内で提供されている景品は規制の対象とはならない。では、不当な景品類とは何か。それは**過大な景品類**のことである。

　消費者が景品に惑わされて割高な商品や品質のよくない商品などを購入することは、消費者の不利益になる。また、本来の商品そのものの良し悪しではなく景品さえつければ売れるということになると、事業者は本来の商品やあるいはそれに付随するサービスの向上等のために努力しなくなり、それがまた消費者の不利益につながることとなる。そのため、景表法では一般消費者の利益を保護するために、過大な景品類を規制するのである。

　景表法に基づく景品規制では、**一般懸賞、共同懸賞、総付景品**のそれぞれに対応して提供できる景品類の限度額が決められている。

　懸賞とは、くじ引きやじゃんけんなどの偶然性あるいはクイズの成績やスポーツなどの成績といった特定行為の優劣等によって景品類を提供することをいう。共同懸賞以外でのこうした懸賞は一般懸賞とよばれ、その景品類の限度額は図表23-1のように定められている。

　一方、懸賞のうちで一定の地域で相当多数の事業者が共同でおこなう懸賞や商店街の年末の福引などは共同懸賞とよばれる。共同懸賞の場合には、取引価額にかかわらず景品類の最高額は30万円とされ、景品類の総額は懸賞に係る売上予定総額の3％以内とされている。

　また、懸賞という方法によらずに、来店者すべてとかサービスを利用した人すべてといったもれなく提供する金品等、あるいは購入の申し込み順や来店の先着順に提供される金品等は総付景品とかベタ付き景品とよばれる。こ

図表23-1　一般懸賞における景品類の限度額

懸賞による取引価額	景品類限度額	
	最高額	総　　額
5,000円未満	取引価額の20倍	懸賞に係る売上予定総額の2％
5,000円以上	10万円	

図表 23-2　総付景品の限度額

取引価額	景品類の最高額
1,000 円未満	200 円
1,000 円以上	取引価額の 2/10

のような総付景品の限度額は図表 23-2 のようになっている。

　このほか、新聞業・雑誌業・不動産業と医療衛生関係 3 業種については、景表法の規定に基づき、告示により一般的な景品規制とは異なる内容の業種別の景品類の制限が設けられている。

　なお、取引に関係なくテレビやラジオあるいは新聞や雑誌そしてインターネットなどを通して広く消費者に知らせて、郵便や電子メールなどで応募させ、抽選で金品等が提供される企画のことをオープン懸賞とよぶ。このような懸賞では独禁法の特殊指定によって提供できる金品等の上限が 1996 年までは 100 万円、それ以降は 1000 万円と決められていたが、2006 年にその規制は撤廃された。

3）不当表示に対する規制

　景表法でいう表示とは、顧客を誘引するための手段として、事業者が自己の供給する商品やサービスの品質・規格・価格等について消費者に知らせる広告などの表示のことである。

　商品やサービスにかかわるこのような情報は、消費者が商品等を選択する際に役立つ重要な判断材料である。しかし、その情報に関し実際の商品やサービスにかかわるそれよりも著しく優良あるいは有利であるとみせかける表示がなされると、消費者の適正な意思決定を妨げることとなる。そのため、景表法では一般消費者の利益を保護するために、消費者に誤認される、あるいは誤認されるような不当な表示を禁止するのである。

　景表法における不当な表示には、**優良誤認表示、有利誤認表示、その他誤認されるおそれがある表示**の 3 つがある。

　優良誤認表示とは、商品またはサービスの内容について一般消費者に対して、実際のものよりも著しく優良であると示す表示、あるいは事実に反してライバルの事業者によるそれらよりも著しく優良であると示す表示のことを

いう。例えば、通常の野菜に「有機野菜」と表示したり、カシミヤ・ポリエステル・綿によってできたスカーフに「カシミヤ100％」と表示したり、他社でも用いている技術を「国内では当社だけの技術」などと表示したりといったことがそれに該当する。

　有利誤認表示とは、商品またはサービスの価格やアフターサービスあるいは支払条件や保証期間などの取引条件について、実際のものあるいはライバルの事業者によるそれらよりも著しく有利であると一般消費者に誤認される表示のことである。例えば、実際にはバラバラに購入した場合と同じ価格であるにもかかわらず「5つセットで購入するとお得」と表示してあったり、来店者全員に同じ価格で販売したのにもかかわらず配布したチラシには「先着50名様のみ割引価格で販売」としたり、あるいは実際には他社の商品と同程度の内容量にもかかわらずチラシには「他社商品の3倍の分量で価格は同じ」などとした表記がこれに該当する。

　不当な二重価格表示も有利誤認表示に当たる。二重価格表示とは、販売価格と**比較対照価格**（参考となる別の高い価格）を併記した表示のことである。比較対照価格には、市価、メーカー希望小売価格、通常価格などが用いられる。これは内容が適正であれば消費者の商品選択にとって有効な場合もあるし、また適正な価格競争を促進する場合もある。したがって、景表法では不当な二重価格表示を問題にするのである。例えば、実際の価格が6000円程度のものを5000円で販売する場合での「市価20000円」や「市価の半額」などといった表示、あるいはその価格での販売実績がない商品やその実績があっても最近相当期間にわたって販売されていないにもかかわらず「当店通常価格」や「セール前価格」などとした表示がそれに該当する。

4) その他誤認されるおそれがある表示

　これは、商品・サービスの取引に関する事項について一般消費者に誤認されるおそれがあるため内閣総理大臣が指定する表示のことである。優良誤認表示と有利誤認表示が「誤認される表示」を規制していたのに対して、ここでは「誤認されるおそれのある表示」を規制している。

　現在、指定されているのは、「無果汁の清涼飲料水等についての表示」、「商

品の原産国に関する不当な表示」、「消費者信用の融資費用に関する不当な表示」、「不動産のおとり広告に関する表示」、「おとり広告に関する表示」、「有料老人ホームに関する不当な表示」の6つである。

　例えば、無果汁の清涼飲料水に果物の写真やイラストをつけた場合に、一般消費者はそれが果汁入りと誤認するおそれがあるため、「無果汁」など原材料に果汁が使用されていないことを明示しない場合には不当表示となる。あるいは、日本製のTシャツにイギリスの国旗がデザインされていた場合に、一般消費者がその商品を日本製と認識できないおそれがある場合には、日本製であることが分かる表示をしないと不当表示となる。また、開店セールなどのチラシで「先着60名様に限り○○商品を超特価で販売」と表示してあるにもかかわらず、実際にはその商品がわずかしか用意されていないような場合も不当表示になる。

　表示に関しては、実際の取引現場では多種多様なケースがあり、その不当性について判断するのが難しい時もある。また、パソコン等を利用したインターネット通販（第14章参照）における表示では、スクロールによる閲覧やハイパーリンクの利用、事業者による書き換えが容易などといったインターネット特有の機能から生じる問題も発生している。インターネット通販は、消費者にとって便利な面がある一方で、既述の機能的特徴のほか、写真等と現物商品とのイメージの不一致などからの誤認も招きやすく、また契約や決済が容易であるケースが多いことから消費者被害へとつながることがあり、それが拡大しやすいという特徴をもつ。

1）再販制度のメリットとデメリットを話しあってみよう。
2）身の回りの広告表示を題材にして、どのような表示をおこなうと違法となるのか具体的に考えてみよう。

課　題

第 ㉔ 章

商業振興政策の変遷

① 振興政策の意味

　「振興」という言葉は馴染みが薄いかもしれないが、「さまざまな支援を与えて活動が活発になるようにすること」と考えてよい。商業振興政策の役割としては、商業分野での①競争過程の円滑化、②重点分野へのテコ入れ、③中小企業への支援といったものが挙げられよう。

　競争過程の円滑化とは、調整政策（第21章参照）が環境適応能力のある競争主体を抑制する役割を負っているのに対して、振興政策は適応能力の小さい主体に対して援助をすることで有効な競争が図られるようにすることである。重点分野へのテコ入れは、政府はその時々に戦略的にみて重要性があると考えられる産業分野を育成しており、例えば先端産業などでは開発や育成に要する資金が巨額になるのに対しその発展可能性は必ずしも明らかでなく、リスクが大きい場合投資不足になりがちで、それを援助する手段として振興政策が用いられるということである。

　中小企業への支援というのはすでに述べた①、②と重なるが、中小企業はしばしば環境適応能力に欠けており、また政府にとって重要部門とみなされることが多いということである。その理由は、中小企業は現段階では小さくとも「明日の大企業」として産業構造転換の担い手となるかもしれないことや、労働力吸収の場として重要な役割を果たしていること、さらに地域経済のなかでは重きをなす存在であること、などがある。

② 振興政策の手段

　振興政策はさまざまな目的をもって実施されるが、振興政策それ自体を構

成する政策手段はいくつかにまとめることができる。政策手段を要約すると、①組織化、②資金調達、③知識・技術の提供、④その他となろう。

　①組織化とは、中小企業を業種や地域単位で集めて、組織をつくらせることである。組織化の目的は、組織をつくることによって規模の経済性などを獲得すること、支援対象となる組織をある程度集約することで政策実施に要するコストを節約すること、さらに業界や地域を代表する団体に組織化することで公的資金を投入する場合の公共性を担保することに大別されよう。具体的には、「中小企業等協同組合法」や「商店街振興組合法」といった法律に基づいて協同組合をつくる場合と、**ボランタリーチェーン**（第 15 章参照）等共同事業を実施するために企業同士が組織化される場合とがある。

　②振興政策の中核をなすのが、この資金面での支援措置である。方法としては、補助金、低利融資、減税措置、信用保証が代表的といえよう。

　③知識・技術面での支援は、経営診断や経営指導が主なものとなる。製造業と比べると商業分野では新規技術の開発は少ないといえる。

　④その他としては、経営状況を判断するための統計調査であったり、その時々に課題となる事案についての各種調査研究であったり、さらに新たな技術や施策を導入する際に先行的に実施されるモデル事業などである。モデル事業の実施により、他の商業者等はその技術や施策がどの程度効果を挙げるものなのか、また自分たちが導入を検討する場合の見込みなどを実地に検討できることとなる。

③　戦後振興政策の概観

　戦後日本の振興政策史を振り返ると、政策課題とそれに対応する振興政策の性格という観点から次のような 5 つの時期に分けることができる。

　1）戦後復興期、2）高度経済成長期、3）低成長期、4）デフレ不況期、5）格差拡大期、である。

1）戦後復興期

　第 2 次世界大戦が終わってから高度経済成長が始まる 1950 年代半ばまでの時期である。この時期、アメリカから「中小企業」という概念が導入され、

1948 年に設立される中小企業庁を中心とした振興政策が開始される。

　この時期は、壊滅状態となった生産施設の復興が優先され、商業分野で特に目立つ施策はおこなわれていない。

2) 高度経済成長期

　1950 年代半ば以降、1973 年のオイルショックに至るまでの高度経済成長は、年平均 10％を超える経済成長率を記録し続けることで、日本経済を戦後の荒廃した状況から先進国水準へと導くこととなった。その過程で、製造部門では寡占的な大企業が成立する一方で中小企業が多く存在するという二重構造問題が指摘されるようになっていった。商業では大規模企業としては百貨店が存在していたが、この時期にはスーパー（スーパーマーケット）とよばれるセルフサービス販売を導入した大規模小売業が全国で生まれてきていた。

　こうした大企業と中小企業という規模格差を背景として、1963 年には中小企業基本法（旧法）が制定されている。商業分野では、生産性向上を目指した**流通近代化政策**がおこなわれることになる。これは協業化や連鎖化を通じて**規模の経済性**や**範囲の経済性**を発揮させることで、中小商業の経済効率性を高めようとするものであった。

　流通近代化政策は規模拡大を目指す政策であるため、小売業者間といった同じ流通段階における共同事業となることが多かった。だが流通全体の経済効率性を高めていくにはそうした流通各段階の効率性向上だけでは不十分であり、メーカーから小売業者に至る垂直的な取引の連鎖過程の効率性を引き上げることが求められるようになる。こうして生まれたのが**流通システム化政策**であり、1960 年代末に開始され、1970 年代半ばにこの名称は使われなくなるが、その後も同様の政策が続けられていくこととなる。

3) 低 成 長 期

　1973 年の第 1 次オイルショックによる景気低迷から 1990 年代初頭にかけてのバブル経済崩壊までの時期に相当する。この時期は、低成長経済であるとともに、調整政策に属する**大店法**（「大規模小売店舗における小売業の事業活動の調整に関する法律」）が施行されその規制が強化された時期でもある。低成長であるにもかかわらず大型店の出店意欲が衰えないことから、中小小売業者

間に規制強化を求める声が高まった政治的色彩の強い時期であり、振興政策
は複雑な様相をみせる。

　大店法と同時期に成立した**小振法**（「中小小売商業振興法」）は、それまでの
流通近代化政策の集大成と位置づけられ、さまざまな協業化・連鎖化事業の
メニューを高度化事業として設定し、その助成基準に適合する事業に対して
手厚い支援が展開されるようになった。少し前から始まった流通システム化
政策が本格的な展開をみせるのもこの時期であり、低成長経済のもとで経済
効率化をいっそう進展させようとする政府の姿勢が窺える。

　また、この時期は同時にまちづくり政策という新しいタイプの政策が生ま
れてきた時期でもある。商業活動を地域という枠組みで捉えようとする視点
は、商業近代化地域計画事業にその萌芽をみることができるが、1984 年の
『80 年代の流通産業ビジョン』では、「都市商業政策」や「コミュニティマー
ト構想」といったかたちで現れた。経済効率性とは異なる流通有効性の視点
に基づく政策は、大規模小売業の進出によって全国各地で大型店出店反対運
動が激化し調整政策が混迷していたところから生まれたという側面がある（通
商産業省産業政策局・中小企業庁 1984 pp.91-95）。

4）デフレ不況期

　バブル経済が崩壊して以降、日本経済は長期にわたる不況に入っていった。

　この時期は、日米構造協議を受け大店法の段階的緩和がおこなわれており、
特に 1997 年に大店法廃止の方向性が出てきてからは、まちづくり政策とな
る**中活法**（「中心市街地における市街地の整備改善及び商業等の活性化の一体的推進に関
する法律」）が積極的に推進されることとなる。

　流通システム化政策もインターネットの普及や物流技術の進展を受けて推
進されている。

5）格差拡大期

　この時期は、2006 年ごろから現在に至る時期である。不況から回復して
きていた日本経済は 2008 年のリーマンショックにより再び低迷し始め、
2011 年の東日本大震災以降は震災、風水害、コロナ禍に翻弄される状況に
なった。1990 年代は不況により雇用環境が悪化し社会格差がすでに拡大し

始めていたが、この時期に格差拡大を多くの人々が意識し始めており、民主党が政権を握ったのはこうした閉塞感がもたらしたものであろう。

　この時期の政策は、まちづくり三法の抜本改正と流通BMSの推進によって特徴づけられる。2009年には**地域商店街活性化法**（「商店街の活性化のための地域住民の需要に応じた事業活動の促進に関する法律」）も施行される。

　このように時代によって振興政策も重点となる施策に変化がみられるが、まちづくり関連の施策は第26章・第27章に譲り、本章では主として経済効率性を重視する施策に絞って、以下論を進めていきたい。

④　経済効率性を重視した政策

1）流通近代化政策

　1960年代の高度経済成長は、日本の経済や社会を大きく変えていくが、その過程で労働力不足や高いインフレを生み出していた。一方、日本の流通には零細規模の商業者がきわめて多く存在しており、そうしたこともあって多段階の流通構造となり、複雑な商慣行が形成されていた。

　製造段階で大量生産体制が成立すると、自ずと流通段階での生産性つまり経済効率性が問題視されるに至った。1962年刊行の林周二の『**流通革命**』はこうした議論を端的に示すものであり、大量生産と大量消費を結びつける流通部門の脆弱さが今後の日本経済発展の足かせとなると指摘していた。1950～60年代に全国に出現してきたセルフサービス（第7章・第10章参照）を導入したスーパーは、こうした空白を埋める存在として注目を集めた。

　高度経済成長を背景として、商品の大量流通を円滑におこないうる流通構造の形成を目的としたのが流通近代化政策である。具体的には、流通生産性を上げるために、中小商業の体質改善、近代化・合理化の実現のため、協業化や連鎖化を推進することで規模の拡大が図られたのである。具体的には、ボランタリーチェーン（VC, 第15章参照）の組織化、店舗共同化、商店街の整備といった事業が、1960年代に実施された。

2）中小小売商業振興法

　流通近代化の諸施策を集大成したのが、1973年の小振法であった。支援

の中心となったのは「連鎖化」、「電子計算機利用経営管理」、「商店街整備等支援」、「共同店舗等整備」、「店舗集団化」、「商店街整備」であり、これらについて大臣から認定を受けると「高度化事業」と位置づけられ、特に有利な助成（例えば、金融面では融資比率80％、20年間、無利子のこともある）が与えられる仕組みになっている。

経済効率性重視の政策を通じて、流通機関における規模の経済性の追求や大規模小売業者への対抗力を発揮させることで有効競争を実現することが目指されたといえる。

3) 流通システム化政策

1960年代末からは、経済効率性の上昇を流通近代化政策とは異なった方法で実現しようとする流通システム化政策が実施される。流通近代化政策は規模拡大による生産性向上策であったが、流通という観点からはこうしたやり方は不十分といえる。規模の経済性を向上させる組織化は、流通経路上の同じ流通段階つまり小売業者間や卸売業者間でおこなわれる。組織化により段階ごとの効率性は高まるが、流通段階縦断的な生産性向上は望めないことになってしまう。ここに流通近代化政策の限界があった。

流通システム化政策登場の背景としては、次のような事情があったものと考えられる。メーカーは生産性向上を目指し合理化を進めたが、過剰生産問題を引き起こしていた。激しい競争のもと、メーカーは流通段階を組織化し、流通業者と円滑な商品取引の仕組みをつくり、**流通系列化**に成功することで、メーカー間の競争から**システム間競争**へと競争自体を変化させたのである。

大規模メーカー間の競争構造の変容を受けて、1969年の「流通活動のシステム化について」では、流通機能の高度化と生産性の向上には流通全体を1つの機能的なシステムとして把握する必要がある旨述べている（通商産業省産業構造審議会流通部会「流通活動のシステム化について」通商産業省企業局 1971 p.85)。流通システム化政策の柱となったのは、標準化、規格化、共通化といった概念であり、メーカー、卸売業、小売業といった流通段階を越えた商的流通、物的流通、情報流通の仕組みをつくることが目指されたのである。この施策により流通近代化政策では効率化が図れなかった取引時の無駄や手間、費用

が減少し、流通全体の効率性の上昇が期待できるようになった。

　流通システム化政策の効果が端的に現れるのは物的流通であろう（第8章参照）。物流現場では、製品輸送に当たって作業効率を上げるために**パレット**やコンテナが用いられていたが、その形状やサイズは各社まちまちであった。そのため、輸送過程で積み替えが必要となり、トラックの荷台や倉庫に搬入するとデッドスペースが生じてしまうといった問題があった。これら輸送用具の標準化や共通化を、政府は積極的に推進し規格化している。

　パレットやコンテナの標準化により、メーカーの倉庫から小売業者の倉庫・店舗まで積み替えなしにパレットに製品を載せたまま届け、低コストで迅速な製品輸送が可能となる。また倉庫やトラックの荷台もそれにあわせて無駄な空間の出ないような設計がおこなわれる。各企業が共通規格のパレット等を使用すれば互換性が出てくるため各企業がパレットを所有する必要もなくなり、同じパレットを多くの企業が共同利用するパレットプール制も構想されるようになる。

　商的流通や情報流通の分野では、例えば1971年に特定業態における標準契約書の作成が推進されている。標準契約書、統一伝票といった文書類の標準化、統一化は、転記ミスのようなトラブルを防ぐとともに情報流通を円滑にして、情報の転用を可能にするものであった。この努力は、情報処理がコンピュータでおこなわれるようになってくると、その重要性が高くなる。

　1978年にJAN（Japanese Article Number）メーカーコードの登録が開始され、業界横断的な商品識別番号制度が敷かれた。これにより伝票などをコンピュータによって自動処理することが容易になっただけでなく、**POS**（Point of Sales, 販売時点情報管理、第14章参照）システムを導入するための基盤となった。

　オンラインで各社のコンピュータが連結されると、企業間での商品のデータ交換基準を統一しておくことが必要になってくる。こうした動きは1982年になっておこなわれるが、その後の**EDI**（Electronic Data Interchange, 電子データ交換）はこうした政府の活動を背景にして成立するのであり、今日進められている**流通BMS**（第14章参照）の試みもこうした努力の延長上にある。画像電子化の標準化や機器間インターフェースの標準化により、オンライン

上で取引を間違いなく効率的におこなうための仕組みづくりを推進したのが、流通システム化政策なのである。ただ、こうした方向性は中小企業振興のための流通近代化政策と異なり、大企業にとって有利な性格をもっている。

「流通システム化」という名称は現在は使われていないが、1960年代末に生産-消費の全流通過程を1つのシステムとして把握し、流通を全体として効率的なものにしようという流通システム化政策の考え方は、現在も生き続けている。

4）地域商店街活性化法

中活法は衰退傾向にあった中心市街地への集中的なテコ入れであるが、効果を発揮させるために対象となる市街地は各都市に原則として1ヵ所に限られることとなった。これでは、支援対象から漏れた市街地内の商店街は支援が受けられないことになってしまう。

こうした問題に対応するために設けられたのが地域商店街活性化法である。地域住民が商店街にどのような要望をもっているかを調べ、それに基づき商店街が事業計画を立て、それを経済産業省が認定することで、資金やさまざまな計画立案・実施にかかわる情報や研修の提供などが実施されている。

【引用文献】
通商産業省企業局編（1971）『流通システム化へのみち』大蔵省印刷局
通商産業省産業政策局・中小企業庁編（1984）『80年代の流通産業ビジョン』通商産業調査会
林周二（1962）『流通革命―製品・経路および消費者』中央公論社

1）POSシステムには、どのようなメリットがあるか、またそのメリットは、どのように流通の生産性を高めるのだろうか、考えてみよう。
2）日本などはそもそも資本主義経済の国なのだから、振興政策は不必要とする考え方があるが、どのように考えるか。理由とともに話しあってみよう。

課題

コラム⑥　売れない時代のプロモーション戦略

　商品を消費者に買ってもらうためには、プロモーション戦略が欠かせない。広告会社は、その企画と実行を専業にする会社である。まずは消費者に商品を知ってもらい、興味をもたせ、「買いたい」と思ってもらい、最後は実際に買ってもらうまでのプロセスを、アイデアと経験でデザインし、商品販売を成功へと導いていく。以前は「広告代理店」とよばれメディアの広告枠を再販売することを主業としてきたが、現在では企業のプロモーション戦略を主導する立場として、「広告会社」とよばれることが多くなった。

　現在は物が売れない時代である。アパレル業界では、特に女性雑誌を中心に高級路線をアピールしてきた高級アパレルブランドが苦戦している。電通の「2019 年日本の広告費」調査では、有名アパレルブランドが好んで使用していた雑誌広告の広告費は、対前年比 91％と低下傾向を示した。一方、インターネット広告費は、対前年比 119％と堅調な拡大を示している。今や、広告活動の主戦場は、インターネット広告にシフトしているのである。実際、広告の実務の現場でも、インターネットを使用したメディア、ソーシャルメディア、動画配信プラットフォームを使用して、いかに商品を売り出すかという点に議論が集中する。インターネットを使った広告は、テレビや新聞などと比較すると広告主にとって安く済む場合が多いから、物が売れない時代に、広告活動がインターネットにシフトするのは、自然な動きなのである。

　さらにインターネットを使った広告を利用すれば、視聴者のデータを取得して、商品に興味関心がある視聴者を特定し、その人たちに向けて重点的に広告を表示するというターゲティングが容易となり、製品戦略などの他の戦略との連動性が高まる。こうした傾向は極端にまで進化し、少しでも興味を示す視聴者には、繰り返し広告が表示されるようになった。さらに、購買データも蓄積されていくから、一度でも購入すると、次の購入を促すため、さらに広告表示が繰り返されることになる。

　物が売れない時代に、企業がコストをかけずに、効率的に販売を促進しようとする結果、消費者はデータにより追跡され、常に広告と暮らす時代になってしまった。最近は、青少年に向けたデータを使用した広告表示の制限や、データ取得それ自体の制限も議論されている。また、企業もユーザー保護の一環としても、データの利用制限をサービスに組み入れ始めている。

　企業の効率的な広告活動への欲求と、その広告収益で成り立つインターネット広告事業者が、今後どのようなルールを設けて、インターネット上での広告活動の適正な方法論を確立していくのかは、メディア全体の発展を左右するテーマとなっていくであろう。これは、物を売るためのプロモーション戦略の倫理的なガイドラインを考えていく議論でもある。

第 7 部

流通政策とまちづくり

　日本の小売商業政策は 2000 年を前後して大きく変化した。事業者の規模間の差異から生じる格差に着目した調整政策がおおよそ廃され、まちづくり政策が本格的に導入されたのである。そのまちづくり政策を担うのが、都市計画法、大店立地法、中心市街地活性化法からなるいわゆるまちづくり三法である。

　しかし、そのまちづくり三法は必ずしも当初期待されたような効果を生み出すものではなかった。そのため 2006 年を前後して大幅にその内容が修正された。

　第 7 部では、大型店の出店規制の変遷を確認したうえで、まちづくり三法の成立時の内容とその問題点を整理し、その後に大きく修正された法律の内容と運用について解説する。

　問題があるから政策は必要となるが、現在の流通をめぐる問題は多岐にわたる。第 28 章では、近年特に注目されている買い物弱者の問題と大手ネット事業者による競争制限の問題を取り上げて、今後の流通政策の課題について考えていく。

第 ㉕ 章

出店規制の変遷

① 出店規制の広がり

　消費者である私たちは気づいていないことが多いが、商業施設を開設するに当たってはさまざまな規制がある。なかでも大規模商業施設の場合、周辺への影響が大きいため、大型店の出店規制が日本では戦前からおこなわれてきた。本章では、こうした出店規制にはどのようなタイプがあるのか、またなぜ規制が実施されるのかについて検討したい。

② 百貨店への規制

1）百貨店の成立と大衆化

最初に現れた大規模小売業は**百貨店**（デパートメントストア）であった。

　百貨店の特徴は、①大型店であり、②衣料品を中心として多種多様な商品を取り揃え、③商品管理は部門別におこなわれ、④販売は店員による接客がおこなわれる対面販売であり、⑤一般に現金販売・定価販売がおこなわれ、⑥本支店方式で多店舗展開する、という点が挙げられる（第9章参照）。

　もともと高級な呉服店であった百貨店は、品揃えの総合化や大規模化の過程で顧客層を広げる必要に迫られ大衆化していった。大正期にサラリーマン層が現れ、所得水準がある程度高く安定し海外事情に関心をもつ知的水準の高いこうした社会階層に対して、百貨店の顧客拡大が積極的に進められた。

　特に関東大震災後には、震災という緊急事態への対応として食料品や日用品を手広く扱い、中間層市民の買い物施設としての役割を果たすことになる。こうした結果、大正末期から昭和初期にかけて、百貨店の全販売額に占める呉服販売額比率が半分を切り、店名から「呉服店」の名称が消え始め、名実

ともに百貨店が成立したのである。

そのころ、大阪では、阪神急行電鉄が同社のターミナル駅を経由して通勤する郊外住宅地の住民を対象とし、駅に隣接して阪急百貨店を創設した。阪急百貨店は比較的低価格でかつ日用品の比重の高い商品構成となっていた。こうして百貨店の大衆化がいっそう推し進められたのである。

2）反百貨店運動から２つの百貨店法へ

大正末期から昭和初期にかけての日本経済は、震災恐慌、金融恐慌、世界大恐慌と度重なる不況に見舞われていた。不安定な生活環境に置かれた人々は、主たる収入源あるいは生活の補助手段として、小売商店を開く途を選んでいた。小売業は、製造業や農業と比べると比較的資金が少なくて済み、仕事をするうえでの技術もあまり要しなかったからである。当然多くの小売商店が生まれたため、小売商店間での競争が激しくなり、多くの店が生まれると同時に廃業に追い込まれる店も多くなった。こうした時期に、百貨店が食料品や日用品も扱い始めただけでなく、多店舗展開や出張販売に乗り出したことから、これら中小小売業による反百貨店運動が激しくなった。

百貨店と中小小売業の対立関係に対して、当時の政府が出した答えは**商業組合法**という中小商業者による組織化政策であった。この背景にあった考え方は、百貨店を抑制するのではなく中小小売業を近代化させていかなければならず、そうした近代化への努力は政府ではなく事業者がおこなうべきで、政府の役割は中小商業者の努力への支援にとどまるというものであった。

このような政府の方針に応じて、中小小売業者のなかには商業組合を設立して自助努力に励む商業者もいたが、かなりの小売業者にとっては失望の念が強かったと思われる。その結果、反百貨店運動は政治色を強めていくことになり、帝国議会に百貨店規制法案が各政党から提出される事態となる。こうした状況を受け、また当時の軍部の動きも影響したものと思われるが、1937 年に政府自らが百貨店法案を提出して、それを成立させたのである（**第1次百貨店法**）。こうして百貨店の事業活動、新規出店や増床、営業時間や休日数、出張販売等に対して規制がかけられることとなった。

1937 年は日中戦争が始まった年であり、百貨店法はあまり活用されるこ

となく戦後を迎え、1947年に廃止される。連合国軍支配下で経済活動は自由競争を軸として運営するという方向が打ち出されたが、そうした方針に百貨店法はそぐわず、特定業態や店舗の営業活動を規制するため、既存店舗を新規参入から保護することになりかねなかったからである。

　また戦争直後は、百貨店は戦災のために店舗が十分に使用できなかったり、商品や店員が不足していたり、消費者は生活に余裕がなく百貨店で買い物をするような状態でなく、百貨店法は廃止されても問題とはならなかった。

　1950年代に百貨店は急成長を始め、再び中小小売業者から規制を求める声が出て、1956年に百貨店法が再度制定された（**第2次百貨店法**）。

③ スーパーマーケットの登場とそれへの規制

1）スーパーマーケットの登場

　百貨店法が再び制定されたことで、中小小売業者は満足したわけではなかった。当時、各地にあった小売市場や購買会などに対しても規制を求め、こうした要求は1959年に**商調法**（「小売商業調整特別措置法」、小調法ともいう）として結実することとなった。同法は、①購買会事業への規制、②小売市場の許可制、③製造業者等の小売業兼業の届出、④製造業者等による小売事業や小売市場をめぐる紛争の斡旋・調停、等を定めている。

　これにより中小小売業者にとって強力な競争相手がすべて規制対象になったようにみえたが、1950年代には、「スーパー」とよばれる一群の小売商店が生まれ始めていた。例えば、1953年に紀ノ国屋（東京）、1956年に丸和フードセンター（福岡）といったスーパー（**スーパーマーケット**）が生まれていた。これらは、後に総合スーパーと食品スーパーに分離していくことになる。その特徴は、①大型店、②食品等最寄品中心の幅広い品揃え、③大量低価格販売、④セルフサービス販売、⑤チェーン方式による多店舗展開である（第10章参照）。

　物不足から解放され、消費することの楽しさを享受する消費者の受け皿となるとともに、消費財メーカーが市場に投入した多種多様な新商品の受け皿となり、店舗の大規模化、多店舗化により、急成長を遂げていった。

　このスーパーに対して政府は規制をかけることに慎重であった。その理由として、スーパーは近代的な小売業で消費者にさまざまな商品を気兼ねせずに買えるという便宜性を提供していることに加え、インフレに悩む政府にとっては安売りを標榜するスーパーを規制しようという意識は低かったからである。

2）スーパーマーケット規制の動き

　スーパーにとって好ましい環境は自らの行動によって揺らぎ始める。当時は、第2次百貨店法による規制がおこなわれていたが、それは企業単位で基準面積を適用する方式であった。スーパーのなかには複数の会社を設立してそれぞれ基準面積未満の店舗を1棟の建物に出店して法の適用を免れようとする**擬似百貨店**を展開するものが現れた。こうした出店方法に対して、中小小売業者が猛烈に反発したのは当然として、百貨店からもこうした法律の抜け道を利用した出店は公平性を欠いており、百貨店法を廃止するか、それができないのであればスーパーも百貨店同様規制されるよう法改正すべきであると批判されたのである。

　こうした批判を背景にして、「大規模小売店舗における小売業の事業活動の調整に関する法律」いわゆる**大店法**が1973年に成立した。大店法の規制は百貨店法のそれと比べると次のような特徴があった。①規制を企業単位ではなく店舗の建物単位でおこなうようにしたこと。②許可制から届出制としたので、規制緩和がおこなわれたこと。③百貨店法では百貨店業という事業そのもの、出店や増床、営業時間や休日、出張販売等各種営業活動とさまざまな領域にわたって規制がかけられていたが、大店法では店舗面積、開店日、閉店時刻、休業日数の4項目のみを規制対象としたことである。

　当時のスーパー業界の懸念は、1960年代後半から始まった資本の自由化問題であった。日本の経済発展に伴い資本市場の開放を日本政府は先進国から求められていたが、小売分野は零細事業者が多いといった理由で除外されていた。しかしいつまでも除外され続けるわけでなく、早晩自由化対象となるのは明らかであった。海外、特にアメリカ資本の日本進出が予想されていたが、日本のスーパーはまだまだチェーンオペレーションが未熟でPB（プ

ライベートブランド、第1章・第16章参照）商品の開発もあまり進んでおらず、外資参入によって大打撃を被るおそれが予想されていた。こうしたなかで、スーパーの出店を規制する仕組みができること自体は確かにスーパーにとって好ましくないが、外資に対してこの大型店規制が参入障壁として機能することもまた期待されたのである。

　こうして大店法は、規制範囲を広げる規制強化と届出制という規制緩和を組み合わせることで、スーパーにとっても、中小小売業にとっても、百貨店にとっても、受け入れられる規制であった。

　ところが大店法の成立した1973年はオイルショックの年で、それ以降市場拡大が鈍化していく。スーパーの大規模化、多店舗化はオイルショックの影響をあまり受けず、そのため中小小売業者による猛烈な大型店出店反対運動が引き起こされた。スーパーの出店が鈍化しなかった理由としては、①スーパー間の競争激化、②大量出店による売上高増加とそれによる取引交渉力強化を目指していたこと、③仕入代金の支払いが手形等により一定期間後におこなわれるのに対し、販売代金の受取りはただちに現金でおこなわれることから生じる回転差資金の活用と出店による回転差資金のさらなる獲得、④政府によるスーパー規制の動きに備えた駆け込み出店、などが考えられる。

　スーパーの進出は、店舗の大規模化を伴いながら、郊外部へと広がった。最寄品を中心とした広範な品揃えの大型店がセルフサービスで比較的低価格で大量販売をするという業態特性に対して、各地の多くの中小小売業者は警戒感を抱き、大型店出店反対運動をおこなったのである。

3）規制強化の動き

　全国各地に大型店出店反対運動が広まる過程で、各地の市町村・都道府県は条例や要綱によって出店に関する地方ルールを制定していくことになる。大店法の届出窓口になった地方自治体は、地域社会で紛争が発生することを嫌い、また市町村長といった首長や各地方議会の議員たちも地域商店街などの利害に敏感なことから、大店法では規制対象とならない中規模店に対する規制やその地方独自のさまざまな出店規制を設けたのである。

　全国各地の出店紛争や自治体規制に対して、政府は1979年の法改正によ

って対応しようとした。それは、大店法の規制対象を売場面積 1500m² また
は 3000m² から一律 500m² を超えるものと大幅に規制範囲を拡大し、その拡
大部分の調整を都道府県知事に委ねることで、地方自治体による中型店規制
を大店法に吸収し権限を知事に譲り、円滑な出店をおこなわせようとしたの
である。しかし、この措置はうまくいかず、その後も各地で出店をめぐる紛
争は続き、市町村による出店規制もつくられていった。

　政府は 1981 年に一時的に特定の大規模小売業者への出店指導と出店抑制
地域の指定という 2 つの手段によって、出店紛争を押さえ込む。この措置は
その後も続き、1980 年代は、「出店凍結の時代」とよばれることとなる。

4）規制緩和への政策転換

　こうした状況を大きく変化させたのは、1989 年に始まる**日米構造協議**で
あった。この 2 国間交渉では大店法がアメリカの貿易赤字の原因として取り
上げられたが、その理由は次のようなものであった。日本で輸入品を比較的
多く取り扱っているのは大型店であり、その大型店の新規出店等を日本政府
が大店法によって規制しているために、アメリカからの輸入品の販売が伸び
ず、貿易の不均衡を発生させているというのである。

　日米構造協議では、日本政府は大店法の廃止は免れたものの、調整期間を
1 年半にまで短くし、閉店時刻を午後 6 時から 7 時へと遅くし、届出は原則
受理し、輸入品売場は特別扱いとし、2 年ごとに大店法の見直しをすること
となった。1992 年には法改正がおこなわれ、調整期間は 1 年とさらに短く
なり、出店抑制地域なども廃止された。その後も運用緩和がおこなわれ、結
局 1998 年には**大店立地法**（「大規模小売店舗立地法」）が成立し、同法が 2000 年
6 月に施行されるのに伴い、大店法は廃止された。

❹　立地規制への転換とその意義

1）1990 年代の流通構造の変化

　大店法が緩和された 1990 年代は流通構造が大きく変化しており、バブル
崩壊後の景気低迷を受けて低価格販売が定着していった時期であり、1980
年代に本格化したロードサイド商業による商業活動の郊外化が進展した。郊

外化の主役となったのは、中・大型店の専門店チェーンやそうした店舗の集積した大規模ショッピングセンターであった。バブル期の負の遺産を償却できず経営に行き詰まる大手小売業者も少なくなく、小売業界の再編がおこなわれ寡占的な大規模小売グループが誕生する一方で、1980年代から減少の続く中小小売業者と商店街は体力を失っていったのである。

　この流通構造の変化は、都市の景観を一変させた。多くの地方都市ではまちの原点ともいえる中心市街の商業集積地で空き店舗が目立ち、大型店も撤退していることが多く、繁華街は空洞化してきていた。郊外部では幹線道路沿いにロードサイド商業が立ち並び、工場跡地等には中心市街地の商業集積に匹敵する大規模ショッピングセンターが立地していた。

2）中心市街地の問題

　中心部の空洞化というインナーシティ問題は、次のような問題をもたらした。①郊外部へと市街地が拡大するにつれ、財政難に苦しむ地方自治体にとっては道路や各種ライフラインの整備が重荷となったこと。②中心市街地での密接な人々の交流からもたらされるイノベーションや起業といった都市のインキュベーター機能が低下したこと。③都市が長年にわたって蓄積してきた町並みやそれが醸し出すまちの雰囲気といった文化的資産が劣化し始めたこと。④郊外部で建設される商業施設は全国チェーンが主体であり、地域性のある商業施設や商品販売がなくなり、自動車で必要な商品やサービスのみを買い求めるといった潤いに欠けるライフスタイルとなったことである。

　大店法の段階的な緩和によって大規模な郊外型ショッピングセンターが林立していく1990年代には、住環境保護を求め地域住民による大型店出店反対運動がおこなわれるようになっていた。そのため、各地の自治体では独自に環境面から大型店出店を規制する条例や要綱を定める動きが出てきた。

3）大型店規制の政策転換とその意義

　こうした状況を背景として、まちづくりの視点から調整政策を見直そうという動きが出てくる。1997年に大店法廃止の方向性が出てくるが、同時に仮称ではあったが環境面から大型店の出店を規制するという「大規模小売店舗立地法」を策定する旨が示されたのである。

　1998 年に改正**都市計画法**、大店立地法、中活法（「中心市街地における市街地の整備改善及び商業等の活性化の一体的推進に関する法律」）からなる**まちづくり三法**が成立した。都市計画法と大店立地法は日本ではじめて環境面から本格的に大型店を規制しようとする施策である。2006 年に都市計画法と中活法は改正されるが、都市計画法は大幅に強化され、特に大規模な商業施設については厳しく立地制限がおこなわれ、商業活動の郊外化に歯止めがかけられるようになった（第 21 章参照）。このようにして、日本の調整政策は、競争関係の調整から環境保全の**立地規制**へと政策転換がおこなわれた。

　諸外国ではどのようになっているのであろうか。競争関係の調整の代表的な例として挙げられるのはフランスであり、1972 年の**ロワイエ法**（「商業および手工業の方向づけに関する法律」）やラファラン法（「商業および手工業の発展促進に関する法律」）がある。カルフールに代表されるハイパーマーケットの出店を抑制し、中小小売業の存立基盤を確保する政策が継続的に実施されてきた。こうした出店規制は単独で実施されておらず、都市計画つまり立地規制が同時に強力な規制をおこなっていることに注意すべきであろう。

　立地規制をおこなっている国は多いが、代表例としてイギリスやドイツが挙げられる。郊外で商業開発が進み、都市域がスプロール（無秩序に都市が郊外に拡大していくこと）的に展開するのを抑えるため、大規模商業開発がおこなえる地域を用途地域などによって厳格に規制している。

　出店規制が各国で実施されているのは、大型店は消費者にとって安価な商品を提供するかもしれないが、それだけでは満たされない近場での買い物、地元で生産される食料品の少量購買、買い物におけるコミュニティ機能、町並みといった都市景観への評価など多様な消費者の欲求があるからである。

---

1) 大型店が近隣に出店することによってどのような問題が発生するか、自らの経験、新聞などの報道をもとにして挙げてみよう。
2) 環境などへの配慮からおこなわれる出店規制の方が、中小事業者と大規模事業者との競争を調整する観点からおこなわれる出店規制よりも好ましいとされることが少なくない。その理由を考えてみよう。

━ 課　題 ━

第 ㉖ 章

まちづくり三法の制定

1 まちづくり政策の必要性

　商店街（第12章参照）は、行政サービス、金融、住宅、事業所、芸術文化、観光、マスコミ、レジャー、医療看護、社会福祉、公共交通、スポーツ、教育、コミュニティなどの施設とともに、都市や地域社会を構成する一要素であって、地域における活力向上の主要な担い手でもある。

　都市や地域社会に賑わいがあれば、商店街にとっても人通りが増えて売上が増加するなど好ましい影響が期待できる。まちの顔として商店街が繁盛しているところでは、暮らしやすく都市や地域社会の魅力が向上するなどの相乗効果が期待できる。逆に、都市や地域社会に活力がなくなれば、小売業の経営や商店街の事業も勢いが失せることになる。このため、商店街には都市や地域社会の主要な担い手として、商業の振興という観点に限らず、住民同士のコミュニティとして暮らしの安心・安全を提供する公共性の観点から政策的配慮（環境整備事業費補助、共同経済事業費補助、長期低利の政策融資、防犯灯を兼ねた電灯料金の補助など）がなされている。

　かつて中小小売業を中心とする商店街の多くは、自然発生的に形成され、地域コミュニティの基盤であった。しかし、1980年代以降はモータリゼーションの発達とともに、良質な住宅地が郊外に広がることで中心部の定住人口が減るドーナツ化現象が進行した。また、バイパスの開通により交通体系も変化し、大型店の郊外立地が加速した。これにより中小小売業の客数、売上高、利益が減少する傾向が続き、**経営者の高齢化**や**後継者不足**が中小小売業の構造問題となった。個店レベルで後継者がいなければ商店街も次代を担う人材が不足することになり、今後の事業体制が懸念される。

　大型店を中心に商業立地の郊外化が加速し、中心市街地で営業していた大型店まで業績が低迷して倒産や店舗の閉鎖に追い込まれる都市も多い。大型店の中心市街地からの撤退は、集客核を失うことで商業の活力を低下させ商店街の衰退に拍車がかかる。同様に行政機関、裁判所、総合病院、教育機関、芸術文化センターなどの公共性が高い複数の施設が郊外へ移転することで、**社会的共通資本**（市民が豊かな経済生活を営み、魅力ある社会や文化を維持することを可能にする社会的装置）が十分に活用されず、中心市街地の活力が低下（社会経済的な地盤沈下）する。このことは中心部に共有されていた快適性や安心・安全といった生活基盤を脅かし、高齢者や障害者を中心に社会からの孤立、他人との心理的距離の拡大、低栄養などの健康被害をもたらす**買い物弱者**（第28章参照）が増えることが懸念される。また、経済活動が低迷して税収が減れば、行政が住民福祉に必要な施策を講じられず、市民や事業者に将来の負担を強いることにもつながる。

　中心市街地の活性化を考える際には、大型店や公共公益施設の立地調整が必要となる。一企業の意思決定がまちを大きく変えることは望ましくない。大型店の出店できる自由が先にあるのではなく、地域社会の側に来るものを選ぶ自由があるとする見解もある。都市は一度衰退すると再興は容易ではない。都市が健全な活力を維持するには、市場の論理だけに依存することなく、都市政策と流通政策を連動させたまちづくり政策が必要になる。

❷　中心市街地の空洞化とその背景

　中心市街地の空洞化とは、都市中心部の主要な統計指標（中心市街地の人口、商店数、年間商品販売額、事業所数、従業者数）を評価軸として、これらの指標が悪化している状況をいう。より具体的には、中心市街地での歩行者通行量の減少、空き店舗・空き地の増加、オフィスビルの空室率の増加、市域全体に占める中心部の年間販売額の減少、同売場面積シェアの低下など**経済の新陳代謝**が進まなくなった状態をいう。

　例えば、日本ショッピングセンター協会の資料によると、1970年代からショッピングセンター（SC）の立地は郊外地域が増加している。1960年代以

前は中心地域への SC の出店は 48.3％を占めていたものが、それ以降は 2000
年代まで低下している。2007 年 11 月に改正都市計画法が完全施行され、**大
規模集客施設**の郊外立地を規制した影響がみられる 2010〜2014 年には中心
地域への出店がわずかながら増加に転じた。

　一方、1960 年代以前は郊外地域への出店は 13.3％に過ぎなかったが、
2000 年代は 67.1％まで増加し、大型商業施設が中心地域から郊外地域へと
広がったことが確認できる。2010〜2014 年には 51.0％まで減少したものの、今
日でも郊外および周辺地域への出店割合が高い状況は続いている（図表 26-1）。

　中心市街地の空洞化の背景を整理すると次のようになる。

①　地方経済（支店経済）の衰退と若者の流出

②　少子高齢化と人口減少

③　日常生活に必要な都市機能（居住・福祉・医療・商業等）の拡散

④　スプロール的（無秩序な）郊外開発

⑤　農業用地の転用や工業系用地の活用による大型商業施設の郊外立地

⑥　単身世帯・共働き世帯の増加に伴う消費者行動の変化

図表 26-1　年代別ショッピングセンターの立地動向

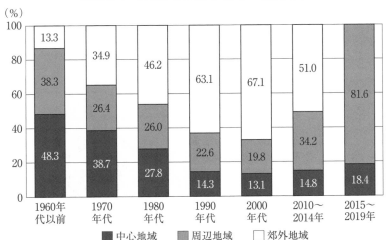

注　：2015 年に立地区分が 3 区分から 2 区分（中心地域と周辺地域）に変更され
　　　ている。
出所：日本ショッピングセンター協会資料から作成。

⑦　バイパス建設やバス路線廃止に伴う中心部への交通利便性の低下

⑧　空き店舗の増加と商業者の共同事業に対する参画意識の低下

⑨　まちなみ景観デザインの魅力不足

⑩　行政コストや環境負荷に関する将来見通しの甘さ

③　まちづくり三法の制定

　流通政策においてまちづくりの視点が必要とされるなかで、1990年代前半には大店法（「大規模小売店舗における小売業の事業活動の調整に関する法律」）の規制緩和が段階的に進められた。大店法は中小小売業者の事業機会の確保を事実上の目的とする分野調整法であり、当初からまちづくりの視点はなかった。経済産業省の産業構造審議会流通部会と中小企業政策審議会流通小委員会の合同部会は、大型店の出店をめぐる調整政策は、それまでの**経済的規制**（需給調整や事業機会の確保を目的とする規制）を廃止し、都市計画またはまちづくりや生活環境の観点からの**社会的規制**をおこなう方向へ転換すべきとする中間答申をまとめた（1997年12月）。この中間答申では、中心市街地活性化

図表26-2　まちづくり三法の概要

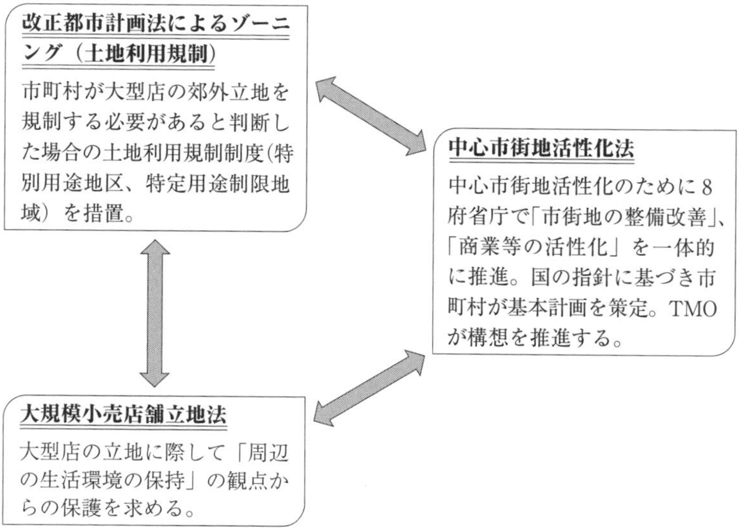

出所：国土交通省（2005）「まちづくり三法の見直しについて」から作成。

のための総合的な施策の展開が盛り込まれた。

　政府は都市計画法でゾーニング（都市計画で一定地区ごとに効率のよい環境を維持するために用途を区分すること）による小売業の店舗立地を自治体が適切にコントロールする制度を用意し、大店立地法（「大規模小売店舗立地法」）で大型店が立地する周辺の生活環境を保全する観点から必要な調整をおこない、中活法（「中心市街地における市街地の整備改善及び商業等の活性化の一体的推進に関する法律」）で都市中心部の商業等の賑わいを再生するために国の省庁を超えた総合的な支援策を講じる、このいわゆる**まちづくり三法**（上記3法の総称）を1998年2月に国会に上程し、同年5月あるいは6月に成立している。当時、政府は、「三法を一体として活用すれば、大型店の立地調整を含むまちづくりに支障はない」と説明していた（図表26-2）。

④　都市計画法の改正（1998年改正）

　都市計画法は、土地の無秩序な開発を抑制するための法律である。小売業の店舗立地を規制する法律として、その統制を強化するために改正された。当時の都市計画法では、国土全体を都市計画区域（26.3％）と都市計画区域外（73.3％）に分け、前者は優先的かつ計画的に市街化を進める予定の市街化区域（3.8％）と市街化を抑制する線引き都市計画区域（＝市街化調整区域）（10.0％）、未線引き都市計画区域（2000年以降は非線引き都市計画区域という）（12.5％）に区分されていた。このうち、市街化区域または非線引き都市計画区域においては住居系（第1種低層住居専用地域、第2種低層住居専用地域、第1種中高層住居専用地域、第2種中高層住居専用地域、第1種住居地域、第2種住居地域、準住居地域）、商業系（近隣商業地域、商業地域）、工業系（準工業地域、工業地域、工業専用地域）からなる12種類の用途地域を定めた。さらに地域の実情に即して用途をきめ細かく規制していくため、用途地域に上塗りするかたちで、特別の目的（大規模店舗を規制するなど）のために用途制限を加重（または緩和）することができる特別用途地区を市町村の条例で定めることができるようにした。

　それまで11種類に限定していた**特別用途地区**（中高層住居専用地区、商業専用地区、特別工業地区、文教地区、小売店舗地区、事務所地区、厚生地区、観光地区、娯

楽・レクリエーション地区、特別業務地区、研究開発地区）を廃止し、地域の実情に応じ市町村が柔軟かつ機動的に土地利用規制をおこないうる制度としての特別用途地区と、用途地域がない地域ではこれに代わる**特定用途制限地域**（2001年5月施行）を新たに設けられるようにした。これらは大型店の郊外出店等を規制する方策として期待された。

　これらの改正では依然として多様な土地利用を追認する消極的な用途指定にとどまり、大型店の出店は商業地域、近隣商業地域、準住居地域、第2種住居地域、工業地域、準工業地域、非線引き都市計画区域の用途が指定されていない白地地域でも可能とされており、郊外への大型店の出店を事実上容認する制度であった。また、実際には特別用途地区や特定用途制限地域については、全国でもそれぞれ10地区程度しか指定されておらず限定的で実効性に乏しかった。

　さらに、都市計画法第29条第1項第3号に基づき、社会福祉施設、医療施設および学校の公共公益施設に係る開発行為はそれが**市街化調整区域**（市街化を抑制すべき区域）であっても公益上不可欠な施設ということで、最低限の技術基準に適合すれば開発行為は許可しなければならない制度になっていた。公共公益施設の立地制限の緩和については、中心市街地の活性化に多大な影響を及ぼす懸念があり、政策の一貫性からも問題となった。

　加えて、都市計画法第34条第10号イに基づき、市街化調整区域内において20ha以上の開発行為で計画的な市街化を図るうえで支障がないと認められるものについて許可することができる大規模開発に係る開発行為については、大規模商業施設が合法的に非線引き白地地域（市街化区域と市街化調整区域とに区分されていない都市計画区域のうち用途が定められていない部分。国土の11.1％を占める。市街化圧力が弱く開発許可の規制は緩やかな地域）に出店できる制度が残された。そのため、2002年ごろには地方圏で延床面積3000m^{2}以上の大型店の1割以上が非線引き白地地域に立地するなど、こうした傾向は増加していた。

　この当時の都市計画法では、郊外開発が認められやすく、ゾーニングについては、広域的な観点が反映されないなどの問題が多かったため、自治体のなかにはまちづくり条例を制定してエリアごとに建築できる施設の上限面積

を定め、設置者に届出義務を課すことで立地制限をおこなうところもみられた。しかし、こうしたまちづくり条例については、土地利用規制が直接的にその土地の地価に影響を与え住民の財産価値を変動させてしまうこと、郊外部に居住する住民や土地を所有する人たちは郊外開発の抑制を望んでいないことなどから、条例の制定については慎重に議論すべきという意見もあった。

⑤　大店立地法（1998年制定）

　この法律では、大型店（政令により店舗面積〔飲食店は除く〕が1000m² 超の大規模小売商店舗─生協や農協などの非営利事業者も含む）の開発・出店に際して、施設の配置や運営方法等について、生活環境保持という社会的規制の観点から、交通渋滞、駐車・駐輪、交通安全、騒音、廃棄物等の詳細に関して都道府県や政令指定都市において市町村等の意見も聞いて審議をおこなう。

　設置事業者は審議に先立ち届出から2ヵ月以内に出店予定地の市町村において内容周知のための法定説明会を開催しなければならない。市町村や住民等は届出から4ヵ月以内に意見を表明し、都道府県や政令指定都市は届出から8ヵ月以内に意見を表明しなければならない。意見がない場合には、届出事業者による大型店の新増設が実行される。意見がある場合には、届出事業者は自主的に対応策を提示する。都道府県と政令指定都市は改善内容が意見書の趣旨を適正に反映しておらず、周辺地域の生活環境に著しい悪影響があると判断した場合には、改善策の提示から2ヵ月以内に改善のための勧告をおこなう。届出から勧告までの審査機関は1年以内とされている。

　大店立地法は、運用指針において生活環境保持に関する審査事項を定めているが、欧米の法体系が有する都市景観の保全や**ゾーニング**の視点はほとんどなく、ゾーニングは都市計画法に委ねられている。また、大型店の出店後の対応をチェックする事項や撤退時に配慮すべき事項も法律上は用意されていない。また、店舗規模等の経済的調整はおこなわれず、必要に応じ自治体が制定した**まちづくり条例**等に判断を委ねているのが現状である。

⑥　中心市街地活性化法（1998 年制定）

　中活法は空洞化が懸念される中心市街地の活性化を目的とした関連施策を総合的に実施するための制度を体系化したものである。市町村が国の基本方針に従い、今後 5 年間を目途とした基本計画を策定（議会の同意は不要）し、基本計画に沿って **TMO**（Town Management Organization, まちづくり機関）を予定している団体が構想を策定する。市町村がこの構想を認定した場合に当該団体が認定構想推進事業者としてのまちづくり機関（TMO）となる。この TMO は地元の商工会議所または商工会、第 3 セクターのまちづくり会社などが認定される。

　TMO にはまちづくりの取り組みを中心的に担う組織として、商業者や行政に限らず、住民、商業以外の民間事業者、NPO、農業者、金融機関など地域の広範な関係者が連携して地域の個性を生かしたまちづくりへの取り組みが期待された。しかし、市町村が策定した基本計画に 5 年後の目標数値が明示されていたものは少なく、地元の利害調整に配慮するあまり対象地域を過度に広く設定し、商業以外の都市機能の集約についての考えが明確でない、などの問題点が指摘された。

1）郊外に出店した大型店が中心市街地に及ぼした影響について、事例を 1 つ取り上げて調べてみよう。
2）TMO は、人材面、資金面、情報面、組織面などで問題を抱えていた。これらを解決するために必要とされた取り組みを考えてみよう。

課　題

第 ㉗ 章

まちづくり三法の改正

❶ 三法施行後の中心市街地の状況

　1998年に制定された中活法（「中心市街地における市街地の整備改善及び商業等の活性化の一体的推進に関する法律」）の基本方針に基づき、全国606市町村・690地区で「中心市街地活性化基本計画」が策定された。国と市町村の間で中心市街地の現状や趨勢を見据えた空洞化の問題意識は共有されていたが、結果として多くの都市で**中心市街地の衰退**に歯止めがかからなかったことから、中心市街地の機能回復に向けた制度の見直しを求める声が高まった。

　総務省（2004）「中心市街地の活性化に関する行政評価・監視結果に基づく勧告」では、三法施行後にさまざまな対策が講じられてきたにもかかわらず、中心市街地は居住人口の減少、公共公益施設の移転や郊外大型店の立地等によって、衰退がさらに進行していると評価した。

　一方、国土交通省（2005）「中心市街地再生のためのまちづくりのあり方に関する研究アドバイザリー会議報告書」は、中心市街地が活性化した一部の都市の特徴として、①中心部の人口密度が高く公共公益施設が集中立地した「集約型都市構造」となっている、②公共交通網がよく機能して中心市街地の集積のメリットを生かして交通結節点となっている、③各種都市機能へ徒歩、公共交通機関でアクセスしやすくなっている、ことを指摘した。

❷ 旧制度（1998年制定）への評価

1）都市計画法（1998年改正）

　都市計画の用途地域を補完するものに、市町村のイニシアティブで柔軟かつ機動的に土地用途の規制ができる制度として、特別用途地区制度（＝用途

地域に重ねて指定する、1998 年改正）と特定用途制限地域制度（＝用途地域が定められてない〔白地地域の〕土地の区域で用途の制限を課す、2000 年改正）がある。しかし、実際には地域でコンセンサスを得ることは容易でなく、これらの制度を活用し大型店を規制した例は限定的であった。

また、当時の都市計画法では郊外開発の手続きが容易で、ゾーニングについて広域的視点が反映されない問題点があった。さらに、郊外への大型店の出店により、雇用・税収を期待する自治体首長の意識改革も必要とされた。

2）大店立地法（1998 年制定）

中活法によって大型店の中心市街地への出店にインセンティブ（誘因）を与えておきながら、当初の大店立地法（「大規模小売店舗立地法」）では、「中心市街地活性化に基づく計画に位置づけられていることをもって、大店立地法の適用除外、あるいは規制を軽減することは認められない」（通商産業省「大規模小売店舗立地法のポイント」〔1998 年 10 月〕）としたことから、中心市街地からの大型店の撤退や郊外出店が加速した。こうした点については、その後の経済産業省の「構造改革特区（中心市街地活性化のための大店立地法の特例について）」（2003 年 2 月）により手続きの簡素化が講じられている。

大店立地法では、大型店の地域貢献を求める観点から、物販店だけに駐車場、交通、騒音、廃棄物、町並みなどの社会的規制を限定することには問題があるため、不特定多数の人が利用する大規模集客施設（後述）についても都市計画法で規制対象とすることが検討された。また、中心市街地活性化における大型店の影響が大きいことに鑑み、出店および退店時の社会的責任について一定の責務やガイドラインを示すことが要請された。

3）中心市街地活性化法（1998 年制定）

中活法による基本計画には全市的な戦略性が明記されておらず、対象地域が過度に広く設定されるケースがあった。また、中心市街地に関する地域住民や商業関係者のニーズ把握が不十分であり、活性化の数値目標が示されず、詳細な評価がなされていないことなどが問題とされた。さらに、市街地の整備改善と商業等の活性化の一体的推進が十分でなく、商業以外の都市機能集約についての考え方が明確でなかった。**TMO**（Town Management Organization,

まちづくり機関）活動については、商業活性化に偏っていること、実施責任や費用負担が不明確であること、自治体や商業者の関与が不十分なこと、地権者との調整が十分でなかったこと、責任ある執行体制が取れなかったことが問題であった。

❸　まちづくり三法の改正（2006年改正）

1）都市計画法の改正（2006年改正）

（1）　ゾーニング規制強化により無秩序な立地を抑制　2006年の改正で延床面積が1万㎡を超える大規模集客施設が立地できる用途地域を商業地域、近隣商業地域、準工業地域に限定した。このうち準工業地域は、三大都市圏および政令指定都市以外では、特別用途地区として立地を抑制することが中心市街地活性化基本計画の認定を受けるための条件とすることが定められた。さらに、非線引き都市計画区域内の用途地域以外の地域（白地地域）は大規模集客施設の立地を原則不可能とした。農地についても準都市計画区域に指定した場合は非線引き都市計画地域と同様にした。

（2）　都市計画提案制度の改善　商業地域、近隣商業地域、準工業地域以外はゾーニング強化の対象となり、原則として大規模集客施設の立地はできないこととなった。しかし、都市計画法上の提案制度の手続きを経れば、土地利用規制の内容を変更でき、大規模集客施設の立地も可能とした。

（3）　飲食店や映画館も規制の対象　これにより、商業施設と一体となっている大規模集客施設も規制の対象となった。**大規模集客施設**とは、床面積が1万㎡を超える店舗、飲食店、劇場、映画館、演芸場、遊技場、展示場、場外馬券売場等をいう。こうした措置により、さまざまな都市機能の郊外化を抑制する効果が期待された。

（4）　広域調整の仕組みを創設　市町村が中心市街地活性化対策に影響を与える大型店を誘致した場合、それに隣接する中心市街地活性化に取り組んでいる市町村が意見を述べたり、その属する都道府県知事が調整をおこなったりする権限はなかった。しかし、この見直しにより都道府県内での広域調整の仕組みが創設された。例えば、市町村が用途地域変更をおこなう場合

には、都道府県知事との協議または同意が必要になった。

(5)　開発許可制度の抜本的見直し　それまで都市計画法第 34 条第 10 号イにより市街化調整区域での大規模計画開発（20 ha 以上）が認められていたものを廃止した。また、開発許可が不要とされていた公共公益施設も開発許可の対象とした。

2）大店立地法の指針改定（2007 年改定）

大店立地法第 4 条第 1 項に規定する「指針」の改定をおこない、商業施設に加えて複合施設（小売業とサービス業が一体となった大規模複合施設）も対象とすることにした。

3）中心市街地活性化法の改正（2006 年改正）

少子高齢化、消費者生活等の状況変化に対応し、中心市街地における都市機能の増進および経済活力の向上を総合的かつ一体的に推進するため、2006 年に中活法が改正された。改正法の要点は以下の通りである。

i　法律名を「中心市街地の活性化に関する法律」へ変更
ii　基本理念・責務規定の創設
iii　国による「選択と集中」の仕組みの導入
iv　多様な関係者の参画を得た取り組みの推進
v　認定基本計画に対する支援措置の拡充

改正法では、人口減少社会・少子高齢社会に対応するとともに、**都市機能の集約**により社会総コストを抑制し、環境に優しく、安全・安心で美しい「コンパクトでにぎわいあふれるまちづくり」の推進を目標とし、中心市街地の活性化支援という「アクセル」とゾーニング等の計画的な土地利用規制という「ブレーキ」の合わせ技による新たな仕組みの整備を目指した。

(1)　基本理念・責務規定の創設　「地域における社会的・経済的及び文化的活動の拠点となるにふさわしい魅力ある市街地の形成を図ることを基本とし、地方自治体や住民等が連携を図り主体的に取り組むことに対し、国が集中的かつ効果的に支援を行う」とする基本理念を創設した。さらに、国、地方公共団体および事業者の中心市街地活性化のための**責務規定**（法律の目的や基本理念の実現のために、国・自治体・事業者の役割を宣言的に規定するもの）を

新設した。

(2) 内閣総理大臣が基本計画を認定　それまでの中活法（1998年制定）では、市町村は議会の承認要件がないまま基本計画を公表し、主務大臣および都道府県に写しを送付していたが、改正法では内閣総理大臣による認定を受ける制度に改めた。また、内閣総理大臣を本部長とする中心市街地活性化本部を内閣に設置し、国による**選択と集中**（重点的・優先的に進める事業を見極める仕組み）を導入した。

(3) 中心市街地活性化協議会を法定　中活法において商業活性化のための取り組みに偏って事業を推進してきたTMOの組織と活動を抜本的に見直し、民間によるまちづくりの司令塔として、まちづくり全体にかかわる活動を総合的に実施することを目指すタウンマネジメント体制を構築した。具体的には、認定を受けた基本計画に記載された事業を一体的かつ円滑に実施するために必要な事項を協議する**中心市街地活性化協議会**を中心市街地ごとに新たに設置（法定化）することにした。

協議会は、商工会議所・商工会等と中心市街地整備推進機構等が共同で組織し、市町村が基本計画を作成する際の意見聴取、民間事業者が事業計画を作成するための協議の際に、市町村に意見を述べることができる。

(4) 選択と集中による支援措置の拡充　新たなスキームのもとで、認定基本計画に対する支援措置（市街地の整備改善、都市福利施設の整備、まちなか居住の推進、商業の活性化など）を大幅に拡充した。また、中心市街地の空き店舗への大型店出店時の規制緩和など、国が「選択と集中」の考え方に基づき手厚い支援をおこなうことにした。

❹ 改正三法（2006年改正）への評価

2006年にまちづくり三法は改正されたが、その後も中心市街地の衰退は依然として続いた。内閣府・内閣官房（2013）「中心市街地活性化基本計画平成24年度最終フォローアップ報告」では、2012年度末までに基本計画が終了した30の市町村において、基本計画で定めた数値目標が達成されたものは全体で27%にとどまることが紹介された。

　また、内閣官房（2013）「中心市街地活性化推進委員会報告書」は、中心市街地活性化基本計画に市街地の整備改善、都市福利施設の整備、居住環境の向上、商業の活性化の4事項すべての新規事業を盛り込む必要があることが、小規模な市町村にとって計画づくりのハードルになっていることを指摘した。中心市街地活性化推進委員会（2013）「中心市街地活性化に向けた制度・運用の方向性」において、今後の具体的な政策の方向性として、①認定市町村の裾野の拡大、②柔軟な区域設定、③広域的な調整、④波及効果が大きな事業への重点支援、⑤実施体制の強化、⑥フォローアップ（PDCA）の運用改善等の必要性が示された。

　このような状況のなか、「日本再興戦略」（2013年）に定められた「コンパクトシティの実現」に向けて、民間投資の喚起を軸とする支援策の必要性が議論された。**コンパクトシティ**とは、郊外に居住地域が無秩序に拡散するスプロール化を防ぎ、中心部に住宅や商業や行政機能などを集約化させることで、社会インフラを効率的に利用し、持続可能な社会を実現しようとする都市計画の考え方である。政府は、生活拠点を含む多極ネットワーク型、強制によらない誘導型の集約を目指した。集約による効率化により、移動時間・距離の短縮、二酸化炭素排出量の削減、行政コストの削減、コミュニティの維持、防災・防犯対策の強化といったメリットが期待された。

⑤　コンパクトシティ実現に向けた取り組み

　上述の通り、少子高齢化の進展や都市機能の郊外移転により、中心市街地における商業機能の衰退や空き店舗、未利用地の増加に歯止めがかからない状況が続いた。このため、民間投資の喚起を通じた中心市街地の活性化が図れるように以下の措置が講じられた。

1）中活法の一部改正（2014年改正）に伴う支援措置
【民間投資を喚起する新たな重点支援制度の創設】
　中心市街地への来街者またはそこでの就労者の数もしくは小売業の売上高を相当程度増加させるなどの効果が高い民間プロジェクトに絞り、経済産業大臣が認定する制度を創設した。地元が望む大型店の立地手続きについて説

明会開催義務の免除等による簡素化を図ることなどが措置された。

【措置拡充による裾野拡大】

①　市街地の整備改善、都市福利施設の整備、居住環境の向上、商業の活性化の4事業については、新たな事業を必要としない合理的な理由を記載することで、すべて盛り込むことを不要とし基本計画の認定要件を緩和する。

②　中心市街地とすべき地域が複数存在する場合は、複数の地域を一体の区域とみなす柔軟な区域設定をすることができることを定める。

③　オープンカフェ、露天店舗の設置に際して、道路占有に関する無余地性（道路の敷地以外に余地がないためやむをえない占有であることの）基準を（空き店舗や未利用地が散見されるところにおいては、無余地性の基準を充足することが難しい場合があるため）撤廃する特例制度を創設する。

④　通訳ガイドが少ない地域もあるため、通訳案内士の特例を措置する。

⑤　規制の解釈に関する疑問等に対し、国が回答する制度を創設する。

【実効性を高める取り組み】

①　市町村は計画期間中に原則として毎年フォローアップをおこなうよう努め、必要に応じて協議会と連携して基本計画の見直しをおこない、見直した基本計画について再度認定の申請をおこなうよう努めるものとする。

②　中心市街地活性化協議会は基本計画の策定や見直しの提案を積極的におこない、市町村は協議会から提案を受けた場合、これに積極的に応じて尊重することを通じて機能強化を図る。

③　大型店等の出店に際して、広域自治体である都道府県は市町村相互の整合性確保と連携促進を図るために指導や助言を通じ、施設の立地に関して適切な誘導をおこなう。

このほかにも政府は「中心市街地活性化促進プログラム」（2020年）を策定し、遊休資産や観光資源を生かす取り組み、民間との連携や人材の確保・育成を強化する取り組みへの積極的な支援をおこなうことを表明している。

2）都市の集約化と公共交通網の再構築

市町村が健康で快適な生活環境の維持や持続可能な都市経営を目指すには、都市のコンパクト化とともに、公共交通網の再構築や周辺交通とのネットワー

クの形成が必要である。このため、政府は「都市再生特別措置法等の一部を改正する法律」（2014年改正）と「地域公共交通の活性化及び再生に関する法律の一部を改正する法律」（2014年改正）を成立させた。国は中活法を含むこれらの法律改正を通じ、地方都市を中心に都市の再興を目指す。

【立地適正化計画の作成】

「都市再生特別措置法等の一部を改正する法律」は、市町村がコンパクトなまちづくりと地域公共交通との連携によって、人口減少社会にあっても住みよいまちづくりに向け、都市全体の観点から施設の立地を一定の区域（居住誘導区域、都市機能誘導区域）に誘導するための立地適正化計画（マスタープラン）の作成について定めた法律である。

【地域公共交通計画の作成】

「地域公共交通の活性化及び再生に関する法律の一部を改正する法律」は、持続可能な地域公共交通の形成に資する地域公共交通の活性化および再生を維持するための手続きを定めた法律である。多様な輸送資源（デマンド交通、福祉輸送、送迎バスなど）を活用して地域の移動ニーズに細かく対応する。立地適正化計画とあわせて多極ネットワーク型コンパクトシティを目指した。

1）　中活法の責務規定のうち、大型店が協力するように努めるものとしてはどのようなものがあるか、調べてみよう。
2）　コンパクトシティに向けた市町村の取り組み事例を調べ、その成果と課題について話しあってみよう。

課 題

第 ㉘ 章

新たな流通政策に向けて

1 山積する流通課題

　流通という経済活動は生産と消費を結びつける機能をもつため、生産活動や経済活動一般がもたらす問題だけでなく、個々の消費者が選択する私的な行動によって発生する社会問題も、流通課題として認識されることが多い。そのため、流通を取り巻く課題は、非常に広くさまざまな内容をもっている。

　現在、流通経済で問題および課題と意識されているのは、プラスチックごみなどの廃棄物問題、**フードロス**問題、**コンパクトシティ**への対応、**買い物弱者**問題、大手ネット事業者による競争制限など幅広いものとなる。ただし、廃棄物問題やフードロス問題は流通部門だけの問題とはいえず、コンパクトシティについては**まちづくり三法**に関連していることから、本章では取り上げない。ここでは、他章ではふれられていない買い物弱者問題、大手ネット事業者による競争制限問題についてみておきたい。

2 買い物弱者問題

1）買い物弱者問題とは

　買い物弱者というのは**買い物難民**ともよばれ、生活している近隣地区で食料品など生活に不可欠な商品が手に入らず、生活が困難になる社会経済問題を指している。似た用語として**フードデザート問題**があるが、この「食の砂漠」は食品へのアクセスが難しいという状況にとどまらず、所得や教育水準の関係で、食品は手に入っても糖質や脂質の多いジャンクフードに偏った不健康な食生活も含む概念として扱われている。ここでは、食品など生活必需品へのアクセスが困難という買い物弱者問題に絞り検討を加えたい。

　また買い物弱者問題は過疎地域のことと捉えられがちであるが、近年は大都市近郊のニュータウンや中心市街地でも発生しており、特殊な地域の問題ではなくなってきている。

　この問題の背景には、次の要因がある。①日本では食品などを扱う小売商店数が 1980 年代以降に急速に減少したこと。②都市の拡大に伴い居住地域が広がり、小売商店のほとんどない住宅地が増えたこと。③身近な商業施設は自家用車による買い物を前提とした郊外型ショッピングセンターとなり、住宅から離れていること。④モータリゼーションによってバスなど公共交通機関が衰退し、商業施設までのアクセスが難しくなったこと。⑤人口減少や高齢化により地域全体の購買力が低下し店舗を維持しにくくなったこと。⑥近年の小売商店はチェーン方式で出店しており撤退しやすくなったこと。⑦少子化や高齢化の進行により高齢の単身・夫婦世帯が増加し、車の運転が困難になったり、重量物を持ち運ぶのが難しくなったりしたこと。⑧地域・親族のコミュニティ意識の希薄化、身寄りの減少、転居範囲の広域化などによって、近所の人や親族からの手助けに頼れなくなってきたこと、である。

　商業の動きである①、③、⑥を基調としつつ、社会や地域の動向である②、④、⑤、⑦、⑧が組み合わさっており、単に商業だけの問題とはいえず、社会・経済両面にわたる深刻な問題となっている。

2）買い物弱者問題への対応策

　現在、買い物弱者問題に対処するため、おこなわれている試みは次のようなものである。①そうした地域への小型店舗の誘致、②買い物に出かけられない消費者をバスやタクシーで商業施設まで連れて行く、いわゆる「足」の確保、③トラック等を利用した移動販売、④商品を自宅まで届ける宅配サービス、⑤買い物代行サービス、である。

　①の小型店舗の誘致をおこなうには、そのような小売業者あるいは商品供給業者が近隣にいることが条件で、さらに店舗として使える建物があることや、店舗経営が成り立つ程度の需要が必要なことからある程度の住民数が求められる。しかし、そもそもその地域では小売商店の採算が取れなかったことが考えられ、この方法が適用できる事例はそれほど多くない。実現例でも

公民館などを利用し家賃や人件費を節約することで経営されており、採算性に課題があるだけでなく、生鮮品などで品揃えの幅が限られる欠点がある。ただ地域住民が顔をあわせる場として機能するというメリットがある。

　②の「足」の確保は交通手段が確保できれば可能で、各地でタクシーチケット配布やワゴン車でのスーパー（スーパーマーケット）への送迎といったかたちでおこなわれている。人数が少ない場合に有効だが、その場合には政策として少人数の住民のために公的補助を投入する意義が問われることとなる。

　③の移動販売は、昔から行商として農村部等でおこなわれており、生協やとくし丸といったフランチャイズチェーンが各地で実施している。冷蔵庫を備えた車両などへの初期投資が大きく、ドライバーの人件費を考えると、販売量が限られるため採算に乗りにくいことがある。これも商品を積み込むための店舗などが近隣にあることが必要になる。店舗との関係でいえば、開店前の繁忙時に車両への積み込み作業が必要で、夕方には売れ残り品が店頭に戻され店員の士気を下げてしまうという課題がある。この販売方法は、地域社会での見守り活動の一環としての意味合いをもつことがある。

　④の宅配サービスは、消費者が何らかの方法で注文した商品を事業者が自宅まで届けるもので、生協やネットスーパーと同様のやり方である。この方法は高コストであり配送料などが購入代金に上乗せされることが多く、また品揃えや配送を考えると、人口密度が高く顧客数がある程度まとまっていることに加え、配送拠点として活用できる店舗または配送センターがその近隣地域に立地していることが必須要件となる。

　⑤の買い物代行サービスは、代行業者等に複数の業種店での買い物を一括しておこなってもらう方法で、スーパーのような総合的な品揃えの小売商店であれば④の方法になる。消費者にとって品揃えという面では優れているが、買い物コストと配送コストがかかるため非常に高価になる可能性があることと、個別店舗にとっては1店舗での買い物金額が小さくなるため採算や店舗間のコスト配分が難点となる。こうした困難から、商店街が組織としてこのサービスを提供しているのが普通である。ただ近隣にそれだけのサービスを提供できる商店街が立地しているかどうか、という問題がある。

　ということで、どのような方法がその地域に望ましいかは、既存の商業者の事業能力、消費者の人数や分布、人口密度などさまざまな要因を考慮して決定される必要があるし、品揃えの制約や商品の重量といった点から複数の方法が併用される可能性もあろう。ただ、いずれの方法もコスト面で採算が取れず、店舗販売の延長上のボランティア的なサービスとしておこなうことが多く、地方自治体などからの補助に頼っていることが少なくない。

3) 買い物弱者問題と政策

　そもそもこうした買い物弱者問題を政策によって回避することはできなかったのか、という疑問が出てくる。しかし、これまでの商業・流通政策の枠組みでは、買い物弱者問題が発生しないようにするのは難しかったものと考えられる。その理由として、次のような点を指摘できよう。

　①　日本の小売商店舗数は1980年代中ごろから減少し始めるが、生鮮食品等を扱う零細小売商店では1970年代から減少が始まっている。これはスーパーとの競争の結果であるが、政策当局はこうした動きを**流通近代化**という面からのみ捉え、零細食料品店の減少がもたらす商品供給への悪影響に配慮を払おうとはしなかった。

　②　小規模商店への支援である**振興政策**は、政策の効率性や公共性の観点から組織支援・共同事業支援という**集団振興**の形式のため、地域社会で大きな役割を果たしている個別店舗への支援はおこなわれなかった。

　③　振興政策の支援対象として主となるのは商店街であるが、これも政策プログラムに応募するだけの力量があり、日常的な業務に経営者が煩わされにくい**買回品**などを取り扱う比較的大規模な地域型ないしは広域型商店街が対象となりがちであった。買い物弱者問題で対象となる食料品店の集積する近隣型商店街は政策対象としては多くなかったのである。

　④　ニュータウン開発のように、モータリゼーションを前提とする住宅や商業施設の郊外化が政策面から進められていた。郊外部では商業施設がそもそもないか、あっても貧弱なため、スーパーを核として多様なテナントを集めたショッピングセンターが建設された。また自動車による移動が一般的で、幹線道路沿いに専門店などが集中立地する場合も多かった。

いずれにせよ、郊外部は宅地開発によって人口が急増したが、高齢化や人口減少によりショッピングセンターなどが閉店してしまうと、買い物に不便をきたしてしまう。高齢化が地域全体として進み自家用車の運転が難しくなってくると、公共交通機関も限られているため、事態は深刻化したのである。

③　ネット時代の競争確保

1）ネット事業者

現在の情報通信技術（**ICT**）は、商品の取引だけでなく、消費者が求める商品を探し出すことや大学の講義を配信することなど、生活のあらゆる局面に広がっている。こうしたサービスを提供しているネット事業者の事業内容は次のように分類できる。

① インターネットサービスプロバイダー

② ソフトウェア、特に OS（Operating System）提供

③ 検索サービス

④ インターネット通販

⑤ クラウドサービス

⑥ SNS（Social Networking Service）

⑦ シェアビジネス、例えば、Airbnb（民泊仲介）、Uber（ライドシェア）

大手事業者はこれらさまざまなサービス提供を自社サイト上でまとめておこなうことができるようにしており、これをプラットフォームビジネスとよんでいる。

2）ネットワーク効果

消費者は特定のネット事業者のサービスを利用し始めると、他の事業者に乗り換えるには、ソフトウェアのインストールのやり直し、新たなアカウント登録、操作方法の違いなど**スイッチングコスト**が大きくなるため、同じ事業者のサービスを使い続ける可能性が高くなる。これを**ロックイン**（封じ込め）とよんでいる。こうして最初にサービスを提供することで先行者利得が得られるが、それ以外にもメリットが生まれる。

ネットワークの規模が拡大していくと、固定資本が巨大になり、サービス

の単位当たりの生産費用が低下していく。固定資本といっても機械設備だけでなく、アマゾンの物流システムやグーグルの検索システムなどを含む。巨大なネットワーク構築に成功すると、低廉なサービスが提供できる。

このようにネットワーク効果が発揮される環境では、**規模の経済性**が強く働くため、供給主体が1社しかいない場合が最も効率的という自然独占に近づき、競争メカニズムは機能しにくくなる。

しかもプラットフォームビジネスを展開しているような大規模なネット事業者は、自社の優位性を脅かすような新たな新技術開発に成功したスタートアップ企業を買収することが多く、こうした点にも競争抑制的な面がある。

3）データ収集の問題点

ネットワーク効果に加え、データ収集という問題もある。インターネット通販やSNSを通じて、サービス提供事業者は利用者のさまざまな個人情報、購買・検索履歴、行動パターンなどを、利用者本人が意識するしないにかかわらず収集していく。こうした情報は、少人数の情報であればそれほど利用価値はないものの、多くの人々の情報となってくると、各種プロモーション活動や販売に有益な情報となってくる。多くの消費者は、各人の嗜好に従いながらも一定の購入パターンをもっていることが多いため、そのようなパターンを蓄積されたデータから抽出しターゲティングすることで、消費者本人が自覚していない購買行動に結びつけることができる。これはネットの世界だけでなくリアルの世界にも適用され、**オムニチャネルリテイリング**によりリアル店舗での顧客ロイヤルティ強化などに役立てられている。

大量のデータ集積や分析は、良質な商品・サービスの開発・提供に不可欠なのでやむをえない部分もあるが、事業展開に大量の情報が不可欠となれば、新規参入が困難となり、その事業者にさらに多くのデータが集積される可能性があり、そのことによって**独占**や**寡占**を招く可能性が生まれる。

無料のしかも個々の利用者が意識しない間に収集された情報が蓄積されることによって、特定の事業者が巨大かつ精緻なデータベースを構築することで、より的確なターゲティングによる広告や使いやすいサービスの提供をおこない、さらに利用者を獲得し情報収集が進められていくという情報蓄積の

スパイラルが想定される。

4) デジタルカルテルの問題

　さらに最近問題視されるようになったものとして、デジタルカルテルがある。AIの価格決定アルゴリズムを使って事業者が販売価格を設定する動きが出てきているが、複数の事業者が同じようにアルゴリズムの命じるままに価格を設定し、その結果、価格が高止まりした場合、これは**カルテル**と同様の効果があるのでないかという議論である。その場合のカルテルもどきの法的責任は誰にあるのだろうか。販売事業者だろうか。ロボットだろうか。それともプログラム作成者だろうか。

　具体例としては、2015年12月に提訴されたライドシェアのウーバーテクノロジーが挙げられる。

　ウーバーの場合、個別の運転手が自由意思に基づいてウーバーに登録するので、運転手同士は競争関係にある。しかしアルゴリズムに従い各運転手は同一乗車運賃額を提示するため、競争メカニズムが働かなくなる。ウーバーに参加する運転手同士はアルゴリズムにより自分では価格を決められず反競争的な協調行動に従わせられている一方で、運転手は全体としてはタクシーに対しては競争促進的に行動している。こうした行為は果たして競争抑制的なのだろうか、それとも競争促進的とみるべきなのだろうか。

　従来のカルテルとの違いは、競合する運転手が同一運賃を提示するのは、運転手間の合意ではなく、プログラムによって生じているところであり、こうした事態は従来の競争政策では想定されていなかったということである。今後は、AIが自ら学習することで他の事業者のロボットと協調行動を取ることも予想され、違法性の判断がいっそう困難となろう。

5) 規制上の問題点と方向性

　以上検討してきたように、ネット以前の技術を前提とした流通政策、特に競争政策にはさまざまなほころびが出てきており、今後は新たなICTを前提とした流通政策の再構築が求められるようになってきている。

　ネット事業者によるデータ収集を問題視して規制しようという動きは、各国の競争政策当局に出てきているが、そうたやすくはない。なぜかというと、

こうしたデータ収集は、多くの場合無料サービスの提供を通じておこなわれているからである。利用者に金銭を払ってデータを収集しているのではなく、サービスと個人情報を交換しているかたちになっているため、しばしば用いられる取引価格による規制はできないことになる。

しかも厄介なことに、事業者はサービス利用者から抵抗感なく個人情報を入手しており、このような民間の自発的な関係に公権力が介入するのはいかがなものか、という議論になる。

データ収集を通じて独占状態が発生するのを抑える観点から、各国規制当局は次のような対応方法を取っている。1つは、規制当局が事業者との話しあいにより競争政策上より問題の少ない方向へと誘導する、場合によっては情報の収集・転用をおこなわせない、という方法である。もう1つは、取引の公正さを確保するための指針を設けてその範囲内で取引情報を開示させることで、事業者への規制を最小限に抑えつつも実効性を挙げようとする方法である。後者は、2020年に公布されたデジタルプラットフォーム取引透明化法（「特定デジタルプラットフォームの透明性及び公正性の向上に関する法律」）が典型例となる。いずれにしても事業者の協力なしには効力をもたないものであり、競争政策として実効性が確保されるかどうか疑問の余地がある。

デジタルカルテルについても、これまでカルテルは競争政策上疑問の余地なく違法とされてきたが、違法性が一概に判断できなくなってきており、未解決状態にある。

今後は新規ビジネスの参入が、消費者の利益のみならず社会全体の競争状態にどのようなメリットとデメリットを与えるのか、という観点から競争政策を見直す必要が出てきている。

1）買い物弱者問題への対応策として挙げた5つの方法に対して、それぞれどのような政策支援が考えられるのか、話しあってみよう。
2）GAFAとよばれる大手ネット事業者（グーグル、アマゾン、フェイスブック、アップル）がどのような事業を展開しているのか調べてみよう。さらに各事業がどれくらいの利益貢献をしているのか、あわせて調べてみよう。

課　題

コラム⑦　ビジネスにかかわる検定資格への挑戦

　広くビジネスにかかわる検定資格には、それを有している人のみが当該業務に従事できる資格としての税理士や公認会計士などのほか、中小企業診断士やファイナンシャルプランニング技能士、情報処理技術者などの国家資格がある。また、公的な資格としての販売士や簿記のほか、多数の民間資格もあり受験方法も多岐にわたる。

　このような資格のなかでも特にビジネスにかかわりの深い資格が、日本商工会議所の実施する検定による販売士の資格である。これは流通の現場における販売にかかわる知識とスキルを証明する資格である。一般的に、3級は販売にかかわる基礎的な知識とスキルを身につけた売場の販売員レベル、2級は販売の専門的な知識を有してマネジメント業務にかかわる部下をもつ店舗や売場の管理者レベル、1級はマネジメントの専門的な知識を有し、戦略的に企業経営にかかわる経営者レベルに相当するといわれている。

　また、簿記に関する検定資格も広く知られており、日本商工会議所、全国経理教育協会、全国商業高等学校協会など複数の団体が試験を主催している。日本商工会議所が実施している検定による簿記の資格には、ビジネスパーソンの基礎知識として複式簿記や原価計算の理解を計る入門レベルの初級、経理関連の数字を読み取り適切な処理ができるレベルの3級、財務諸表を読み経営状況を把握できるレベルの2級、企業会計の法規を理解し経営管理や分析ができるレベルの1級がある。簿記に関する知識はあらゆるビジネスシーンで生かすことが可能であり、その資格の取得は就職にも役立つとして評価が高い。

　情報処理分野の資格としては、情報処理推進機構が実施する情報処理技術者試験などがある。これらは、特定のソフトウェアの操作スキルを問うものではなく、その背景にある知識・技術を基礎から専門レベルまで評価するものである。

　また、近年では試験会場でコンピュータを用いて検定試験や入社試験などを受験するCBT（Computer Based Testing）方式が普及しつつある。受験者自身が試験会場と日時を選べることが前提となる仕組みのため受験機会が増加するとともに、試験実施者には試験実施にかかわる作業の負担軽減やセキュリティ確保および災害対策などの面で大きなメリットがある試験方法であるとされ、分野にかかわらず多くの試験で導入されている。

　資格取得は、知識やスキルを向上させる「自分への投資」である。また、資格そのものの意義とともに、その取得に向けた取り組みは前向きな姿勢と評価され、キャリアアップにも役立つであろう。目的やライフスタイルに応じて積極的に挑戦することが大切である。

学習のための参考文献（第3版）

　流通や商業に関する書籍は多数出版されています。そして、その内容は基礎的なものから専門的で学術性の高いものまでさまざまであり、また総論的なものからマーケティングや流通政策などに対象を絞ったもの、さらにはそのなかの特定の分野に焦点を当てたものまで多様です。

　以下に挙げた流通論とその関連分野に関する書籍は、比較的最近出版された和書・翻訳書で、書店等で手に入りやすい一般的なものあるいは多くの大学図書館で閲覧が可能なものです。学習の目安となるようにおおよそのグループ分けをし、また発行年順にリストアップしました。本書を読んだ後に、さらに流通論について引き続き学習を進める際の参考にして下さい。

【入門書】

坪井晋也・河田賢一編（2021）『流通と小売経営（改訂版）』創成社

原田英生・向山雅夫・渡辺達朗（2021）『ベーシック　流通と商業（第3版）―現実から学ぶ理論と仕組み』有斐閣

久保村隆祐編（2016）『商学通論（9訂版）』同文舘出版

小原博（2011）『基礎コース　マーケティング（第3版）』新世社

【基本書】

石川和男（2020）『現代マーケティング論―モノもコトも一緒に考える』同文舘出版

石井淳蔵・廣田章光・清水信年編（2019）『1からのマーケティング（第4版）』碩学舎

石川和男（2018）『基礎からの商業と流通（第4版）』中央経済社

石原武政・竹村正明・細井謙一編（2018）『1からの流通論（第2版）』碩学舎

和田充夫・恩藏直人・三浦俊彦（2016）『マーケティング戦略（第5版）』有斐閣

大石芳裕編（2015）『マーケティング零』白桃書房

崔容熏・原頼利・東伸一（2014）『はじめての流通』有斐閣

久保田進彦・澁谷覚・須永努（2013）『はじめてのマーケティング』有斐閣

加藤義忠監修／日本流通学会編（2009）『現代流通事典（第2版）』白桃書房

渡辺達朗・原頼利・遠藤明子・田村晃二（2008）『流通論をつかむ』有斐閣

加藤義忠・齋藤雅通・佐々木保幸編（2007）『現代流通入門』有斐閣

大阪市立大学商学部編（2002）『流通』有斐閣

石原武政・池尾恭一・佐藤善信（2000）『商業学（新版）』有斐閣

【流通論・商業論一般】

南方建明（2019）『日本の小売業態構造研究』御茶の水書房

横山斉理（2019）『小売構造ダイナミクス―消費市場の多様性と小売競争』有斐閣

齋藤雅通・佐久間英俊編（2018）『グローバル競争と流通・マーケティング―流通
　　の変容と新戦略の展開』ミネルヴァ書房

流通経済研究会監修／木立真直・佐久間英俊・吉村純一編（2017）『流通経済の動
　　態と理論展開』同文舘出版

流通経済研究会監修／大野哲明・佐々木保幸・番場博之編（2015）『格差社会と現
　　代流通』同文舘出版

石原武政（2000）『商業組織の内部編成』千倉書房

【流通論・商業論各論】

小林富雄（2020）『食品ロスの経済学（増補改訂新版）』農林統計出版

齊藤実・矢野裕児・林克彦（2020）『物流論（第2版）』中央経済社

高嶋克義・高橋郁夫（2020）『小売経営論』有斐閣

丸山正博（2020）『電子商取引とeビジネス―ネット通販からプラットフォーム、
　　AIの活用へ』八千代出版

小林富雄・野見山敏雄編（2019）『フードバンクの多様性とサプライチェーンの進
　　化―食品寄付の海外動向と日本における課題』筑波書房

佐々木保幸・鳥羽達郎編（2019）『欧米小売企業の国際展開―その革新性を検証す
　　る』中央経済社

崔相鐵・岸本徹也編（2018）『1からの流通システム』碩学舎

日本生活協同組合連合会編（2016）『生協ハンドブック（2016年6月改訂版）』コー
　　プ出版

廣田幹浩（2015）『図解　物流センターのすべて』日本実業出版社

金度渕（2012）『現代イギリス小売流通の研究―消費者の世帯構造変化と大規模小
　　売業者の市場行動』同文舘出版

佐々木保幸（2011）『現代フランスの小売商業政策と商業構造』同文舘出版

齊藤実・矢野裕児・林克彦（2009）『現代ロジスティクス論―基礎理論から経営課題まで』中央経済社

【流通・商業・マーケティングの歴史】

博報堂生活総合研究所編（2019）『生活者の平成30年史―データでよむ価値観の変化』日本経済新聞出版社

マーケティング史学会編（2019）『マーケティング学説史―アメリカ編Ⅱ』同文舘出版

谷内正往・加藤諭（2018）『日本の百貨店史』日本経済評論社

廣田誠・山田雄久・木山実・長廣利崇・藤岡里圭（2017）『日本商業史―商業・流通の発展プロセスをとらえる』有斐閣

マーケティング史研究会編（2014）『マーケティング学説史―日本編（増補版）』同文舘出版

廣田誠（2013）『日本の流通・サービス産業―歴史と現状』大阪大学出版会

マーケティング史研究会編（2010）『マーケティング研究の展開』同文舘出版

マーケティング史研究会編（2008）『マーケティング学説史―アメリカ編（増補版）』同文舘出版

石井寛治編（2005）『近代日本流通史』東京堂出版

石原武政・矢作敏行編（2004）『日本の流通100年』有斐閣

石井寛治（2003）『日本流通史』有斐閣

【流通政策】

菅久修一編（2021）『はじめて学ぶ独占禁止法（第3版）』商事法務

野木村忠度（2021）『流通と法（新版）』尚学社

岸井大太郎・大槻文俊・中川晶比兒・川島富士雄・稗貫俊文（2020）『経済法―独占禁止法と競争政策（第9版）』有斐閣

樋口一清・井内正敏編（2020）『日本の消費者政策―公正で健全な市場をめざして』創成社

大元慎二編（2017）『景品表示法（第5版）』商事法務

渡辺達朗（2016）『流通政策入門（第4版）―市場・政府・社会』中央経済社

南方建明（2013）『流通政策と小売業の発展』中央経済社

加藤義忠・佐々木保幸・真部和義（2006）『小売商業政策の展開（改訂版）』同文舘
　出版

【地域商業・まちづくり】

岩間信之編（2017）『都市のフードデザート問題―ソーシャル・キャピタルの低下
　が招く街なかの「食の砂漠」』農林統計協会

渡辺達朗（2014）『商業まちづくり政策―日本における展開と政策評価』有斐閣

岩間信之編（2013）『改訂新版　フードデザート問題―無縁社会が生む「食の砂
　漠」』農林統計協会

日本流通学会監修／佐々木保幸・番場博之編（2013）『地域の再生と流通・まちづ
　くり』白桃書房

石原武政（2006）『小売業の外部性とまちづくり』有斐閣

【マーケティング】

西川英彦・澁谷覚編（2019）『1 からのデジタル・マーケティング』碩学舎

須永努（2018）『消費者理解に基づくマーケティング―感覚マーケティングと消費
　者情報消化モデル』有斐閣

大石芳裕（2017）『実践的グローバル・マーケティング』ミネルヴァ書房

Kotler, P. & Keller, K. L.（2006）*Marketing Management,* 12th ed., Prentice-Hall.
　（恩藏直人監修）（2014）『コトラー＆ケラーのマーケティング・マネジメント（第
　12 版）』丸善出版

Kotler, P. & Armstrong, G.（2001）*Principles of Marketing,* 9th ed., Prentice-Hall.
　（和田充夫監訳）（2003）『マーケティング原理（第 9 版）』ダイヤモンド社

【新聞・雑誌など】

『日経 MJ（流通新聞）』（月・水・金、朝刊）日本経済新聞社

『月刊激流』（月刊）国際商業出版

『ダイヤモンド・チェーンストア』（年 22 回）ダイヤモンド・リテイルメディア

日経クロストレンド編（年刊）『最新マーケティングの教科書』日経 BP

日本経済新聞社編（年刊）『日経業界地図』日本経済新聞出版社

東洋経済新報社編（年刊）『「会社四季報」業界地図』東洋経済新報社

索　引

編著者紹介

番場　博之（ばんば・ひろゆき）

1966 年生まれ
駒澤大学経済学部・大学院商学研究科教授
博士（商学）

主要著書
『高等学校と商業教育』（共編著）2018 年　八千代出版
『グローバル競争と流通・マーケティング―流通の変容と新戦略の展
　開』（共著）2018 年　ミネルヴァ書房
『格差社会と現代流通』（共編著）2015 年　同文舘出版
『地域の再生と流通・まちづくり』（共編著）2013 年　白桃書房

基礎から学ぶ　流通の理論と政策（第 3 版）

2014 年 1 月 15 日　第 1 版 1 刷発行
2021 年 11 月 15 日　第 3 版 1 刷発行

編著者 ― 番場　博之
発行者 ― 森口恵美子
印刷所 ― 新灯印刷㈱
製本所 ― ㈱グリーン
発行所 ― 八千代出版株式会社

〒101
-0061　東京都千代田区神田三崎町 2-2-13

TEL　03 - 3262 - 0420
FAX　03 - 3237 - 0723
振替　00190 - 4 - 168060

＊定価はカバーに表示してあります。
＊落丁・乱丁本はお取替えいたします。